BARCELONA *plein air*

Creación, diseño y realización de Lunwerg Editores.

ISBN: 84-7782-505-X
Depósito legal: B-23072-1998

LUNWERG EDITORES
Beethoven, 12 - 08021 BARCELONA - Tel. 93 201 59 33 - Fax 93 201 15 87
Sagasta, 27 - 28004 MADRID - Tel. 91 593 00 58 - Fax 91 593 00 70

Impreso en España

BARCELONA *plein air*

Textos

VICENÇ VILLATORO

Fotografías

PACO ELVIRA

LUNWERG
EDITORES, S.A.

Hasta el caos del universo se ordenó a través de segundos milenarios. Y la armonía se edificó de lo disperso. Del mismo modo se configuran en el mosaico gaudiniano la variedad cromática y las sugerencias, que fluyen a través de las formas geométricas más diversas. Todo llega a ser coherente si, como en una melodía, las diferentes notas se articulan en un todo.

Y esto es cuanto se ofrece en el presente libro. Un mosaico variopinto y nutrido de perfiles y matices de ese universo que es la ciudad de Barcelona, tradicional, real, y de nuestros días. Una Barcelona cuyos protagonistas —de carne y hueso o emblemáticos— han sido captados en inigualable testimonio y reportaje por la mano y la cámara de Paco Elvira. La instantánea, que describe precisamente eso, el instante exacto en que lo cotidiano se eleva a rango de Historia y pasa a pertenecer ya a la memoria colectiva. Como cuando una exultante luna llena planea sobre La Pedrera.

Una visión más dinámica que estática, donde el protagonista es la propia ciudad, el ciudadano y el escenario, la propia calle. Del mar a la montaña. De los contornos mediterráneos que abrazan la ciudad, a su gótico corazón y las arterias principales. Lo noticiable del reportaje brota de los rincones góticos, modernistas o de las Ramblas y los nuevos perímetros olímpicos.

Vicenç Villatoro acompaña con su texto de modo entrañable el camino que las imágenes muestran: el latido vital que —apartándose de los tópicos—, nos descubre la inigualable realidad que aflora de las escenas de una ciudad luminosa, viva y cambiante a las puertas del milenio.

LUNWERG EDITORES

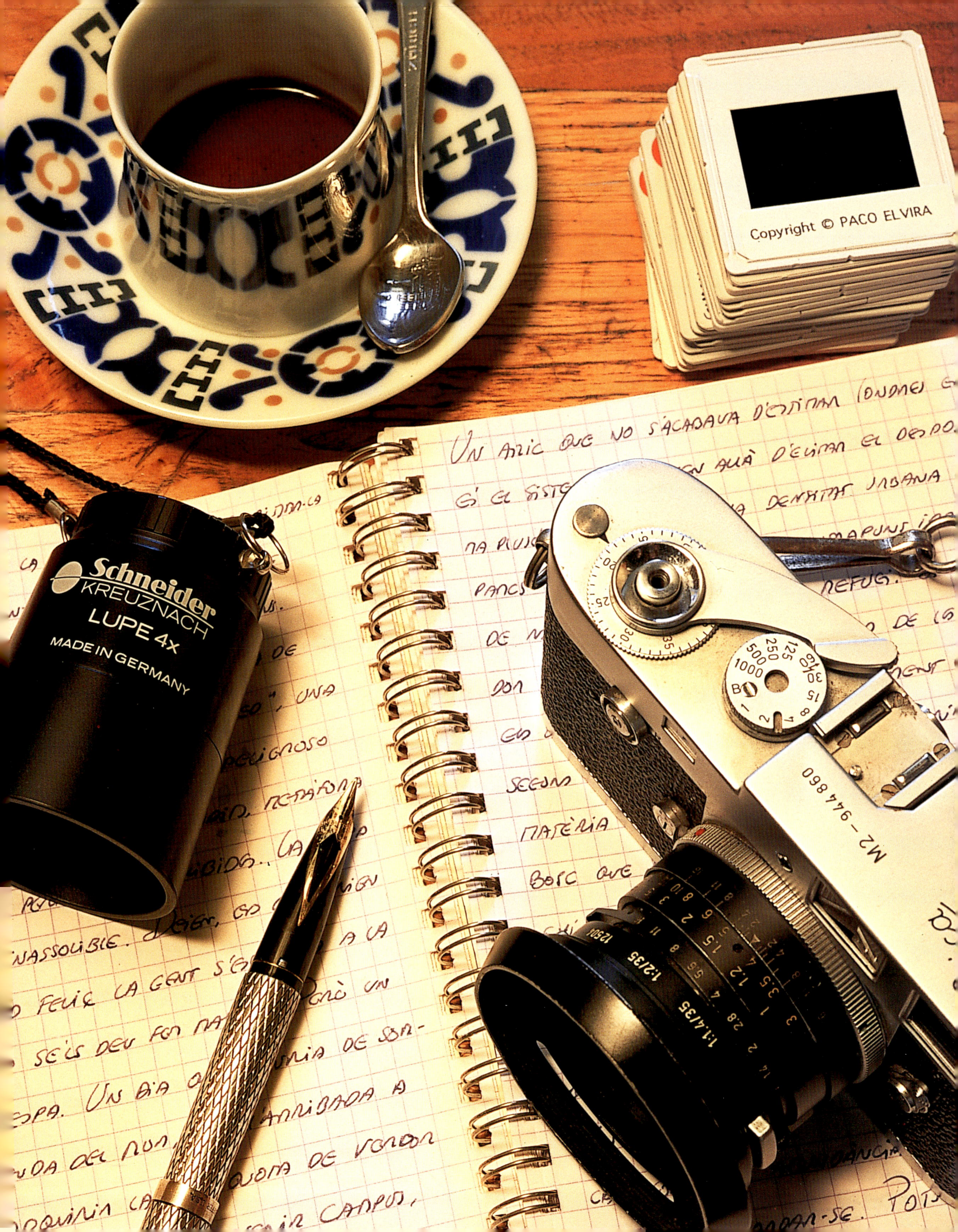
Copyright © PACO ELVIRA
Schneider
KREUZNACH
LUPE 4x
MADE IN GERMANY
M2 - 944 860

La ciudad a pleno aire es la ciudad de todos. O de nadie. Las paredes no detienen fundamentalmente la luz o la lluvia, son sobre todo los límites de la propiedad, como lo son los márgenes rurales, paredes que no sostienen ningún techo, pero que separan. Tener entre paredes. Fuera de paredes, dejar de tener. Y las ciudades son la mezcla de lo de dentro y de lo de fuera, de posesiones y concelebraciones, de aires privados y aire compartido que se mezclan en las ventanas de las fachadas. Hay una Barcelona de las fachadas porque hay dos Barcelonas más, la de los muebles y los pavimentos geométricos, la de los vacíos de paseo y encuentro. La Barcelona a pleno aire representa que es mediterránea. O mejor, mediterránea del norte: hacia abajo, lo que no es de alguien no es de nadie, rara vez de todos. Hacia abajo, la primera persona del plural no suele regir en los verbos posesivos. Barcelona —e Italia, y Provenza, y pocos lugares más— es la frontera entre el singular y el plural, allá donde las cosas que no son sólo tuyas quizá sean comunes. Hay una Barcelona de todos, una a pleno aire que está más allá de los majanos urbanos que delimitan las propiedades. La ciudad a pleno aire es la que utiliza todo el mundo y quizá la que es de todos. Un riesgo: que siendo la de todos y la de nadie, esta ciudad a pleno aire se convierta en la propiedad del Príncipe. De quien manda, vaya.

Un amigo que no acababa de amar Londres, a pesar de haber vivido allí mucho tiempo, me decía: los parques son el sistema que tienen para evitar la despoblación. En un clima lluvioso y hostil, con una densidad urbana intensa y extensa, los parques londinenses serían el contrapunto imprescindible, una ilusión de naturaleza intocada, un refugio. Si no tuviesen el aliviadero visual de los parques, el descanso anímico de las superficies de césped urbano, no habría quien los detuviera: los londinenses huirían imparablemente hacia el sur. Sin parques, según esta caricatura, no existiría Londres por falta de materia prima humana. Quizá por ello, en el norte los parques parecen más un bosque que un jardín, un simulacro de la naturaleza preservada y virginal que exige extensión, horizonte. En Barcelona no. En Barcelona, mediterránea, cálida, de un amable aire libre, los parques son plazas o jardines, no los fósiles de una naturaleza previa, sino las decisiones que construyen una ciudad, artificiosas como todo el resto. Los parques son pinceladas, notas, no les hace falta extensión, ampulosidad, sino que les hace falta sorpresa, abundancia, repartirse y verterse por toda la ciudad, desbordarse, pero poco a poco. En cualquier caso, los parques no son el edulcoramiento imprescindible para poder tragarse una ciudad ofensiva, las amarras para evitar fugas hacia el mito campestre y externo. Quizás en Londres tampoco. En Barcelona, seguro.

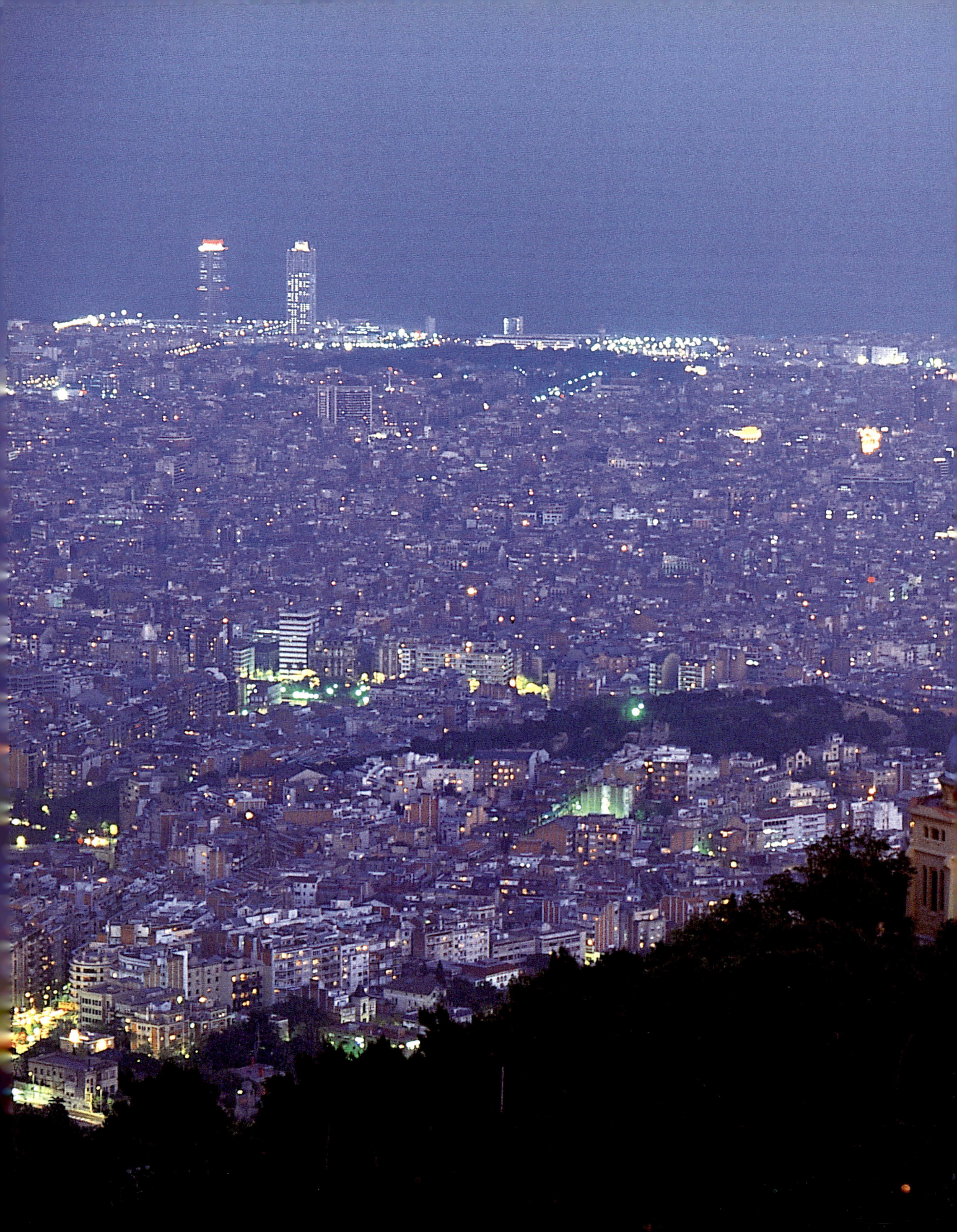

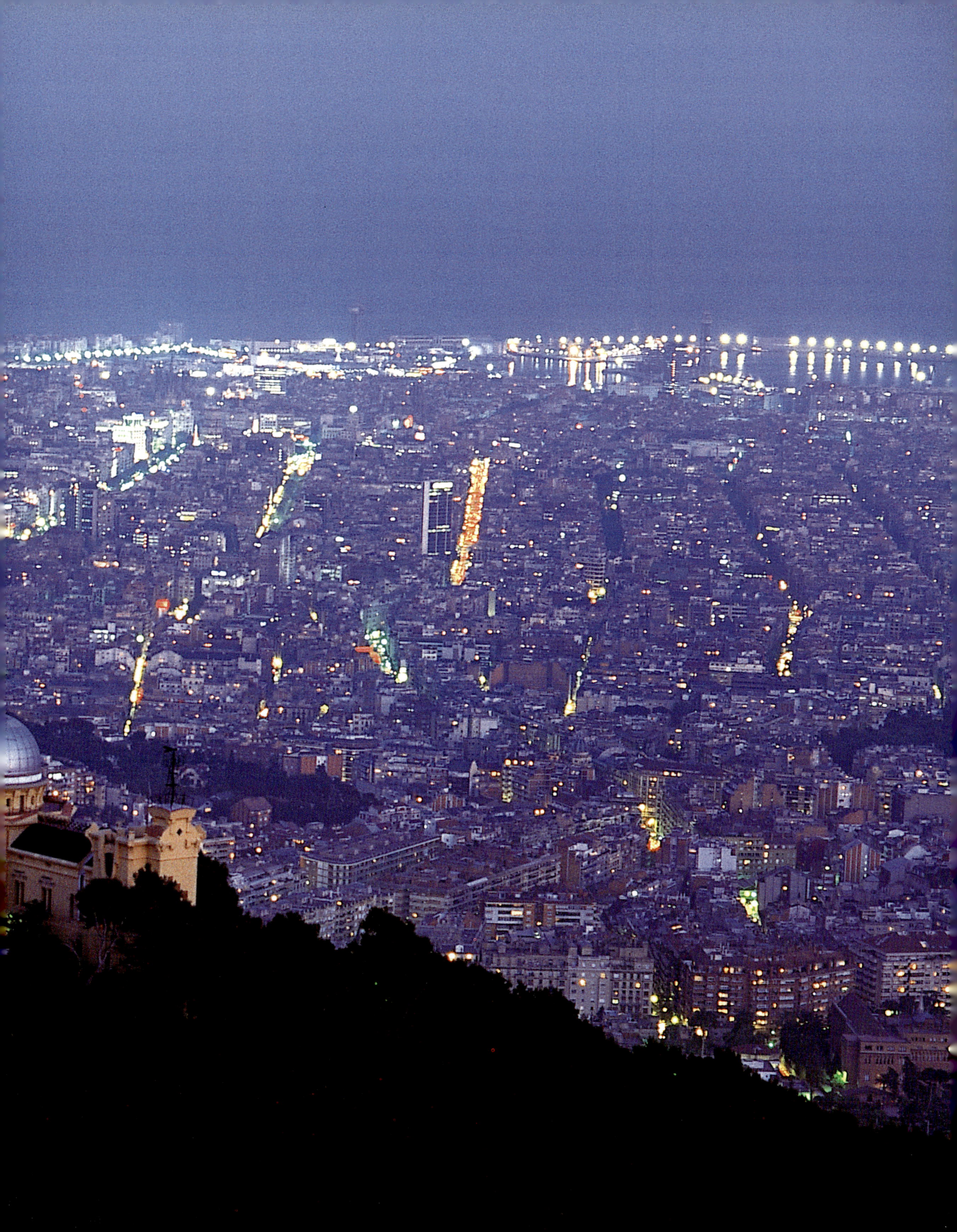

La belleza de las ciudades crecidas en un llano entre el mar y las montañas. La belleza de poder subir a una colina y contemplar este abigarramiento de edificios que van a morir al mar. Desde el cerro, la ciudad es una oferta. Mira todo lo que te daré..., «Tibi dabo...» Hay un sentimiento de posesión, de dominio, pero también de distancia. En una de sus canciones más melancólicas, Loquillo dibujaba un personaje —como el héroe de una película americana, algo parecido a un «Rebelde sin causa»— camino al Tibidabo, en un Cadillac mal aparcado, bebiendo o habiendo bebido, fumando o habiendo fumado, compartiendo o habiendo compartido el asiento de atrás con una rubia mientras deseaba a otra. Antes de que le sorprenda la salida del sol, da sus coordenadas:

Y ahora estoy aquí sentado
en un viejo Cadillac, segunda mano,
bajo el «Merveyé»; a los pies, mi ciudad

Belleza a cualquier hora del día y de la noche de tener la ciudad a tus pies, bella y lejana, propia y distante. ¿Paisaje melancólico? Depende de los ojos que lo miran. Es lo que explica Vázquez Montalbán: casi desde el mismo lugar donde tenía el Cadillac aparcado el James Dean de Loquillo, el inefable Pich i Pon, antología del disparate con patas dijo aquello de: «¡Cuánta propiedad urbana!»

Era volar por primera vez. Para muchas generaciones de barceloneses o de visitantes de domingo en Barcelona, el avión del Tibidabo fue lo más parecido a volar que hicieron en su vida. Éste no ha subido a ningún avión más que al del Tibidabo. Claro que en el año veintiocho, cuando empezó a dar vueltas, un avión debía de ser todavía un objeto exótico, excepcional. Las atracciones no eran todavía aquello que han llegado a ser: un susto violento, una sacudida de emociones fuertes, pasajes en medio del terror más verosímil, dinosaurios aterradores, montañas rusas como no debe de harberlas en las largas estepas siberianas... Entonces para llamar la atención bastaba con autómatas animados y maravillosos, atracciones de feria de un Macondo solar y barcelonés. Más tarde, quizá, los espejos deformadores como los que sugirieron a Valle Inclán la definición del esperpento: engordarse y adelgazarse, a veces simultáneamente, hasta la caricatura. O la violencia liberadora de los autos de choque, declararse o pelearse embistiendo. Pero siempre la ilusión del avión, el resumen del Tibidabo, la ilusión de volar porque, al fin y al cabo, desde la cima del Tibidabo Barcelona era también una maqueta, una ciudad de Liliput, una presencia lejana allá abajo. Como desde los otros aviones. ¿Los de verdad? ¿Se atrevería alguien a decir que los otros son más reales que éste?

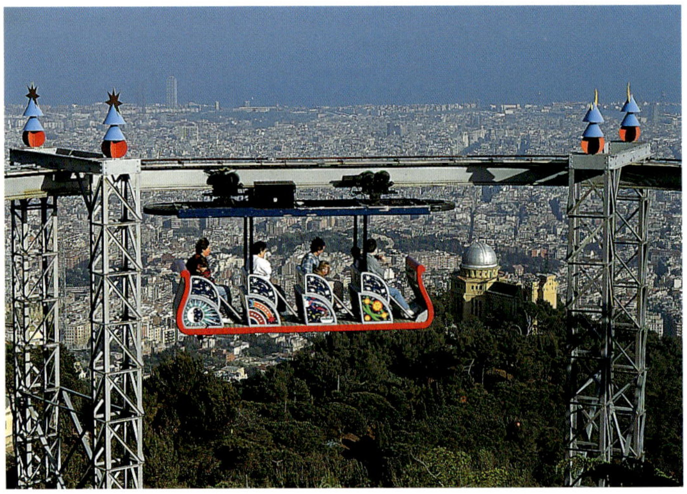

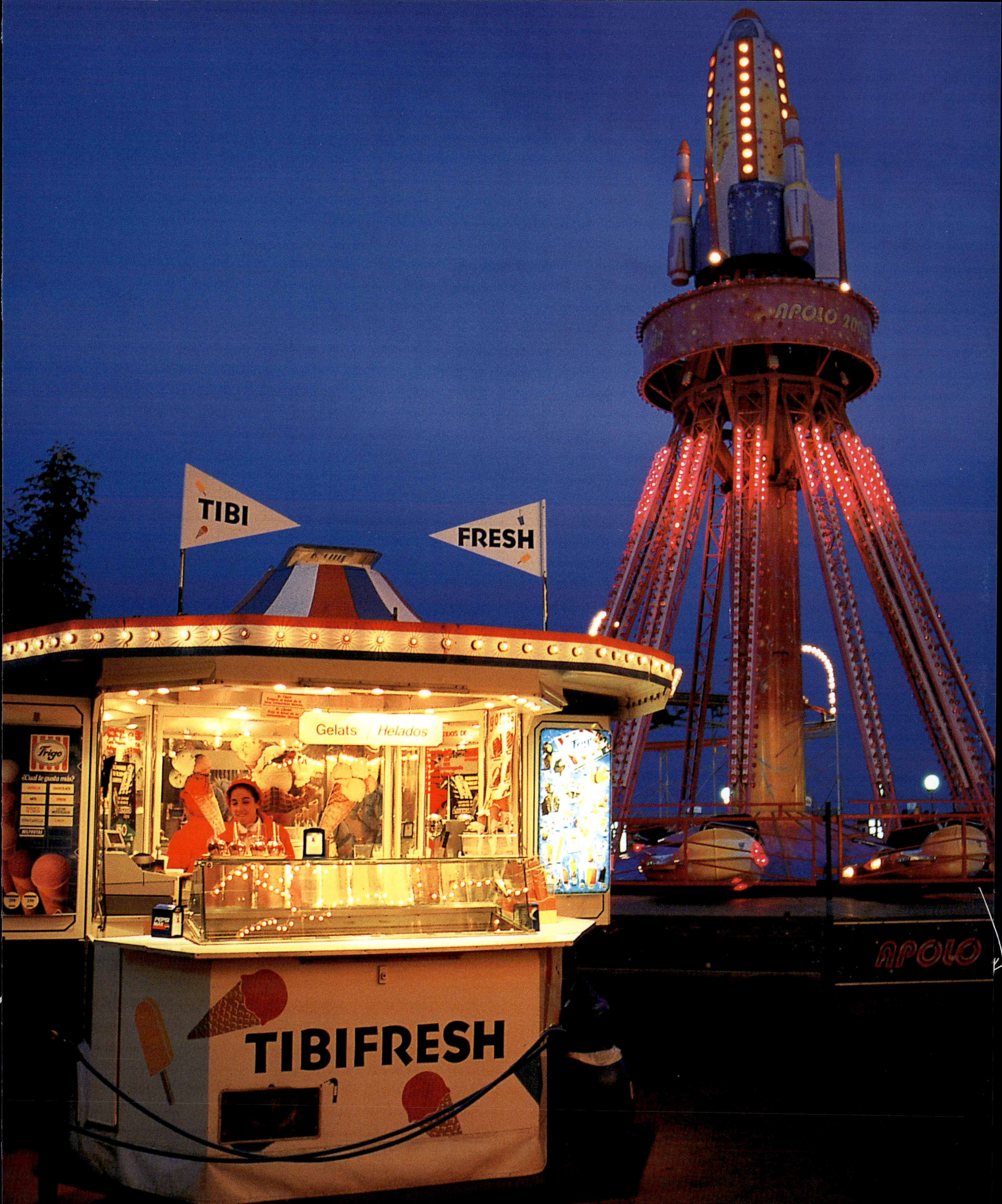
TIBI
FRESH
Gelats
Helados
Frigo
TIBIFRESH
APOLO

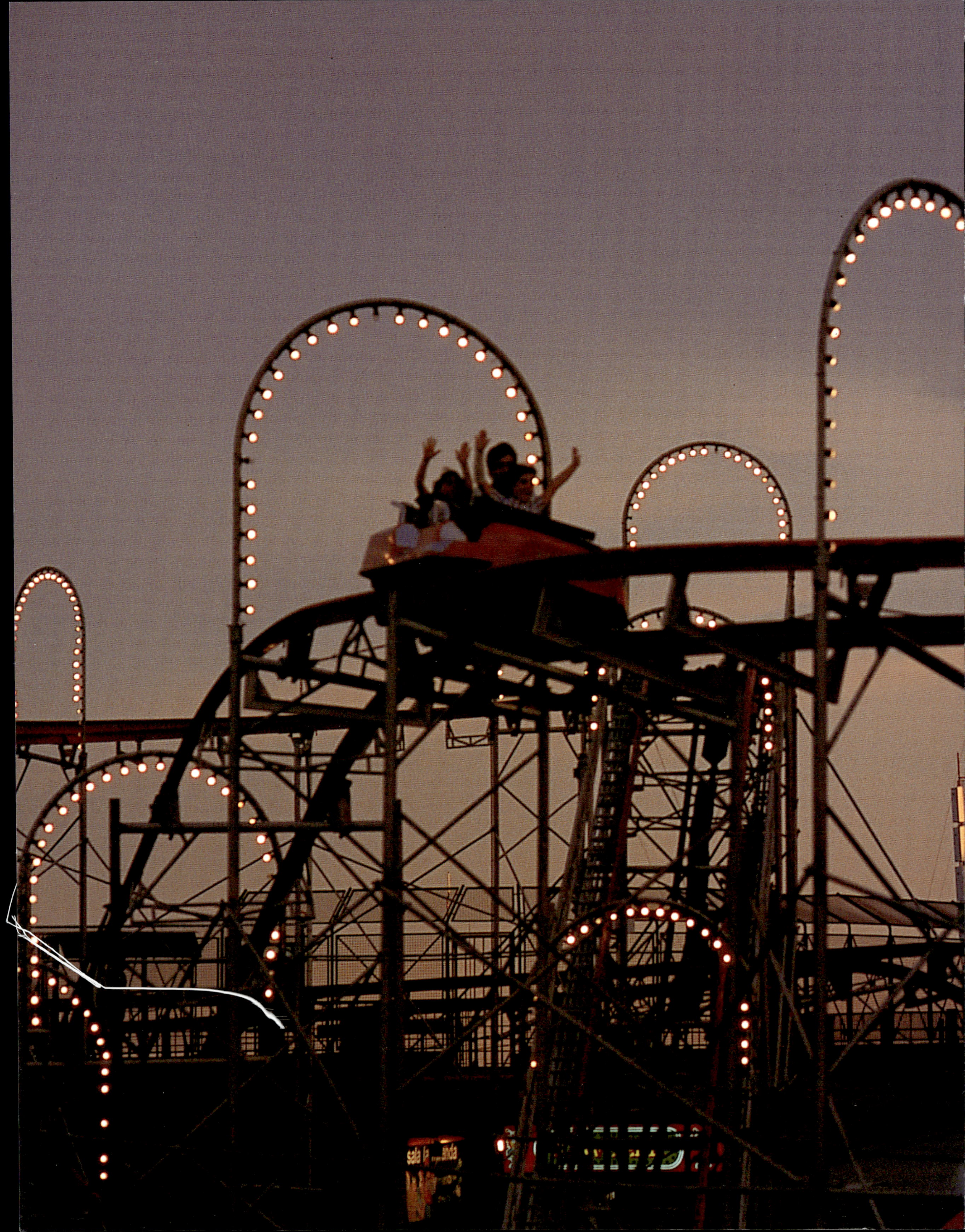

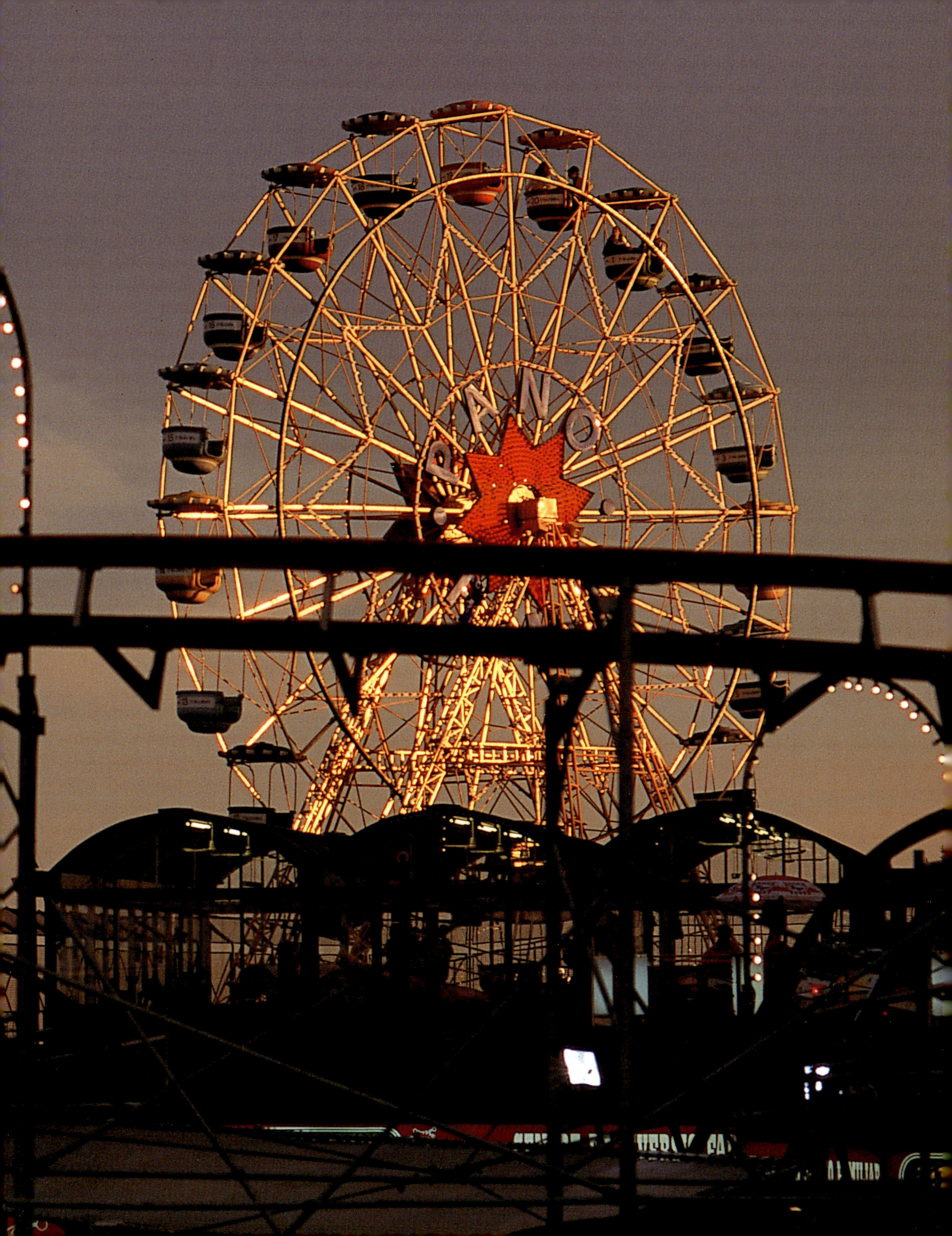
PANO

No ha hecho mucho caso Barcelona a una de las consignas de la Oda de Verdaguer:

Giganta que tus brazos ahora hacia las sierras
extiendes, cuando llegues mañana, pues, ¿qué harás?
Harás cual hiedra inmensa que abrigadas las tierras
sube a ceñir del bosque con cada brazo un árbol.

Quizá porque alguna de las sierras que veía Verdaguer hoy ya no la vemos, han quedados cubiertas, engullidas, por la hiedra de una ciudad que, caminando por ella, parece llanura uniforme. Pero da la sensación que Barcelona se detiene cuando vienen las cuestas de la Font del Racó, de la Avenida del Tibidabo, de la carretera de Vallvidrera. Delante del bosque, de la frontera con el espejismo de la naturaleza primigenia —por lo menos, aquí— no se escapa ni se desborda, sino que envía sus avanzadas residenciales, modernistas o modernas. Torres y chalets imponentes, señoriales, un poco lúgubres, casas encantadas de techados brillantes y balaustradas mediterráneas sobre la ciudad. No se atreve Barcelona a avanzar más, hacia la Carretera de las Aguas, las torres acomodadas que señorean el horizonte de la ciudad. Barcelona no, pero sí los barceloneses. Avanzan en coche hasta la punta de la atalaya, suben ciclistas en un esfuerzo gratuito y deportivo, corren chicos y chicas con camisetas solidarias, walk-men autistas y perros inmensos. En la entrada del bosque, sólo casas encantadas de finales de siglo. La ciudad se detiene. No los ciudadanos, con pantalón corto y una nostalgia telúrica de los bosques. Ellos son la hiedra verdagueriana.

La ciudad esquiva los muros de Collserola por los puntos de fuga de los ríos, alargándose hacia el Besós por la Meridiana, hacia el Llobregat por la Diagonal. Pero, por encima de Collserola, escala la sierra hacia el Vallés por los viejos caminos medievales de Vallvidrera y de la Rabassada, para ir hacia Sant Cugat, y a partir de allí hacia Terrassa y los caminos de Manresa y las llanuras del interior. Son dos puertas difíciles, dos carreteras de curvas entre lo verde, de improviso húmedas, con rincones agrestes en la linde misma de la ciudad. Es, está claro, el verdadero puerto de Barcelona, a ambos lados de las colinas, sobre todo cuando bajan hacia el Vallés por Las Planas y la Floresta. Arriba, cabalgando por el *sky-line* de Barcelona, aquello que sorprende es la soledad y el tamaño de aquellos volúmenes que nunca dejas de ver desde abajo. Hay una sorpresa de escala: la robustez de la torre de Collserola y de los cables que la sujetan, como un globo antes de elevarse. La robustez también del Tibidabo. Este itinerario por la cresta de la sierra es el descubrimiento de una arquitectura recreativa de finales de siglo, de acomodadas huidas a la naturaleza. Vallvidrera es el mito del bosque. Doméstico, por próximo, no por domesticado.

¡Ay bosques de Vallvidrera,
qué olores me habéis dado!

Collserola es un mirador sobre Barcelona. Pero también es su parque y su bosque, la cuota de naturaleza y de ocio que le corresponde a la ciudad.

The Collserola range gives a fine view over Barcelona. Furthermore, it is the city's park and wood – its quota of nature and leisure.

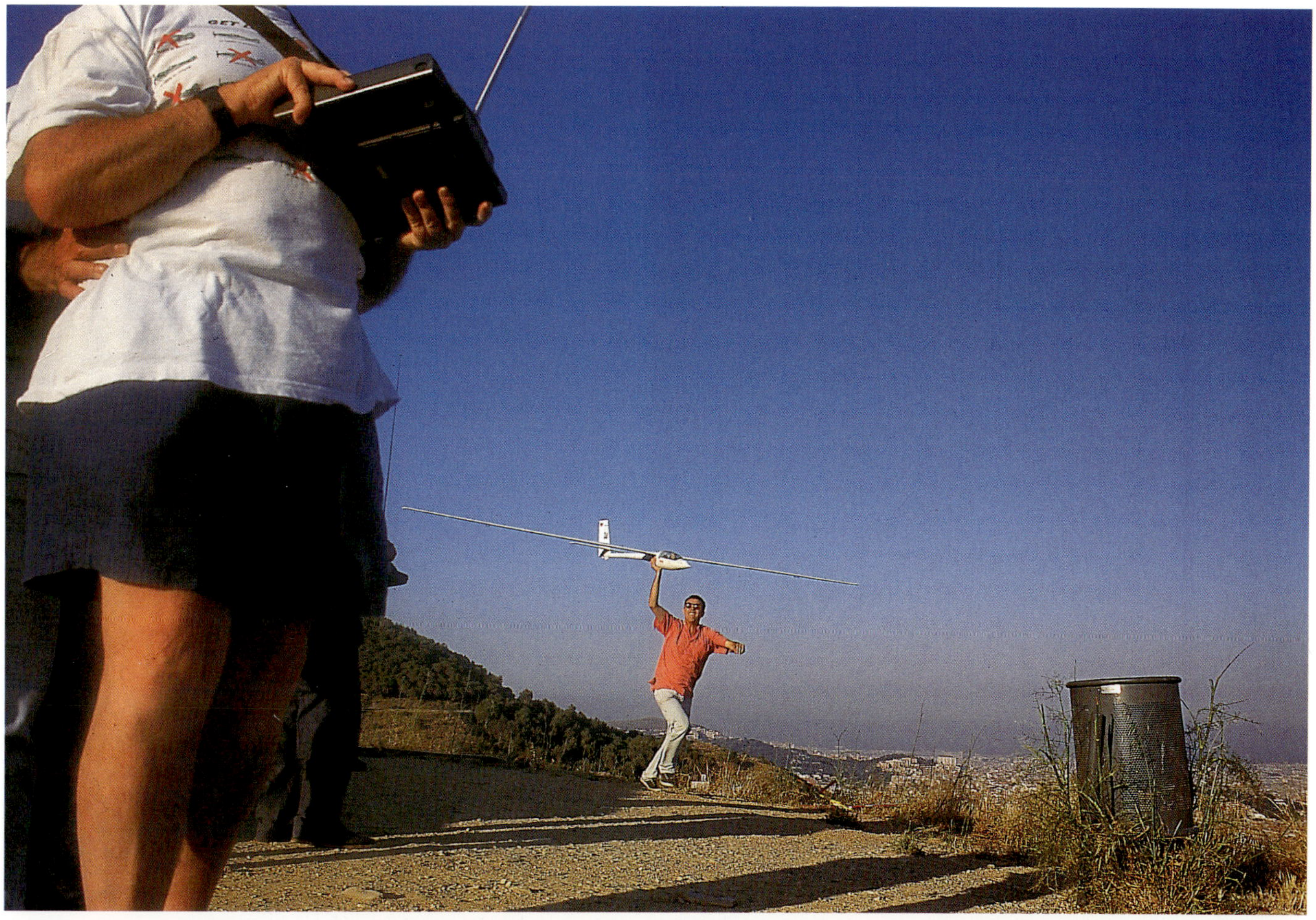

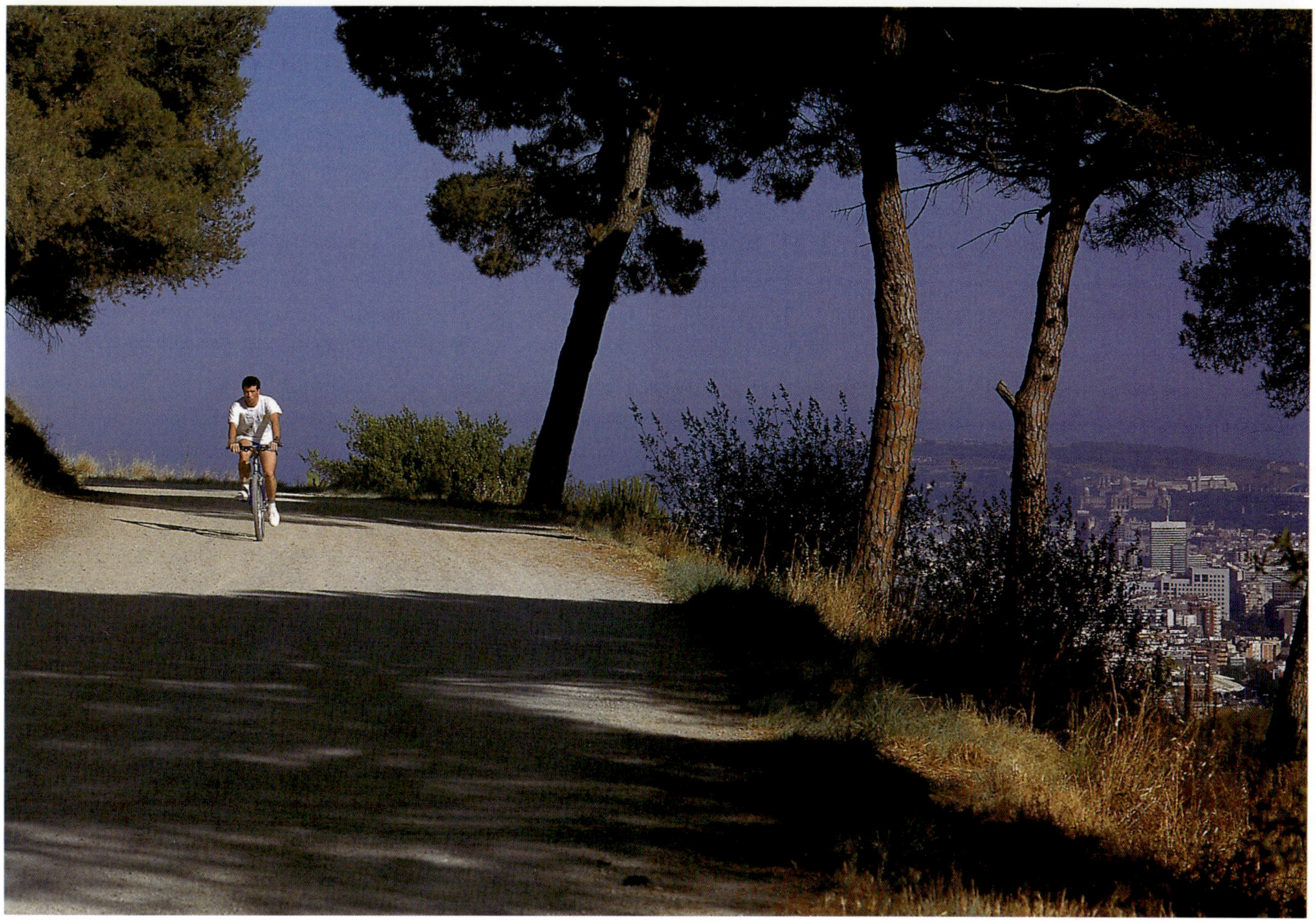

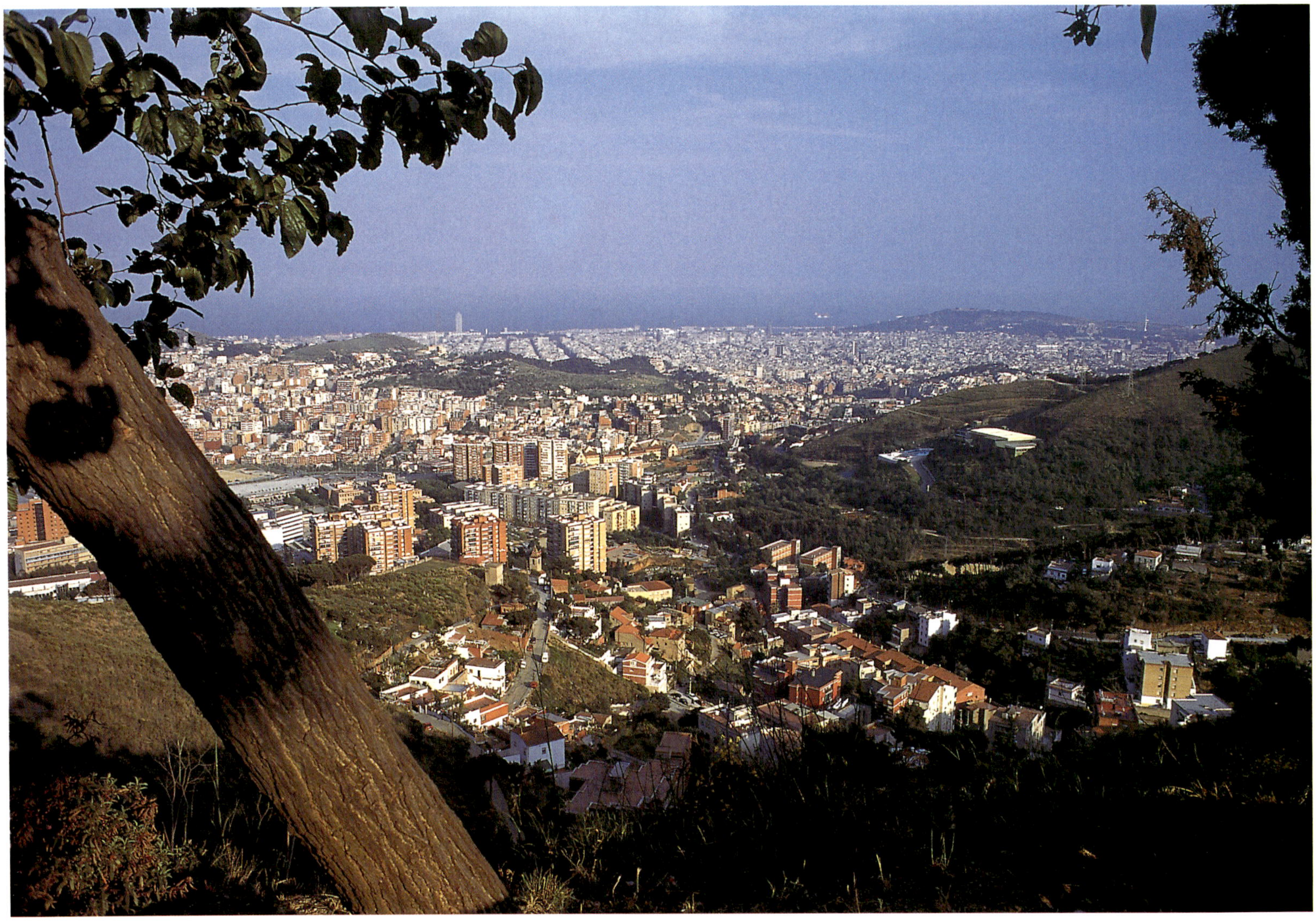

De día, la ciudad a los pies de la montaña da la sensación de orden espeso, reticulado, organizado por las calles que bajan hacia el mar y que se va perdiendo cuando llega a la frontera con lo verde.

By day, we see the city as a dense, orderly entity organised around the streets that run down to the sea, and that gradually peter out when they reach the mountain's greenery.

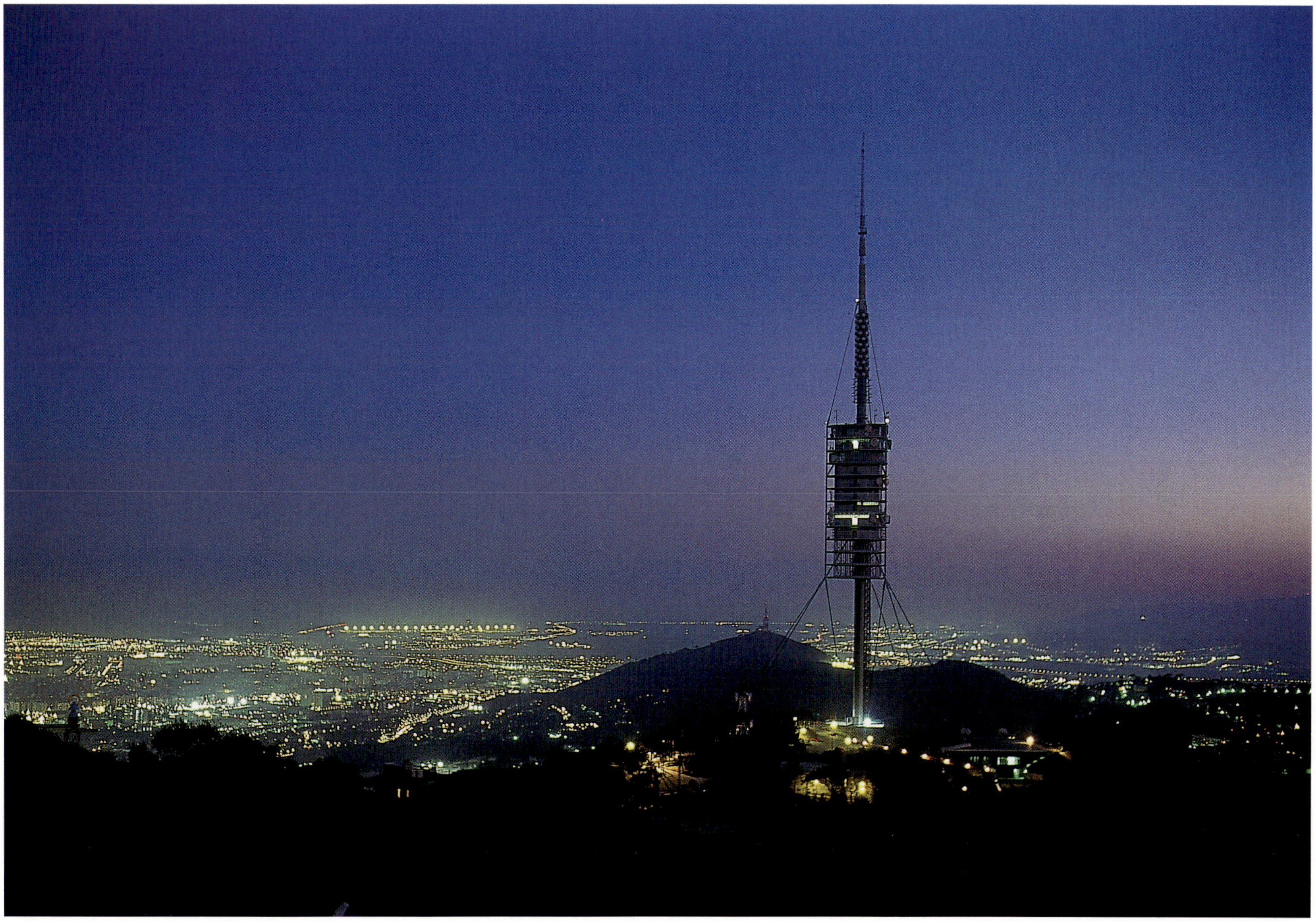

De noche, Barcelona es un mar de luces que preceden a un mar de oscuridad, inevitablemente caótico, con la torre de Foster como un palo de pajar pero de estilo moderno.

By night, Barcelona is a sea of lights full of disorder that stretches out towards a sea of darkness with Foster's tower as an erect symbol of modernity.

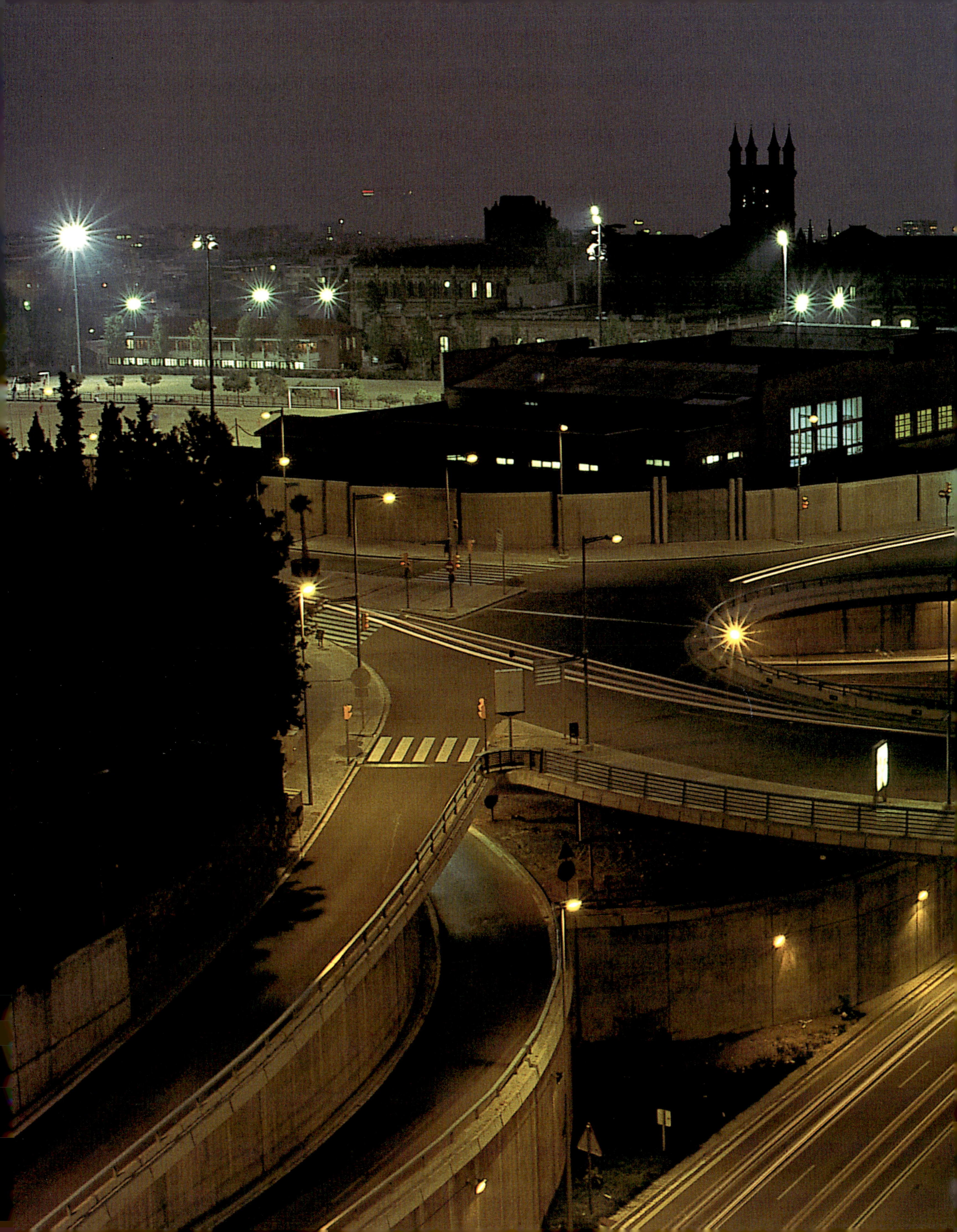

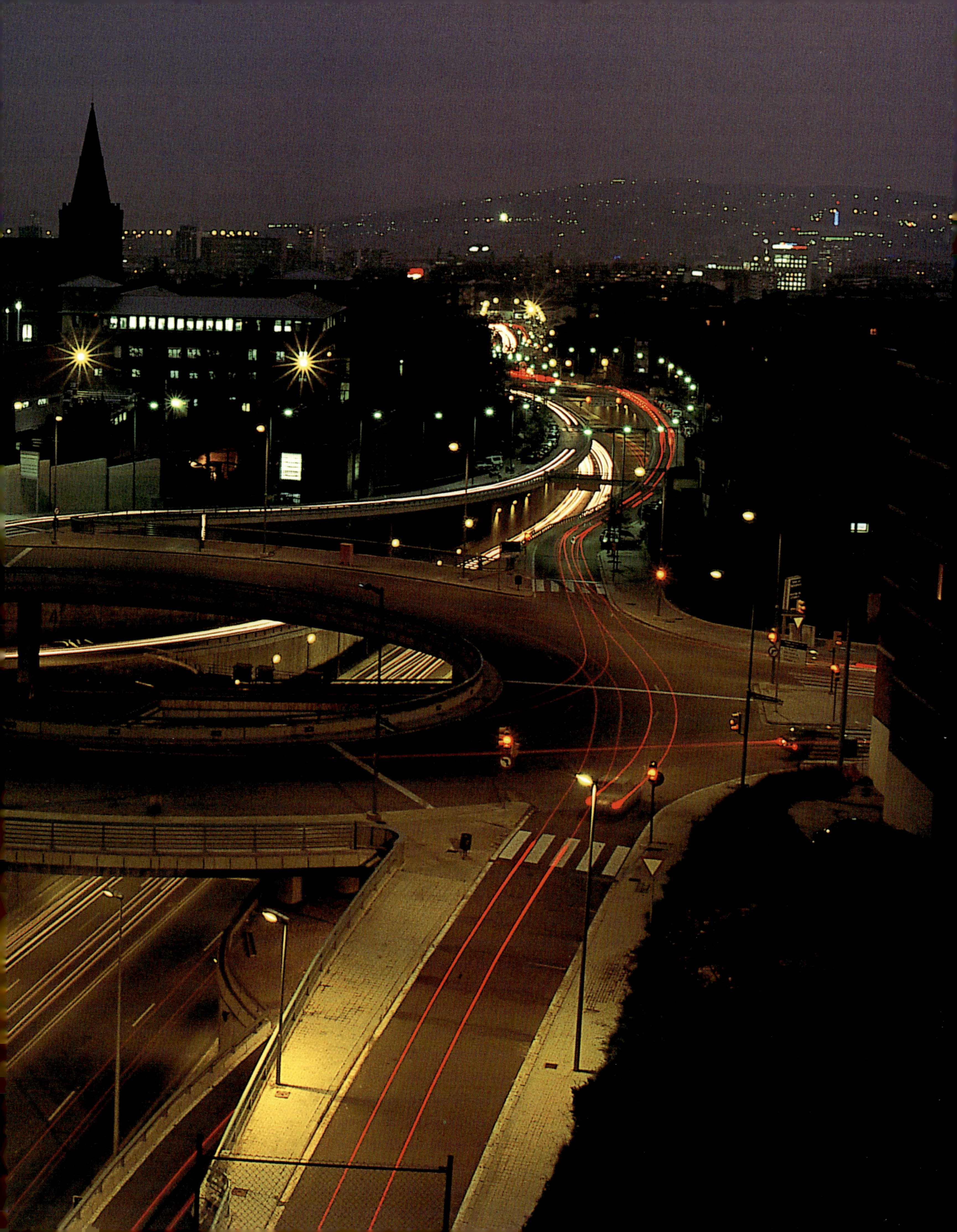

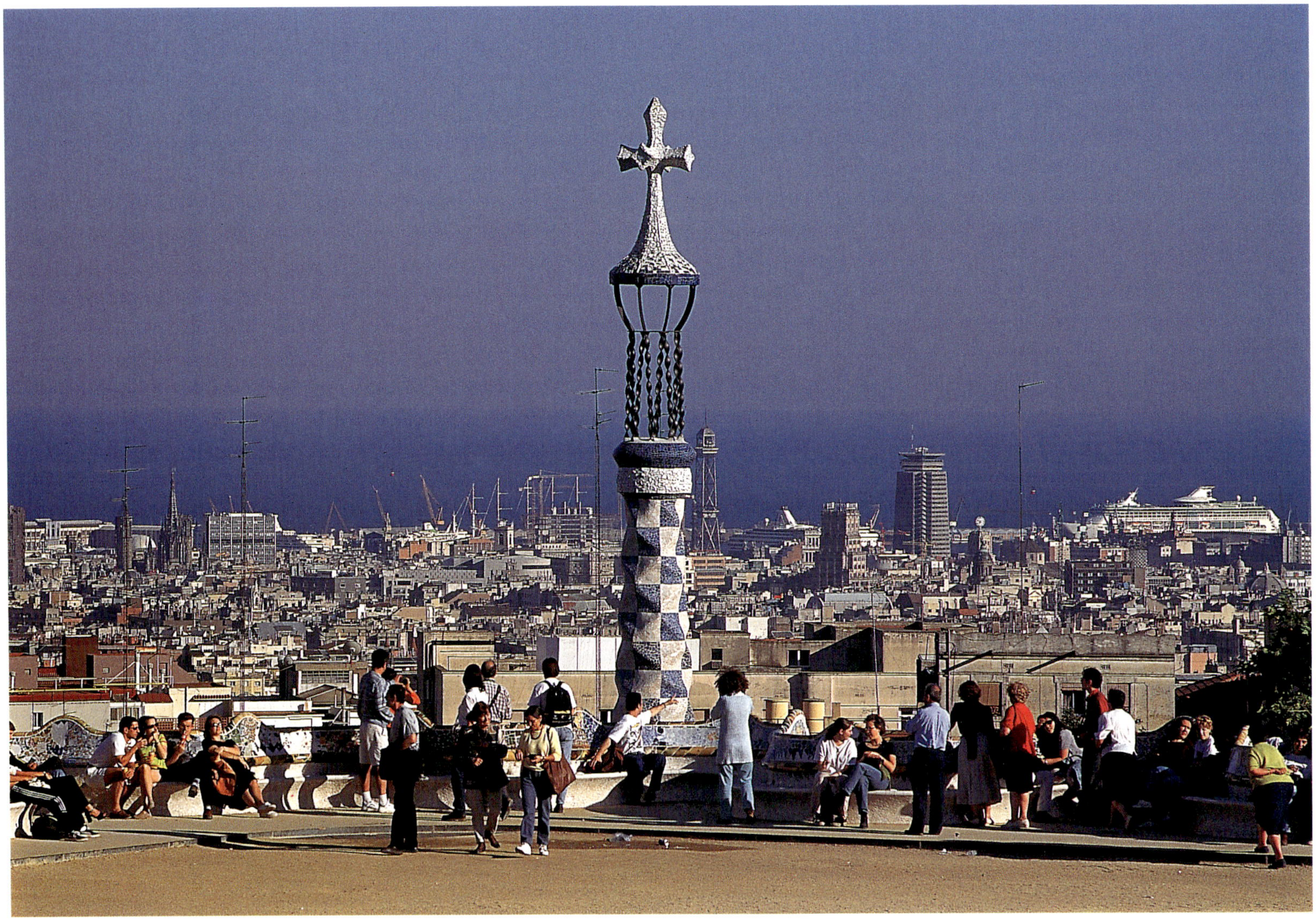

Los bancos sinuosos del Parque Güell siempre están llenos. Monumentales pero útiles.
Turistas más o menos lánguidos escriben páginas de un dietario mediterráneo. Es nuestro principal exotismo.

The sinuous benches of the Parc Güell are always full – a monument to utility. Tourists linger here to write pages of their Mediterranean diary. Do we possess anything more exotic than this?

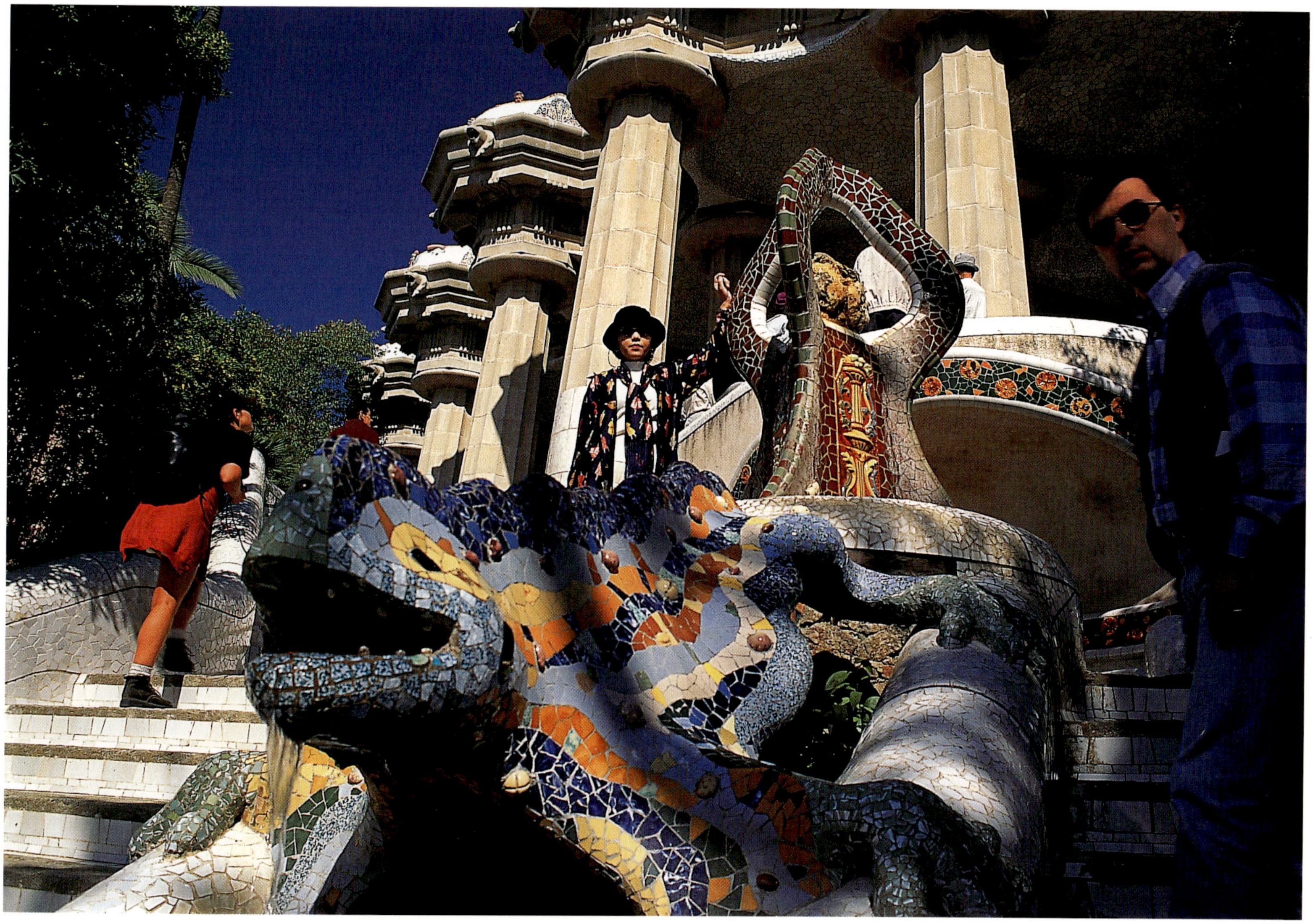

El dragón del Parque Güell es la máxima expresión de este bestiario brillante y amable del *trencadís* que inventó Gaudí para la ciudad y que se ha convertido en su bandera.

The Parc Güell's dragon is the best example of the friendly, shining jigsaw zoo that Gaudí designed for the city and that has become its hallmark.

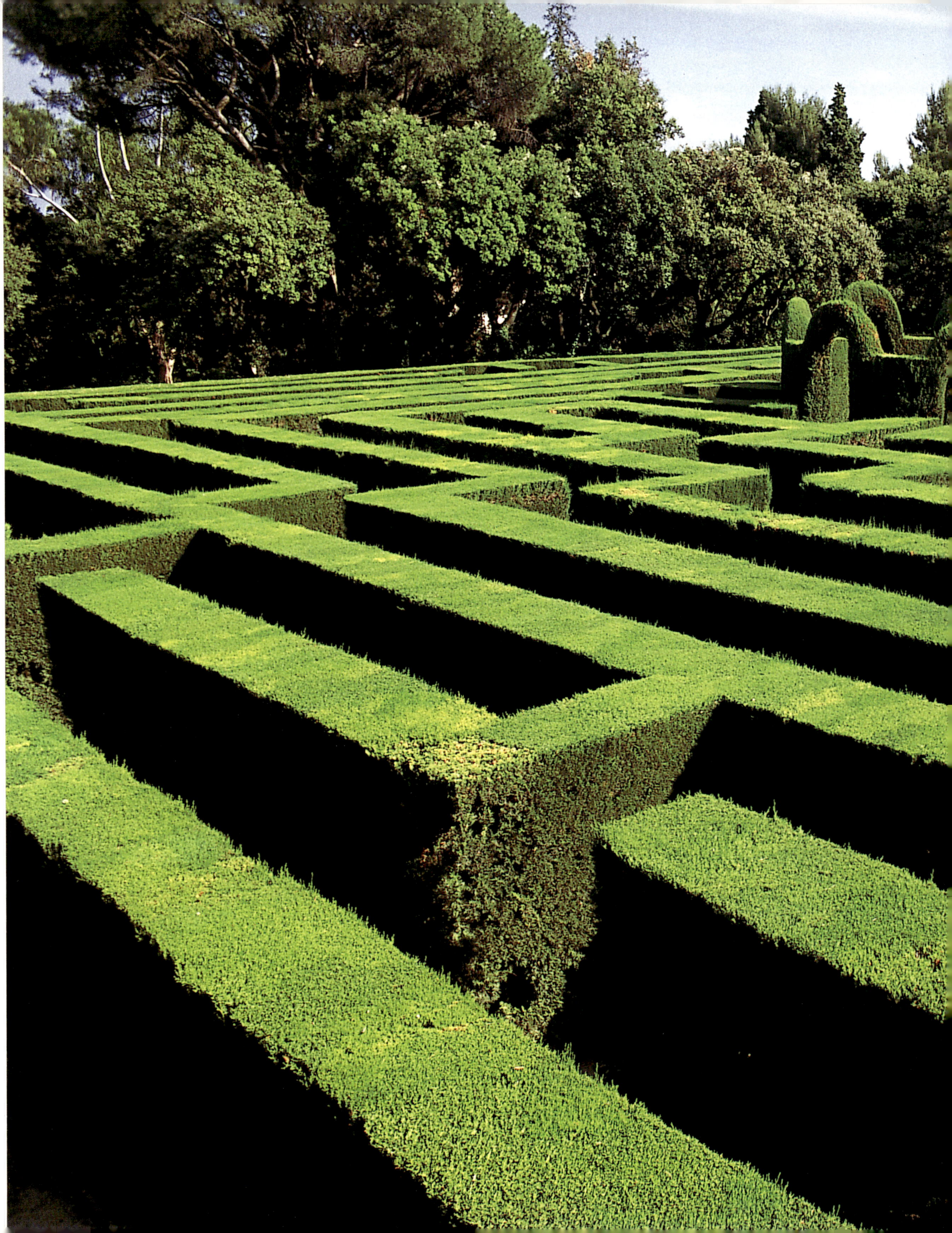

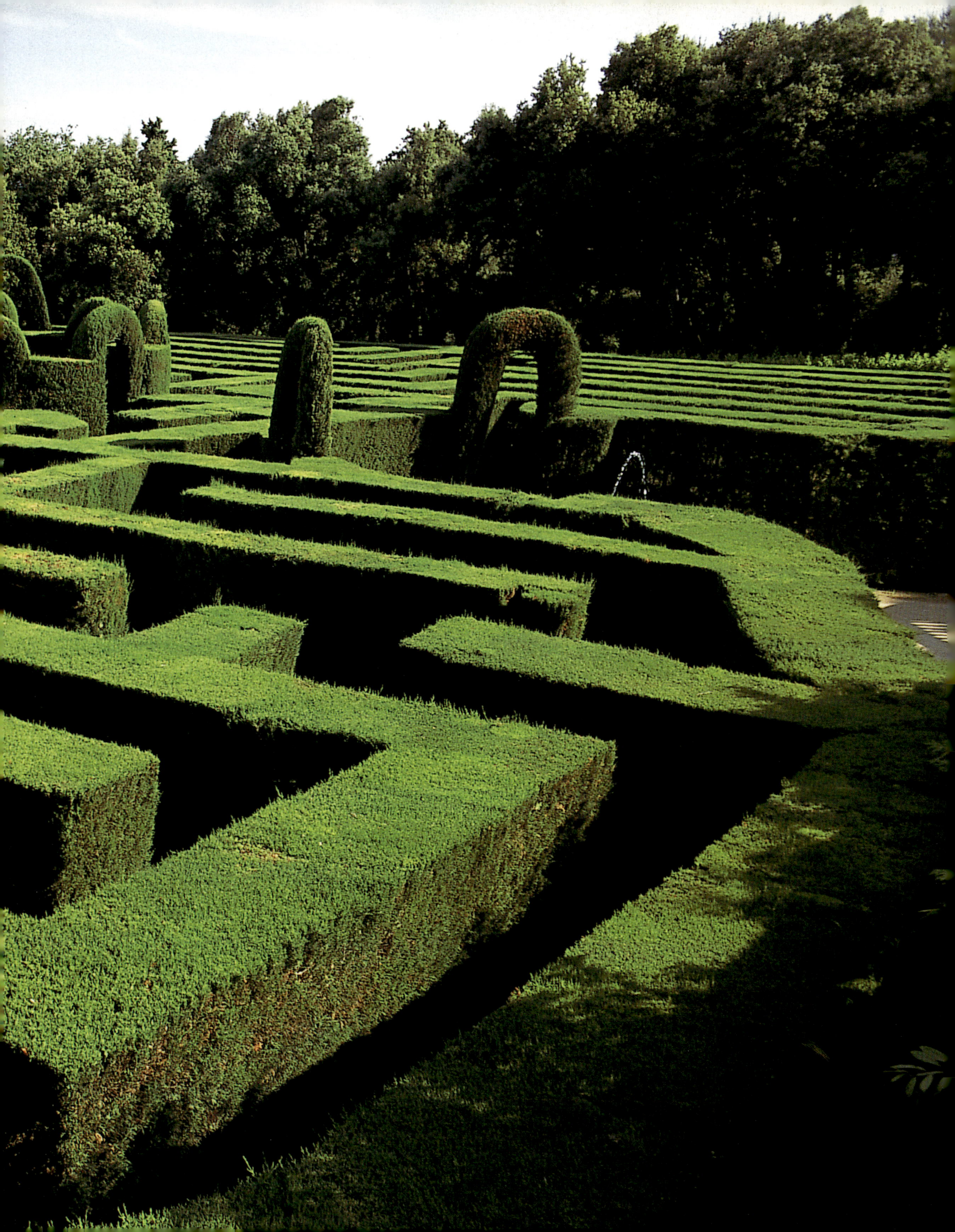

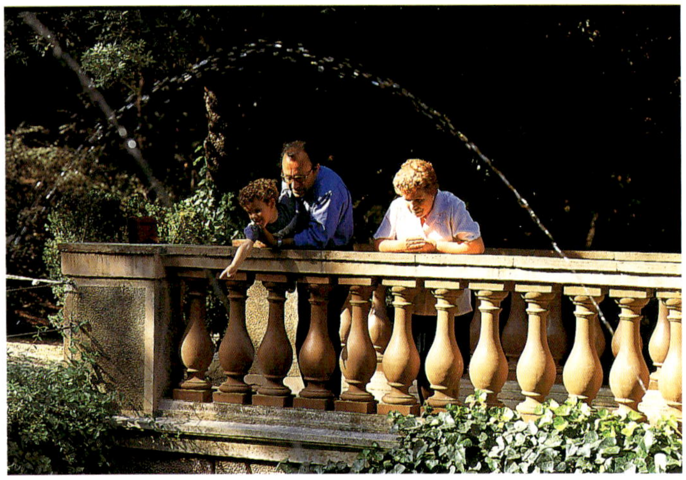

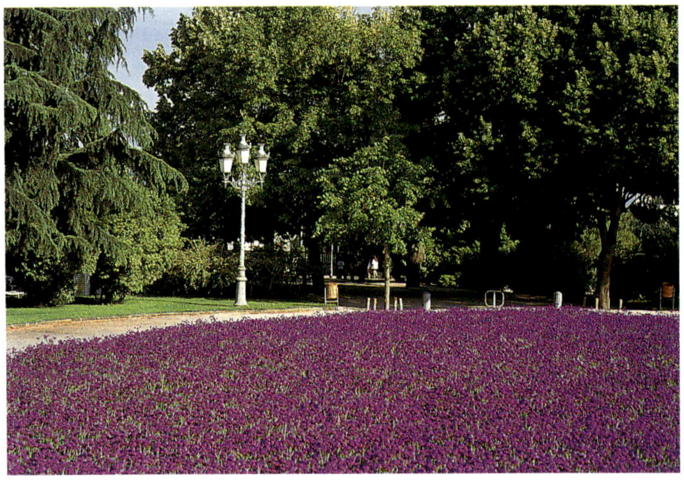

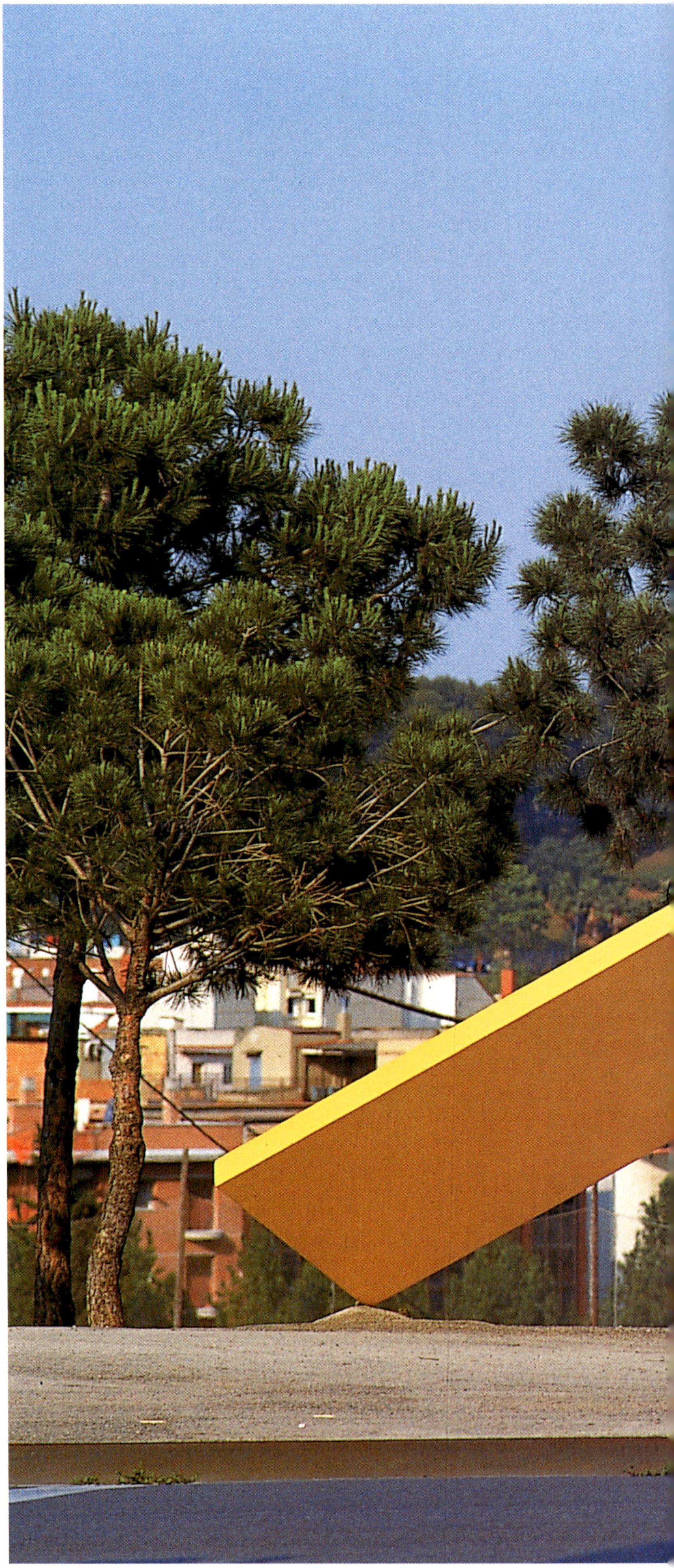

Igual que el Parque del Laberinto, en las páginas anteriores, muchos jardines señoriales se han convertido en las reservas verdes de esta nueva Barcelona. Pequeños paraísos privados que han abierto sus puertas. Pero la ciudad también ha inventado sus propios espacios nuevos: las cerillas, la escultura de Claus Oldenberg en la zona del Valle Hebrón, son quizá su símbolo más ingenioso.

Just as happened with the Parc del Laberint on the previous pages, many big house's gardens have become the green lungs of the new Barcelona. Little private paradises whose gates have been flung open. But the city has also created new spaces, and Claus Oldenberg's statue «The Matches» in the Vall d'Hebron area may well be their most artful symbol.

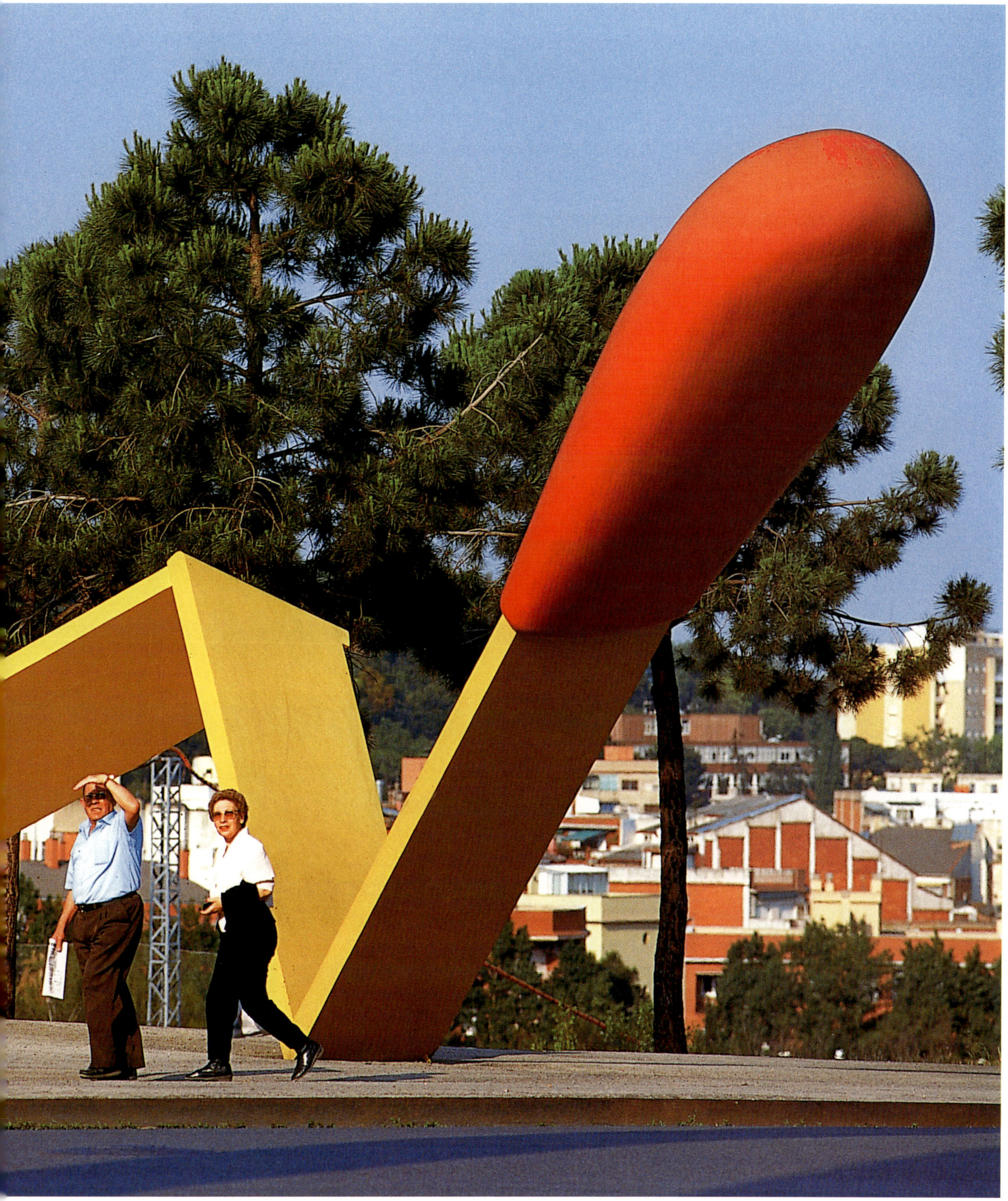

Todo el jardín es una representación del Paraíso. No del paraíso en minúscula, sino del Paraíso original y final, el «jardín del Edén», el lugar feliz de antes y después del pecado, hecho a la medida del hombre tal como es, a escala humana. El parque del Laberinto es la enciclopedia del jardín, el jardín perfecto. Por tanto, una idea del paraíso. O de los paraísos, porque en el Laberinto de Horta se mezclan los dos jardines, que remiten a los dos paraísos. De un lado el neoclásico, es decir, el renacentista, el que mira a Italia y por tanto el que mira al mundo clásico, Roma y Atenas, quizá los ecos de Babilonia adobados por Alejandro, pero tamizado por la memoria bíblica del paraíso de Adán y Eva. Es éste un jardín de balaustradas y templetes, de estatuas de mármol, de referencias mitológicas. De otro lado, el jardín islámico de fuentes y surtidores, la arquitectura arabizante, la imagen de La Alhambra, el jardín de Alá, sensual en su verdor. Ambos tienen una cosa en común: un jardín es el reino del agua, del murmullo del agua, la fuente, el río, el estanque. Y algo más: el jardín es un laberinto, a pesar de que sea sencillo como lo es éste:

No es menester el ovillo
que dio Ariadna a Teseo.

Pero en definitiva laberinto, un plan, un camino, un orden. El jardín es un orden más o menos laberíntico. Más allá, detrás de la última ninfa clásica y de la última fuente de oasis, más allá del reducto del jardín, el desorden del bosque. Y sólo allí el jardín romántico.

Muchas de las pinceladas de verde público en medio de la Barcelona más densa nacen de la pacífica socialización de los jardines de casa bien. Ejemplo extremo sería el Parque del Laberinto. Pero sobre todo, algunos espacios menores de Mandri, detrás del Palau Robert, o en otros lugares de la ciudad. Si hace falta un caso ejemplar, el de las villas Amèlia y Cecília, en los límites de Sarriá, una antigua finca señorial que una calle y el ritmo de la política de alternancias han convertido en dos. Estos jardines particulares socializados son el reino del cochecito, la máxima concentración de madres jóvenes por metro cuadrado en horario extraescolar. En los barrios buenos, también hay cochecitos con criada, en una escena de zarzuela donde sólo falta algún galán soldado. Alrededor, como satélites de los cochecitos, algunos de su antiguos clientes más recientes, que se persiguen en eternos juegos de tocar y parar o del escondite. Y perros. Y alguna que otra pareja esporádica y enternecida. Pero estos espacios burgueses, tranquilos y lentos, con sonido de campanas como música de fondo, suelen ser territorios hiperurbanizados y sobreocupados, llenos de caminos y caminitos, verdaderas autopistas y parkings de cochecitos, circuitos recorridos en todas direcciones, pero no a todas las velocidades. Bancos y toboganes, palmeras y flores, pero sobre todo cochecitos. El Ayuntamiento ha colocado esculturas. Sólo existen para ser retratadas.

En el Parque del Castell de l'Oreneta funciona este pequeño tren, los domingos por la mañana. Un factor que se añade al aroma de reencuentro con la infancia que tiene este parque, o quizá todos los parques.

On sunday mornings, this little train runs in the Castell de l'Oreneta park. It is one of the many elements in this park that bring back our childhood – do all parks have this quality?

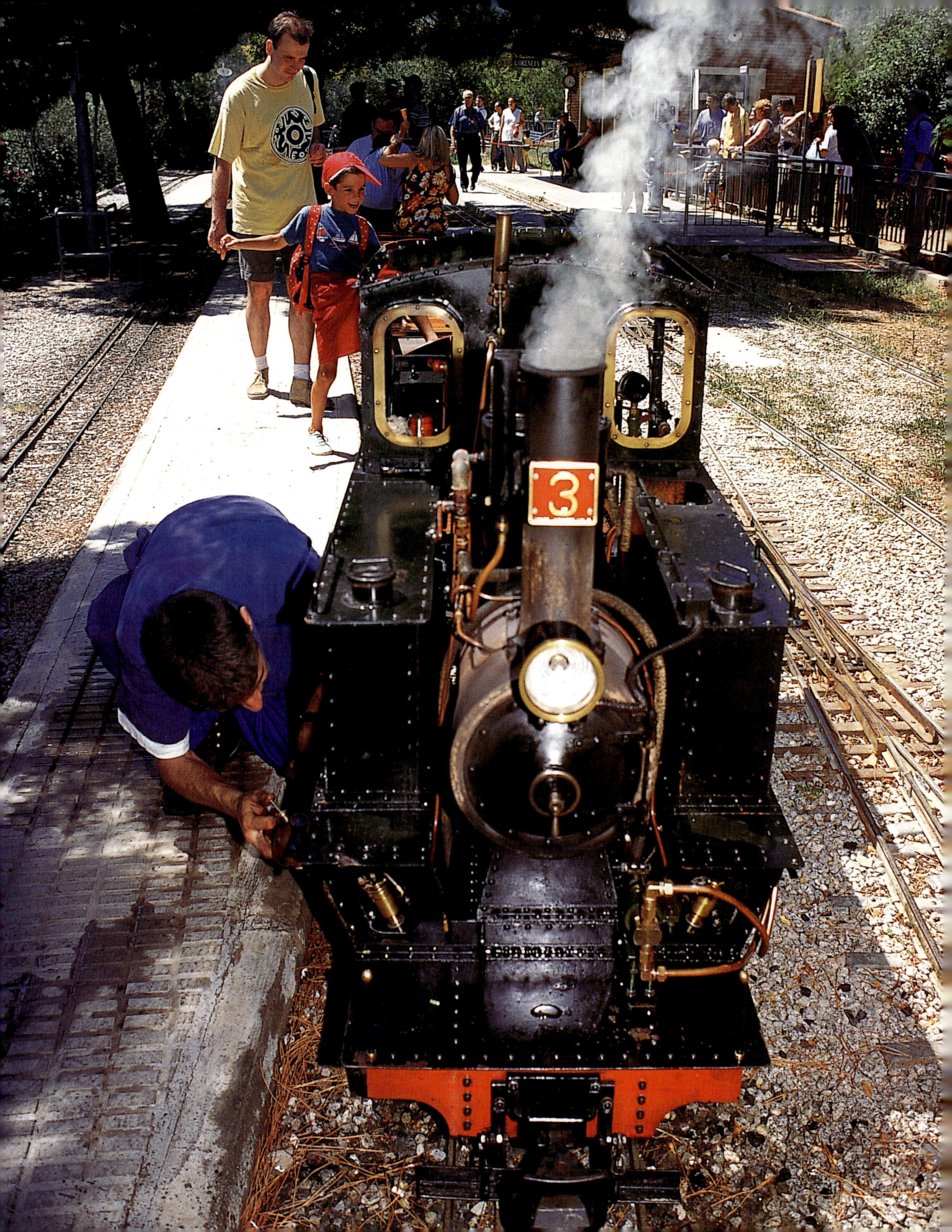
3

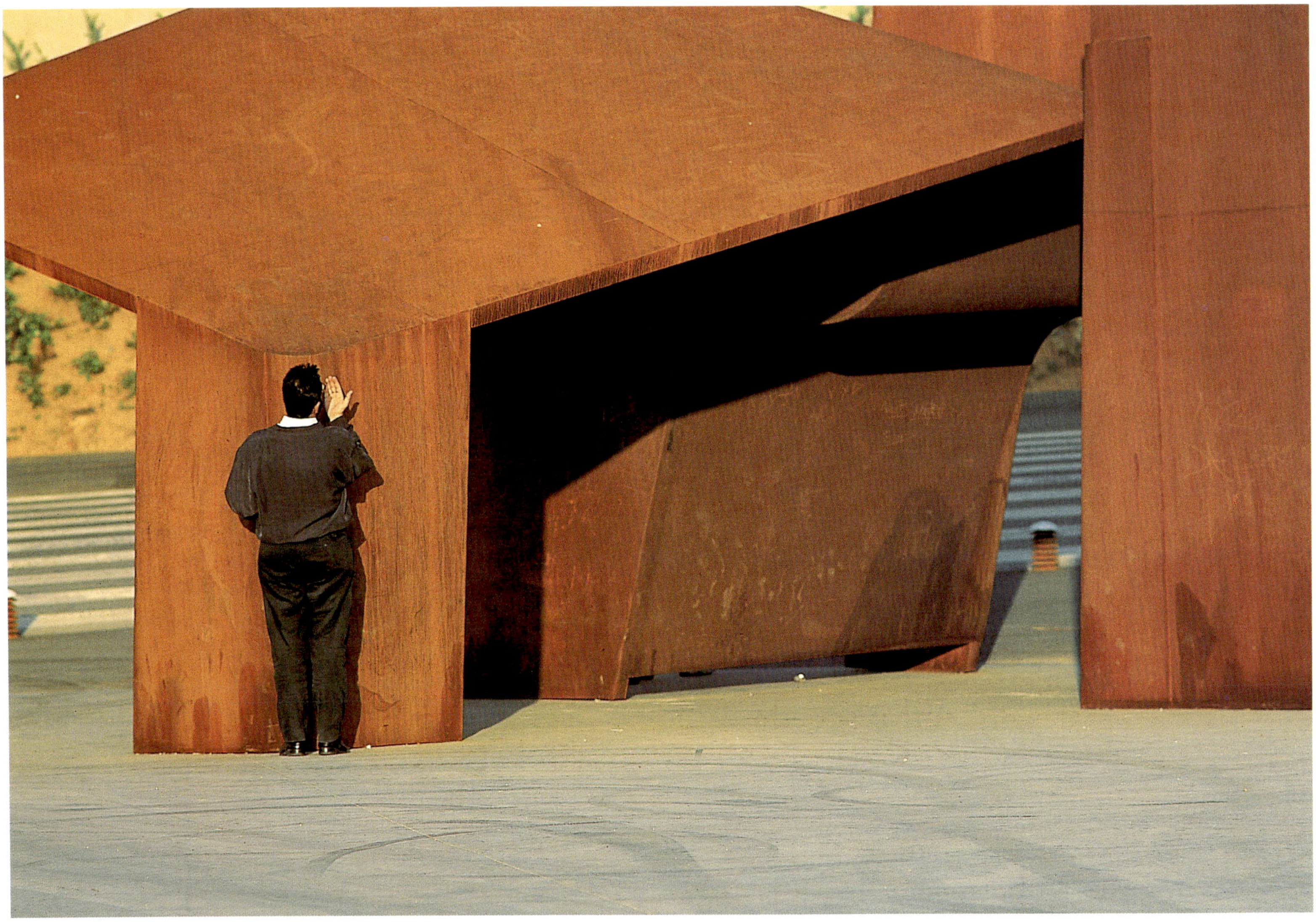

Renovar una ciudad es también renovar sus monumentos. El impulso olímpico ha traído con él la aspersión, con fortuna variada, de trabajos escultóricos, sobre todo en los barrios con más déficit monumental.

When a city gets a facelift, the monuments have to be renovated too. Olympic fervour cast a sprinkling of sculptures – some of them fine works – around the city, with special emphasis on the neighbourhoods where they were lacking.

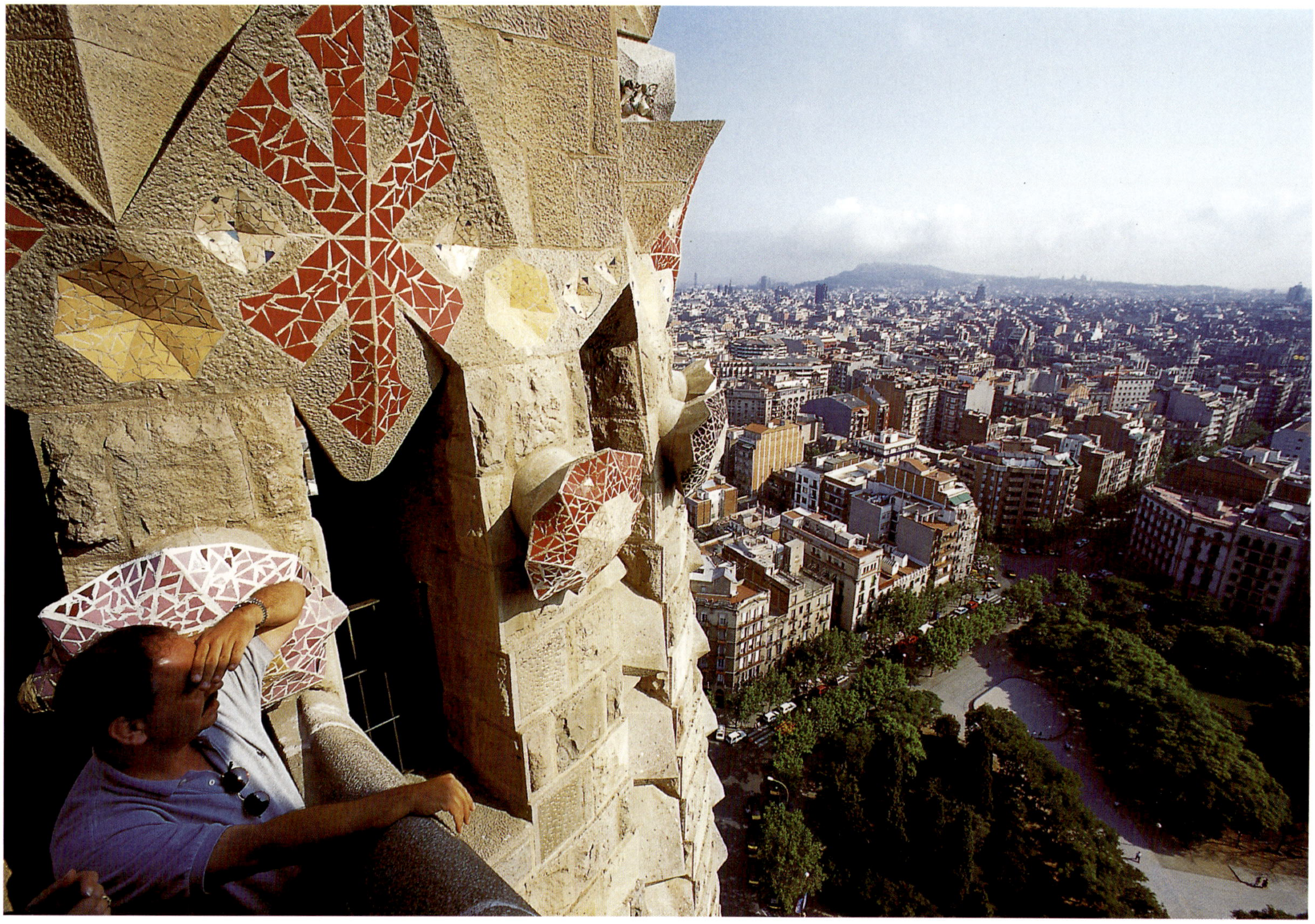

La Sagrada Familia, en el centro del Ensanche, se ha convertido en símbolo de la ciudad.
Sus torres pueden también ser su observatorio.

Right in the middle of the Barcelona's grid-pattern Eixample district lies the Sagrada Família,
one of the city's emblems. The towers give a good view of the city, too.

Para cada uno de nosotros la infancia es alguna cosa concreta, algún color o algún sabor preciso. Vengo de Pedralbes y me encuentro con la infancia. Un recibimiento de algarrobos, el dulce olor de las algarrobas esparcidas por el suelo. Evidentemente, los pinos, pero eso ya es más normal, de siempre, con más prestigio. Y algunos cipreses de jardín solemnes, recortados, que marcan un camino de tierra arrastrada, una tierra gorda, granulada, blanca y negra como un granito envejecido y reblandecido. Pero un instante, entrando en el parque de L'Oreneta, un algarrobo y una fuente, un camino de tierra hacia una casa amarillenta, eso es la infancia. Es decir, es el parque de la Misericordia, en Canet, lanzarse bolas de ciprés, chupar la fuente de hierro donde hace falta soplar para que mane, reecontrar aquello que explicaba el abuelo: después de la guerra, las algarrobas como éstas nos las comíamos, hacíamos chocolate... Y aquí es donde te das cuenta de que, no cabe duda, Barcelona al fin y al cabo es el Maresme, una ciudad alrededor de un torrente que baja de las montañas. Que antes de conquistar todo el valle, esto debía de ser también un paisaje de «colinas de pinos y viñas, polvo de torrentes». Por un instante, en medio de Barcelona, el reencuentro con una infancia nada barcelonesa. Un poco más tarde, los bancos de madera gastada, una carretera con ciclistas, unos niños descalzos que hablan y juegan a pelota. Un parque contemporáneo. Pero por un instante la magia de mojar el bizcocho en la tila. Por algún lugar debe de haber eucaliptus, aunque ahora no los veo.

Son las plazas de un pueblo de buena gente. En medio del vitalismo de una Gracia popular y menestral, juvenil, pero también de la calma tórrida de una villa de provincias el domingo por la tarde, las plazas son un cuadrado sencillo y estricto, quizá demasiado sencillo y demasiado estricto. Esto es un barrio, en el sentido humano del término. Pero se parece todavía más a un pueblo. Por las calles hay un ajetreo animado y meridional, enraizadísimo: no es de extrañar que exista un patriotismo graciense. En las plazas, esta efervescencia reposa. Son plazas para leer en ellas el periódico y explicarse la vida. Desordenadas, mezcladas, como el mundo mismo. La gente de bien se pasea, trabaja, descansa con la prisa de un paréntesis, se deja llevar por una fiesta mayor que merece el adjetivo tradicional de «lucida» —irónico y entrañable, a medias—, o por el estallido juvenil y revolucionario de unas noches que recuerdan la vieja campana republicana y anarcoide. A esta gente de bien, tan normal, tan familiar, parece que puedas pedirle de todo, menos épica, menos literatura. Y resulta que, al contrario, aquí hay una de las máximas concentraciones de literatura de la ciudad: en los mismos nombres de las calles y de las plazas. Plaza del Sol, calle de la Perla, Plaza del Dimante... El mejor mundo de la mejor Rodoreda. El título de la novela extraordinaria que no se podía llamar *Colometa*, habría sido demasiado blando, demasiado falsamente edulcorado, y se llamó *La plaza del Diamante,* que tiene más aristas, más durezas. Así es: el mundo dulce de estas plazas puede ser épico detrás de la máscara de normalidad. La buena gente de Gracia puede ser también protagonista de las grandes pasiones.

Las plazas y las calles de Gracia —de nombres evocadores y poéticos— tienen un aire popular de alegre menestralía. No nos sorprenden cuando en la Fiesta Mayor se disfrazan de colores.

Gràcia's squares and streets, with their poetic names so full of feeling, have a happy atmosphere of the day-to-day. You feel no surprise when they let go in their colourful costumes during the District Festival.

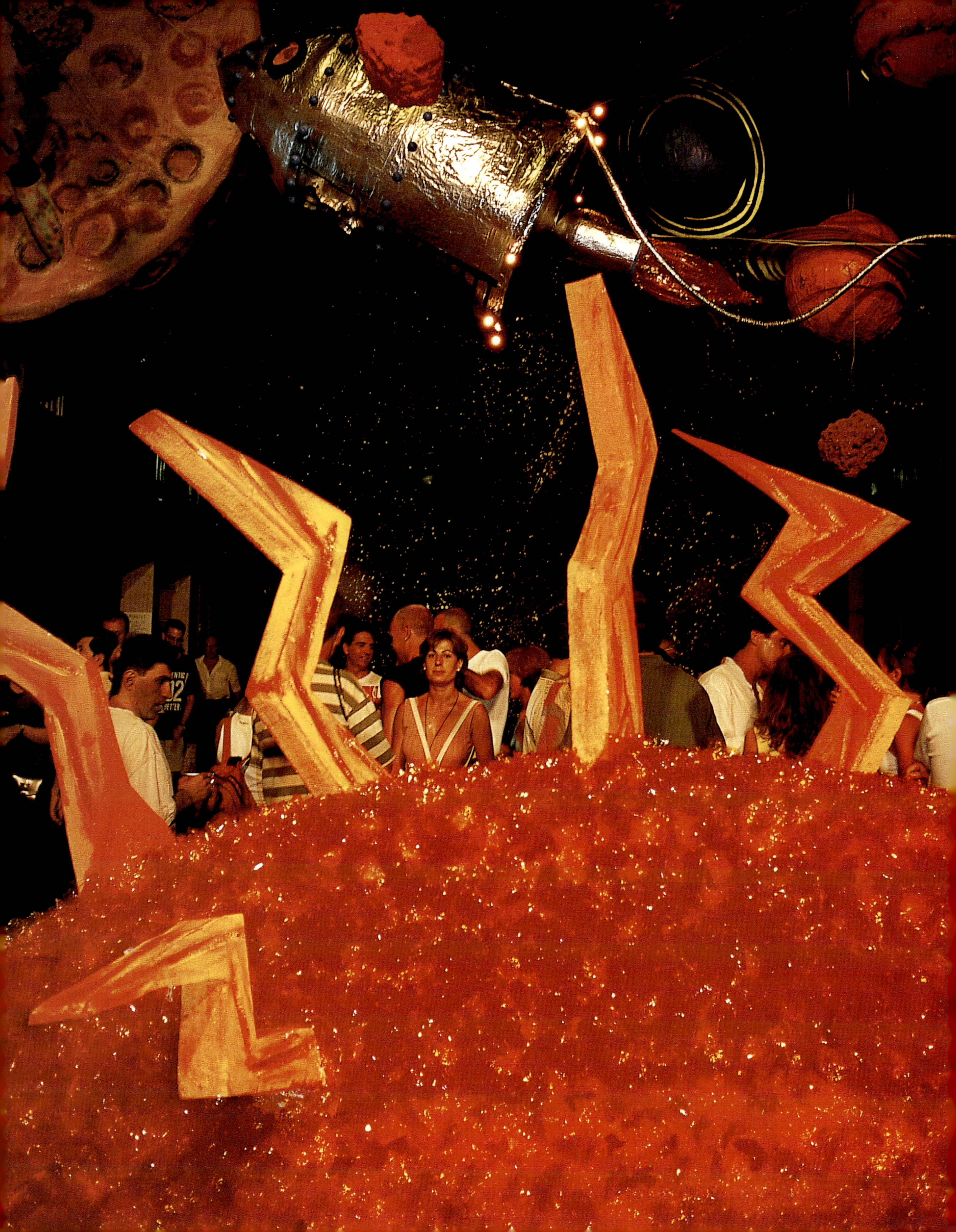

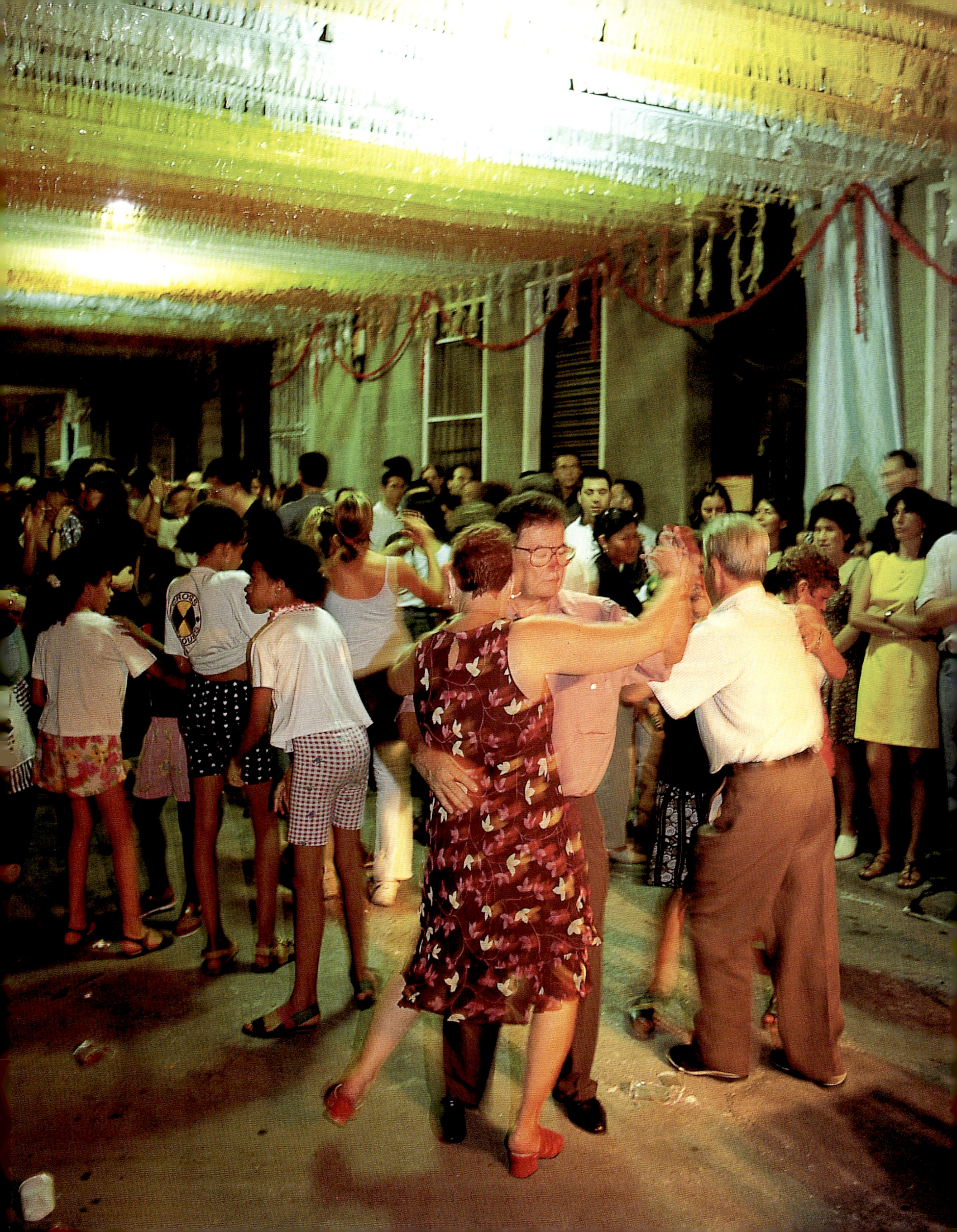

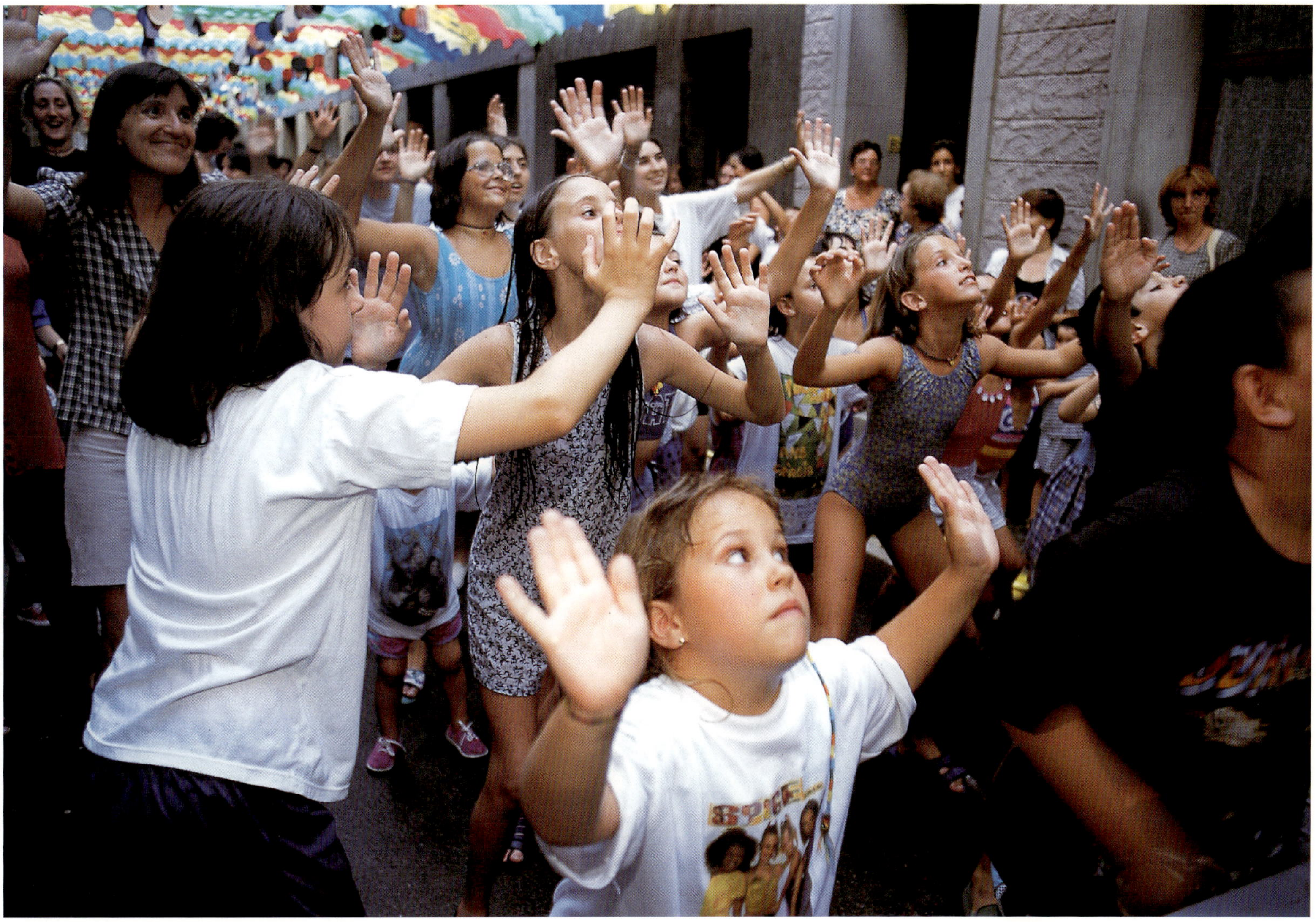

El calendario de lo que los sociólogos denominan la cohesión social, la fuerza interna del pueblo o del barrio, su personalidad, han hecho que estas fiestas mayores de Gracia o de Sants sean el mejor recuerdo de cuando estos barrios eran pueblos. Una pre-Barcelona.

The calendar and what sociologists call social cohesion (the internal strength of a town or a district, the area's character) ensure that the District Festivals of Gràcia and Sants are the best reminder of when they used to be towns, before being incorporated into Barcelona.

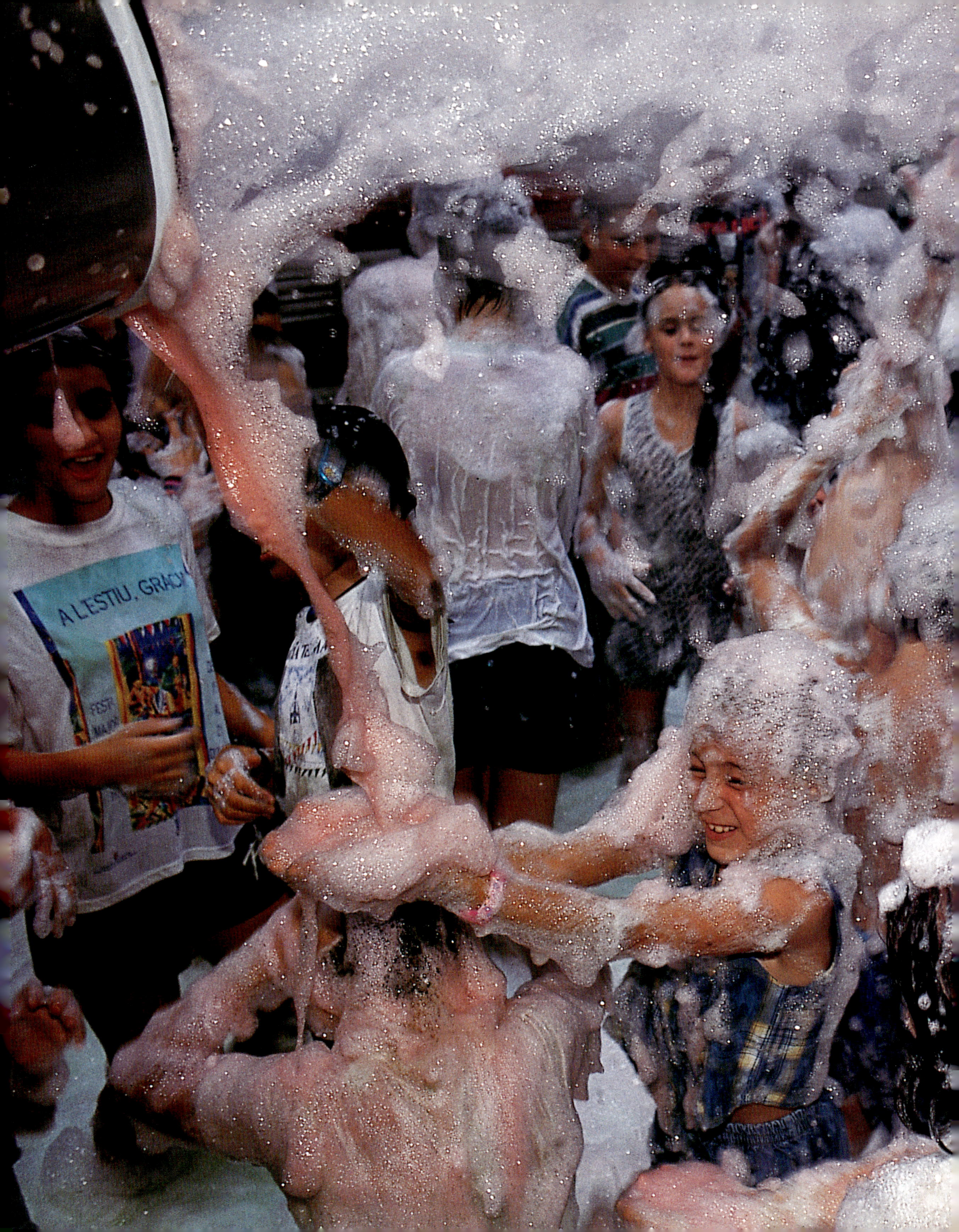
A L'ESTIU, GRAC

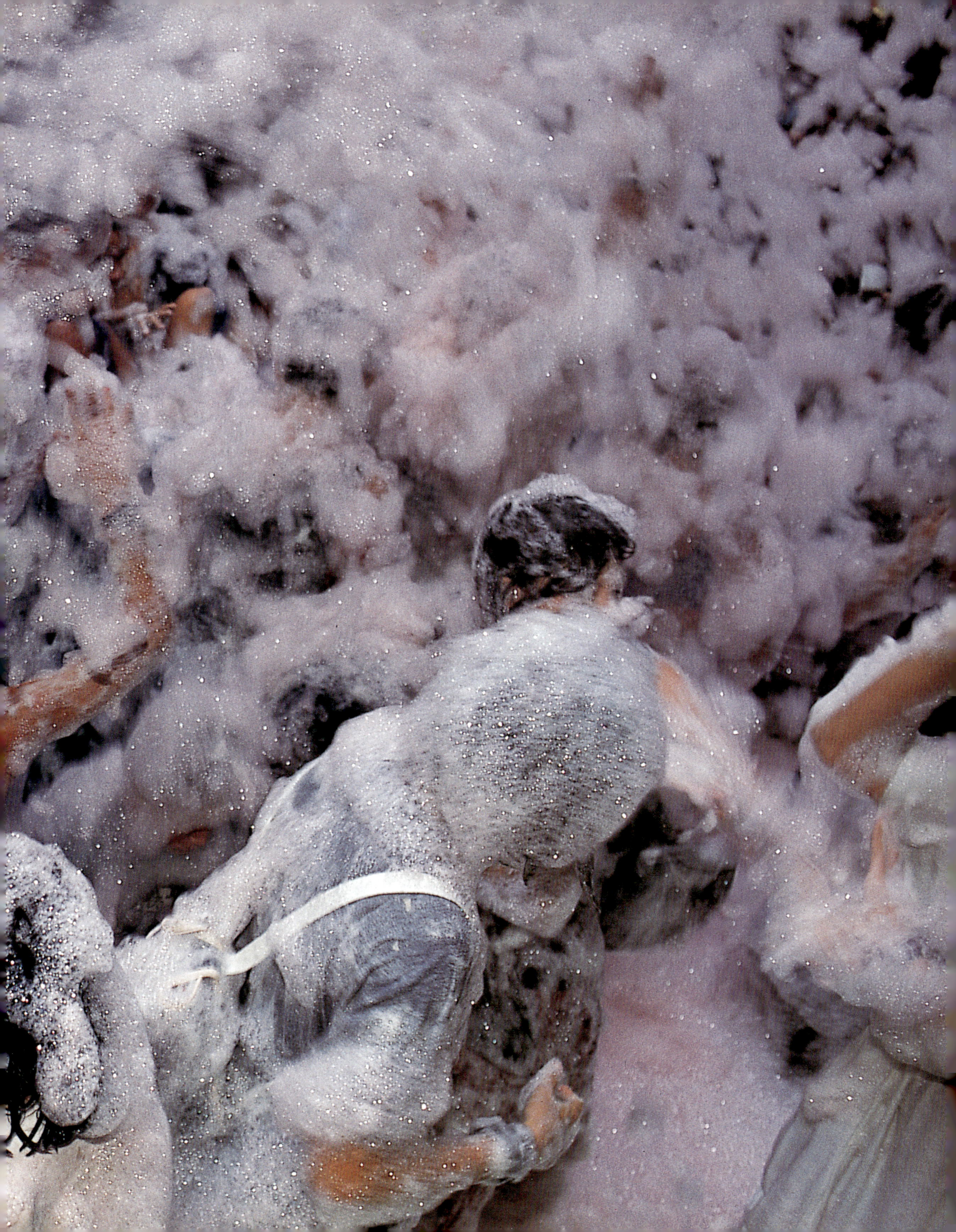

Hay una mitología gótica de finura y austeridad que se podría ilustrar con el silencio de la plaza del monasterio de Pedralbes. No es exactamente la arquitectura. Quizá los adoquines, excepcionalidad medievalizante, signo de antigüedad. No la iglesia rotunda, cuadrada, según como y un poco rural. Es la atmósfera, los árboles y las plantas alrededor de la plaza, los sauces, la buganvillas, incluso un naranjo. Es la sorpresa de encontrar una isla gótica, callada, monacal, en el paisaje burgués de un trozo de Barcelona toda ella contemporánea de sí misma. Es entrar y encontrar un claustro y ver las monjas y adivinar tras ello una excepción cerrada de requesón y licores dulces. Es una isla, la belleza de las islas, de los mundos cerrados que son el mundo. Se reúnen en la plaza jóvenes de casa bien con perros manifiestamente amaestrables, hablan en castellano de unas vacaciones en Ibiza y de las virtudes de las motos, y te das cuenta de que algo se rompe. El silencio, claro. El clima. Porque quizás el espejismo gótico de la plaza y del monasterio no estaba hecho sólo de piedras. Tampoco estaba hecho sólo de silencio. Era un espejismo hecho con palabras, pero con otras palabras. Es un espejismo verbal, como el de Màrius Torres, un espejismo hecho nombres: Pedralbes mismo, que rima con *vidalbes* [1]. Y el nombre de la reina Elisenda de Montcada, la que tiene un paseo «de Sarriá hasta Pedralbes». Un paseo, un monasterio y una plaza que parecen hechos para poder decir, como el poeta: «¡Qué bonito es el nombre de Elisenda!». El espejismo gótico.

Un Alberti festivo, futurista, había descubierto el aliento épico al vuelo por los aires de Platko, «rubio oso de Hungría», entre camisetas azulgrana y blanquiazules —de la Real Sociedad, ¡ojo!— en la época de Les Corts. Sagarra, para saludar al Camp Nou, se añadió a la imagen épica: «Hoy de rojo sangre y azul marino vistes la arrogancia muscular que excita y embriaga y embiste»). Todo ello debía parecerle gracioso a Pere Quart cuando hablaba de un «templo muscular» o comparaba la salida de los hombres hacia el estadio, hacia las tardes de domingo con Carrusel Deportivo y Marcador Simultáneo Dardo, con una cruzada, con una expedición militar movida por hilos religiosos, y por tanto donde se mezclaban la épica y la mística. Pero incluso en este sarcasmo hay un reconocimiento: el territorio de la emoción épica es un rectángulo de césped sobre el que dos ejércitos uniformados simulan una batalla. La máxima concentración de épica que ha tenido esta ciudad en la última mitad de siglo se ha dado en este Camp Nou poblado de banderas, de determinadas banderas, los signos visibles de la emoción compartida. Tenían razón los poetas, aquellos que aceptaban las reglas del juego y aquellos que las caricaturizaban: ésta es hoy la cruzada, la batalla, el templo. Este ondear de banderas y ritmar de cánticos. En el *plein air* barcelonés, la reserva emocional, el espacio de la afirmación es un Camp (campo) que siempre será Nou (nuevo), porque lo dice su nombre, y siempre sera un clam (clamor), porque lo dice su himno. ¿Hay algún otro clamor?

1 *vidalba*, en catalán significa Clemátide, hierba de los pordioseros (o de los lazarosos).

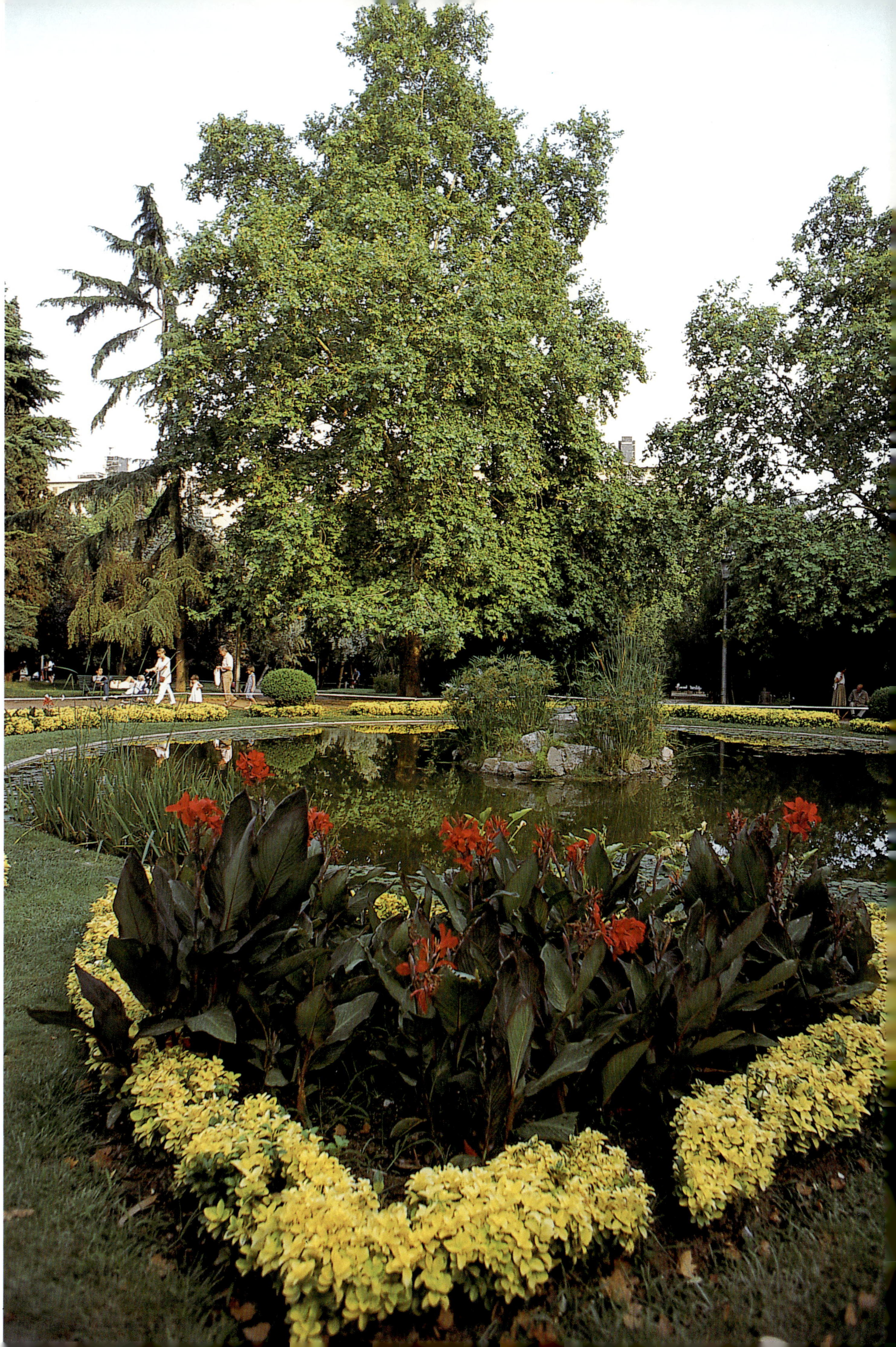

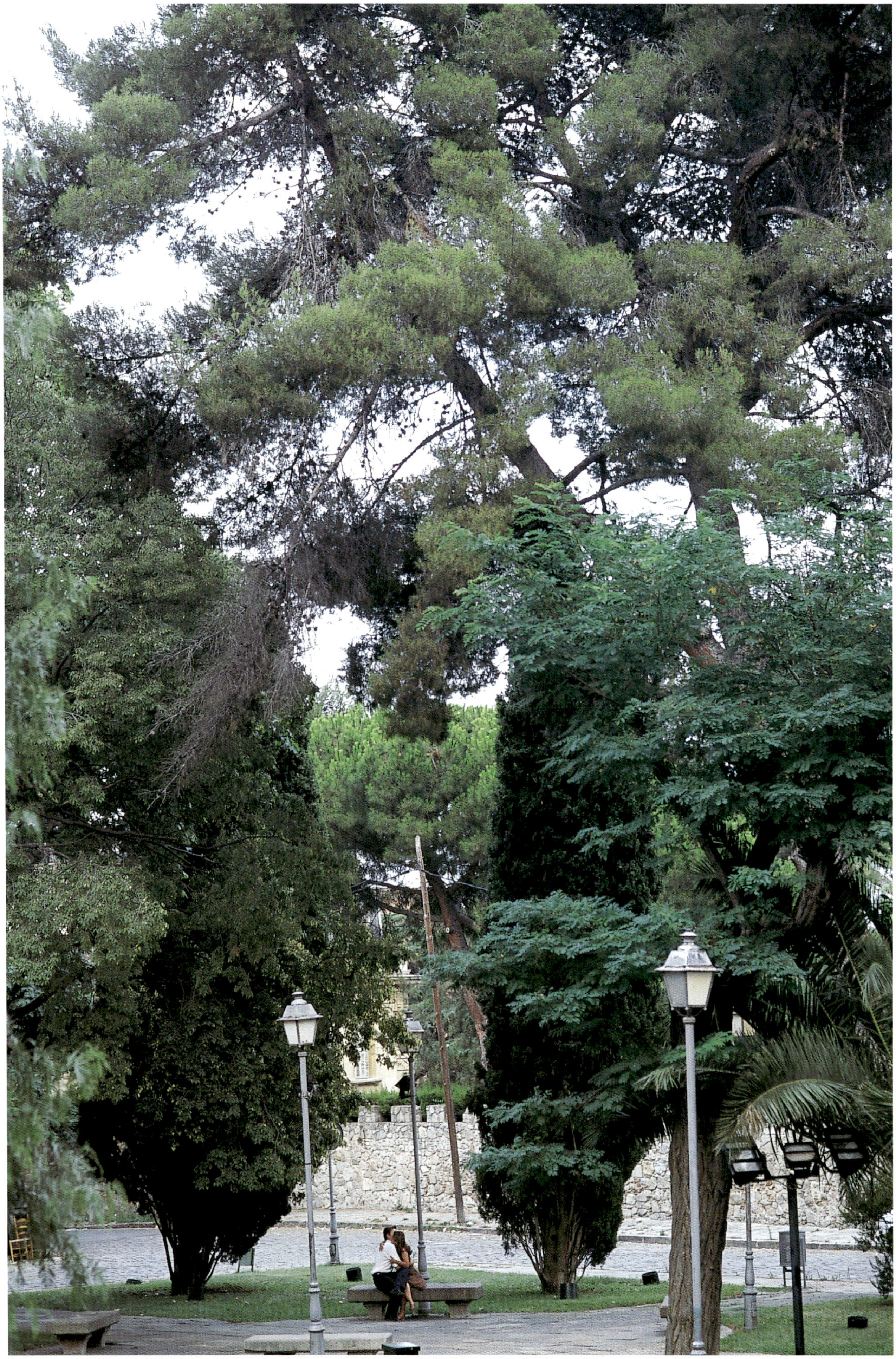

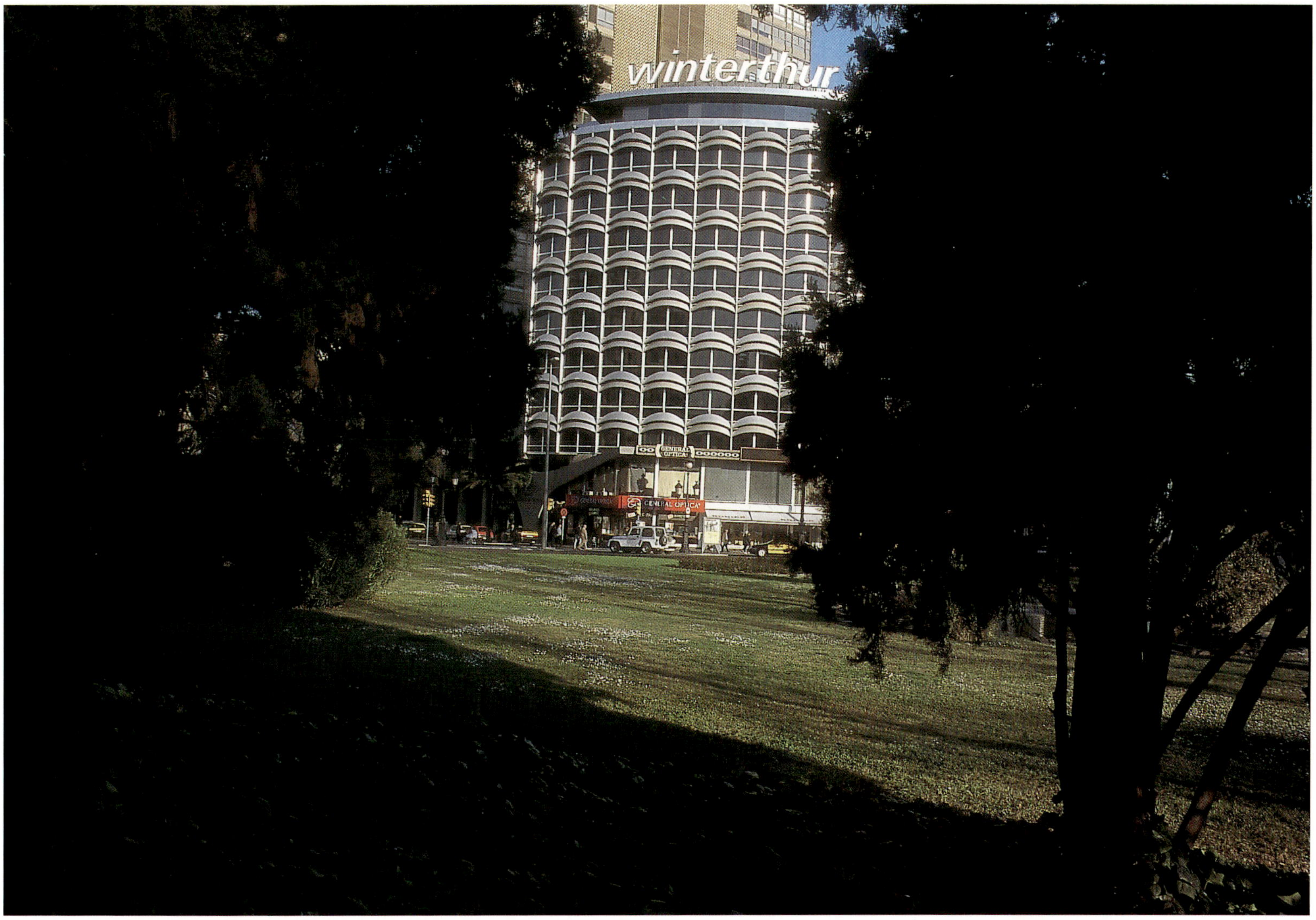

Barcelona no es una ciudad de grandes parques tipo inglés. Es una ciudad de plazas y jardines, de pinceladas de verde sobre una trama compacta. Una ciudad de breves respiros atomizados.

Barcelona has no enormous English-style parks. It is a city of squares and gardens, brush-strokes of green in a compact weave of streets. A city with tiny little intermissions.

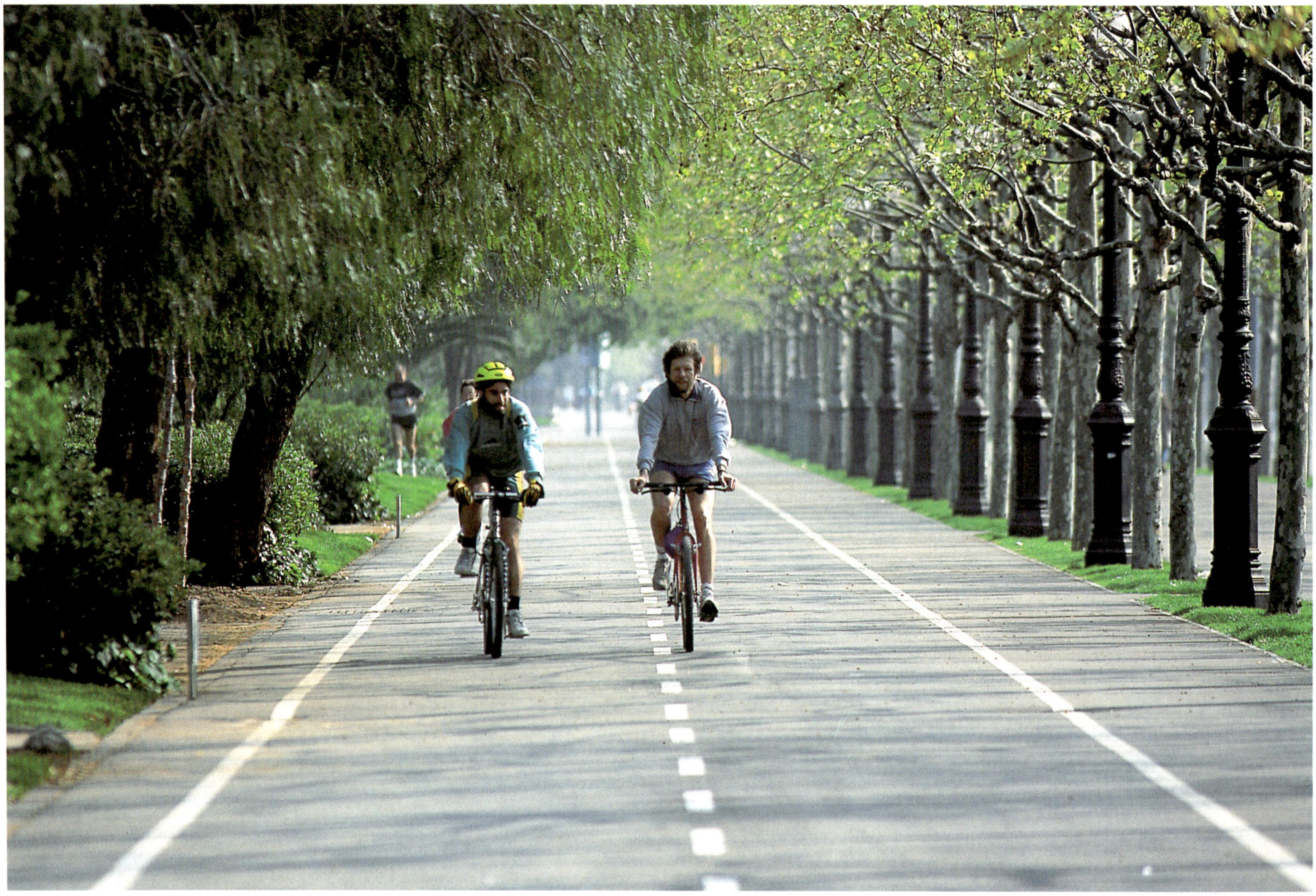

Por los laterales de la Diagonal, con un poco de capacidad de abstracción, el ciclista de domingo puede imaginarse en una especie de carretera rural, llana y acogedora. Pero tiene que ser domingo.

Cycling down the side lanes of Diagonal on a Sunday, the cyclist can let his imagination go and imagine he is on a sort of a flat, welcoming country road. But only on Sundays.

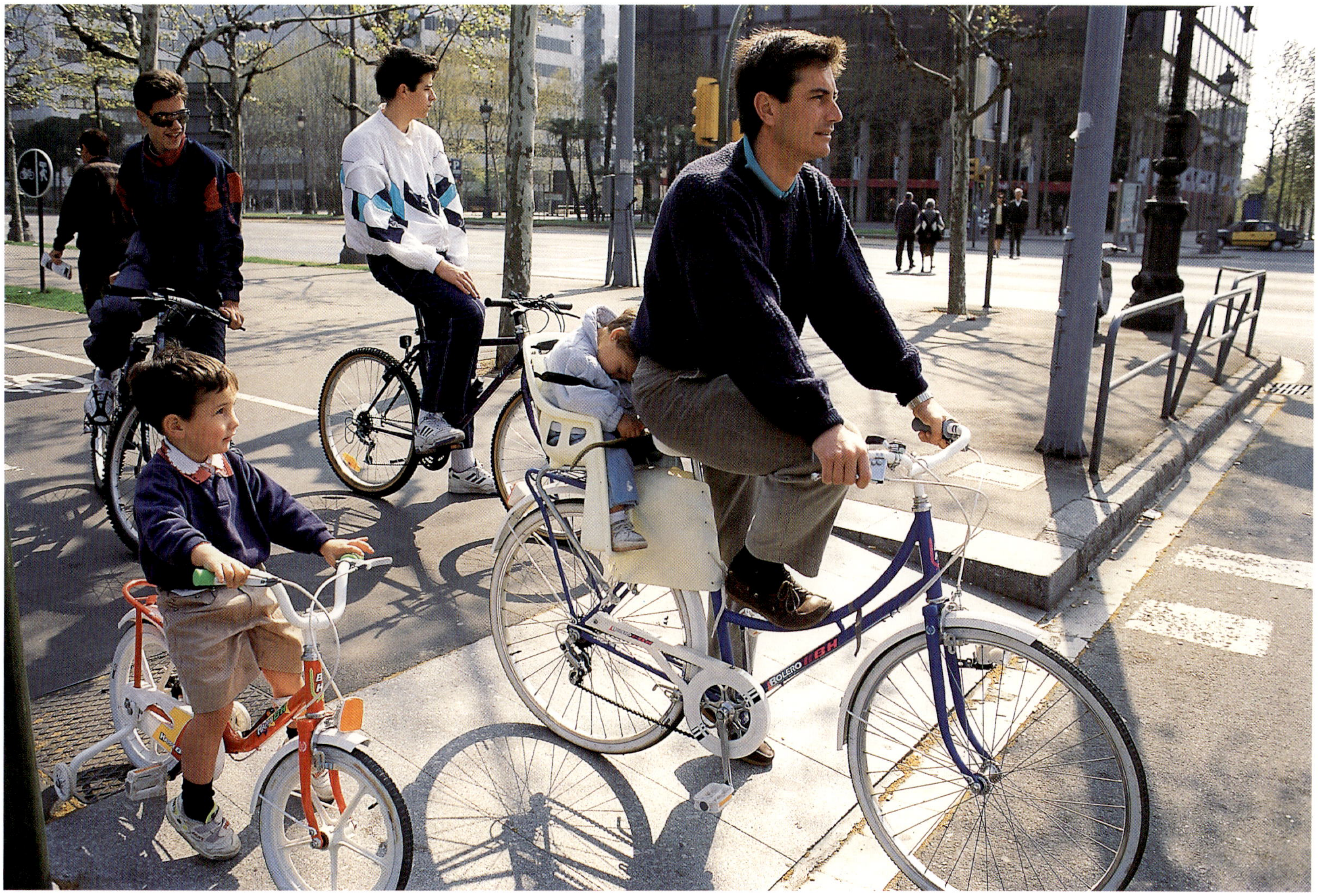

La bicicleta urbana es un signo de civilidad, pero en Barcelona las bicicletas son sólo para las fiestas.
Una especie protegida, familiar, acorazada por los bandos municipales.

Cycling in the city is the sign of civic spirit, but in Barcelona the bicycle is only for festive use.
A protected, familiar, species shielded against the city gangs.

He de confesar que nunca he conseguido entrar en el Parque de la Trinitat. He dado vueltas a su alrededor, buscando una entrada secreta, una señal recóndita y escondida que me lleve, pero sólo he conseguido, en el mejor de los casos, rodearlo en círculo y, en el peor de los casos, salir centrifugado, involuntariamente, hacia Gerona, Santa Coloma o Mataró. Evidentemente es culpa mía: siempre he querido llegar en coche hasta dentro. El truco debe ser dejar el coche y llegar a pie. Pero desde el coche he querido también fijar este espacio extraño, esta isla de verde y agua rodeada de asfalto por todas partes, tan vistosa en los mapas y en las fotografías aéreas. Es como un destino imposible, inalcanzable, de tan paradisíaco, una fortaleza sin puertas, toda ella muralla. Pero ¿cómo se las han arreglado los que están dentro? El cuento está muy visto: han nacido allí o se quedaron atrapados un día y no han podido salir nunca más, como los naúfragos de los chistes. Esto es el Parque de la Trinitat, el espacio imposible, el vacío de dentro de la circunferencia, el aprovechamiento de un espacio inmenso que sólo tiene sentido en su perímetro. De esta complicación enorme de carreteras antes le llamábamos scalextrix y sólo había en el extranjero. Salían en el No-Do, de Estados Unidos o de Australia. Ahora es una fantástica coreografía aérea o quizá la muralla que guarda la paz y el secreto de una isla inaccesible.

En el plano son rayas. Y parecen nacidas en el plano: un ángulo que se cierra, una figura geométrica que se completa. En cualquier caso, una decisión tomada desde una perspectiva sabia, desde una distancia de aviador o de divinidad. Lo son, inevitablemente, las Rondas, hechas con una hoja de afeitar sobre la piel y la carne de la ciudad, geometría vial, planificación hecha a escuadra y aplicada con bisturí. También lo podría ser la Rambla Prim, una recta tan recta como las fronteras dibujadas por los tratados internacionales sobre los desiertos o las selvas. La Rambla Prim es un invento, una raya larguísima en un plano, una necesidad geométrica o matemática. Pero cuando baja a la tierra, la Rambla Prim —¿no pasa eso con todas las rayas en los mapas?— coge cuerpo y dimensión, se convierte en una especie de parque alargado, de parque tensado desde las puntas hasta volverse una cuerda verde y activa, plena, algo más que una autopista urbana, algo más que un escenario vacío. De un lado tensa el mar, como un «pondus» de telar, pero también la memoria trágica del Campo de la Bota. De otro lado, la ciudad y sus vías. Las Rondas, claro, son otra cosa, sirven para otra cosa. La Rambla Prim, perpendicular al mar, atravesando una ciudad contemporánea de ella misma, podría haber sido la calle mayor de un experimento de Brasilia. Ha decidido ser un parque de tres kilómetros, más que una rambla.

En algunos espacios nuevos, como la Rambla Prim, lo que podía haber sido una ciudad de los coches, urbanismo de la velocidad, ha dejado espacio para la ciudad de las personas.

Some new spaces – and the Rambla Prim is one – that could have been left to the motorcar – high-speed town-planning – have left room for the people's city.

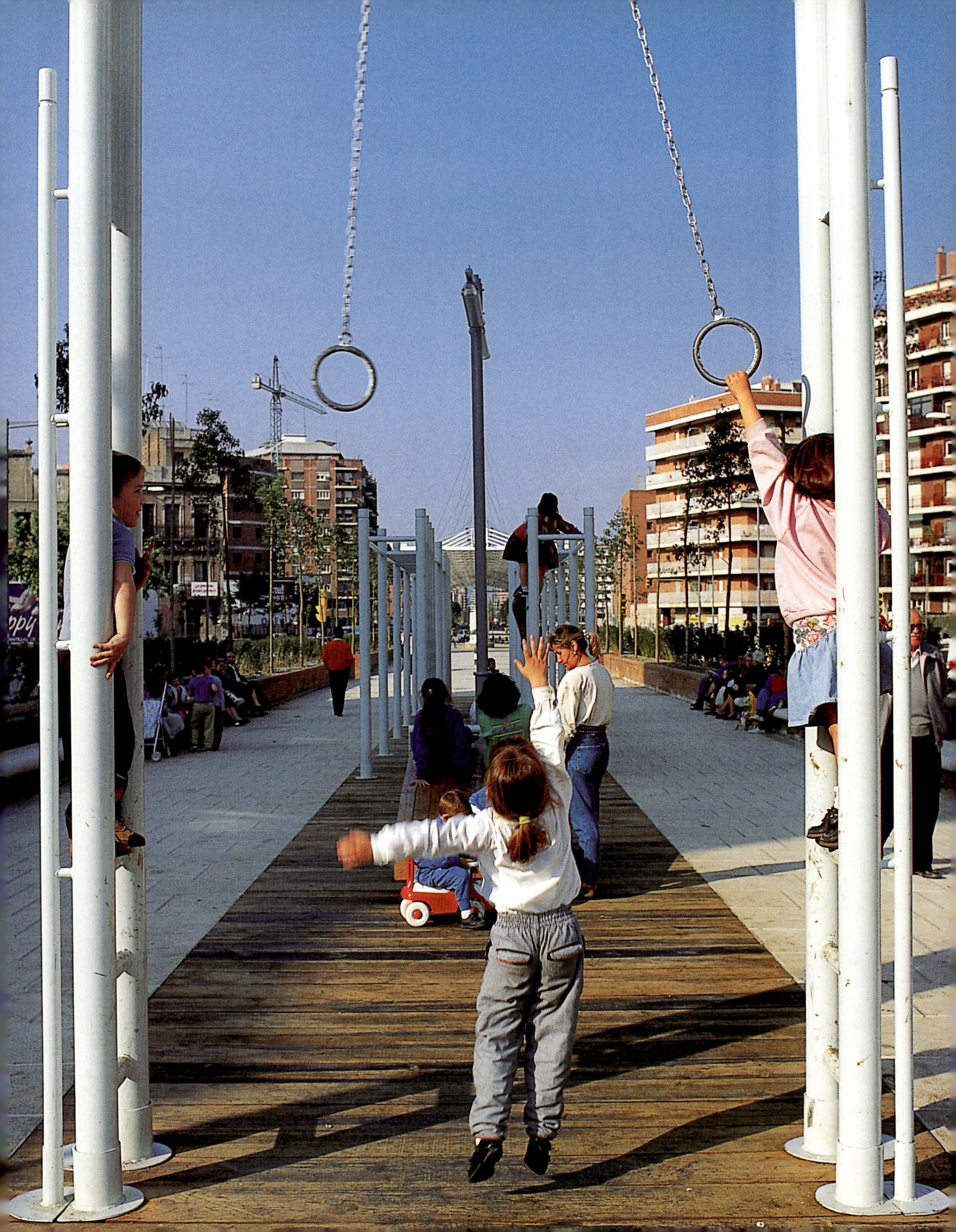

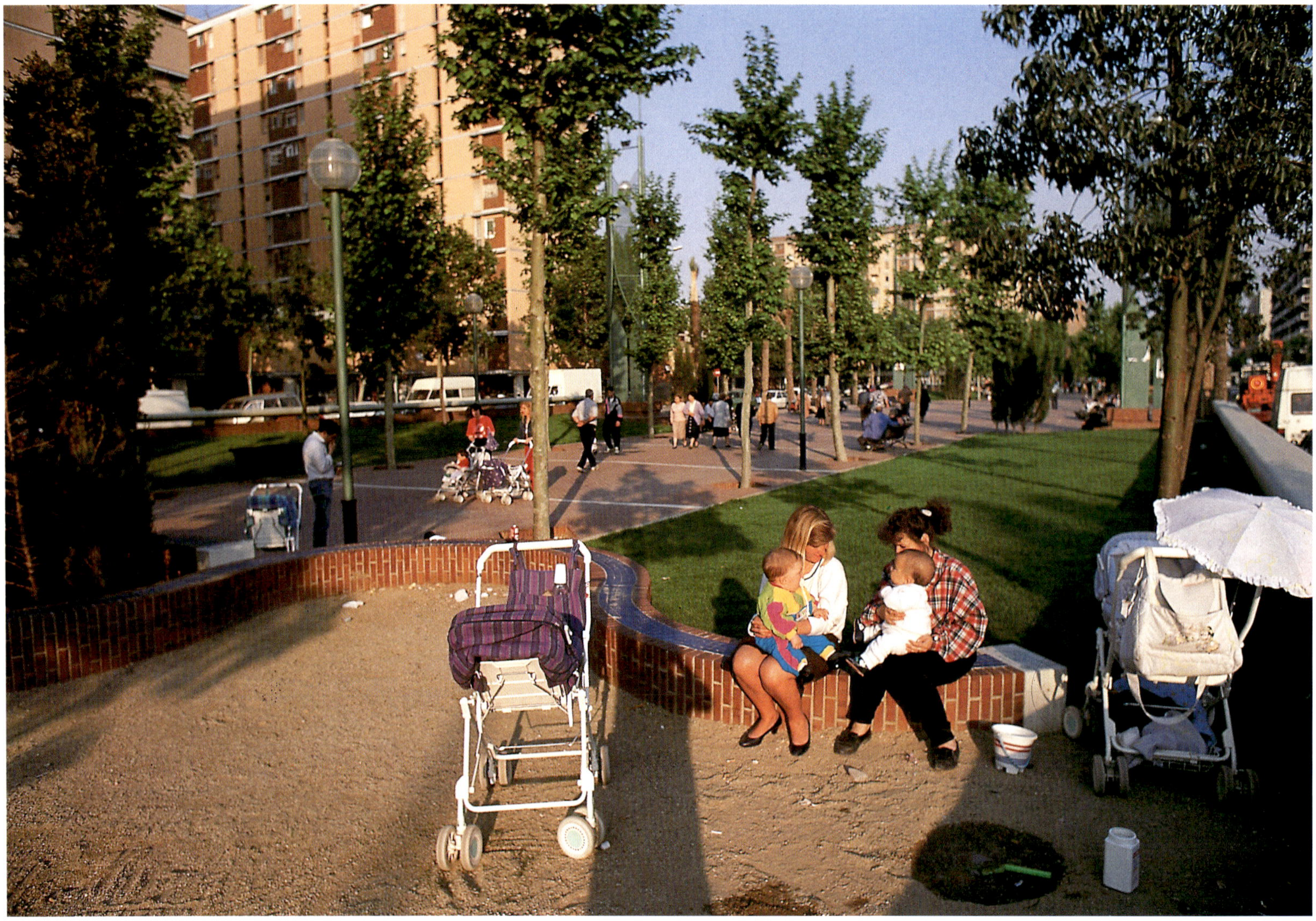

En los barrios más nuevos, los espacios verdes hiperurbanizados y prácticos fueron la reivindicación vecinal básica. Ahora son verdaderos circuitos y parkings de cochecitos.

In the newest districts, the population demanded practical open spaces with proper amenities. Nowadays, they are circuits and parking-places for baby-buggies.

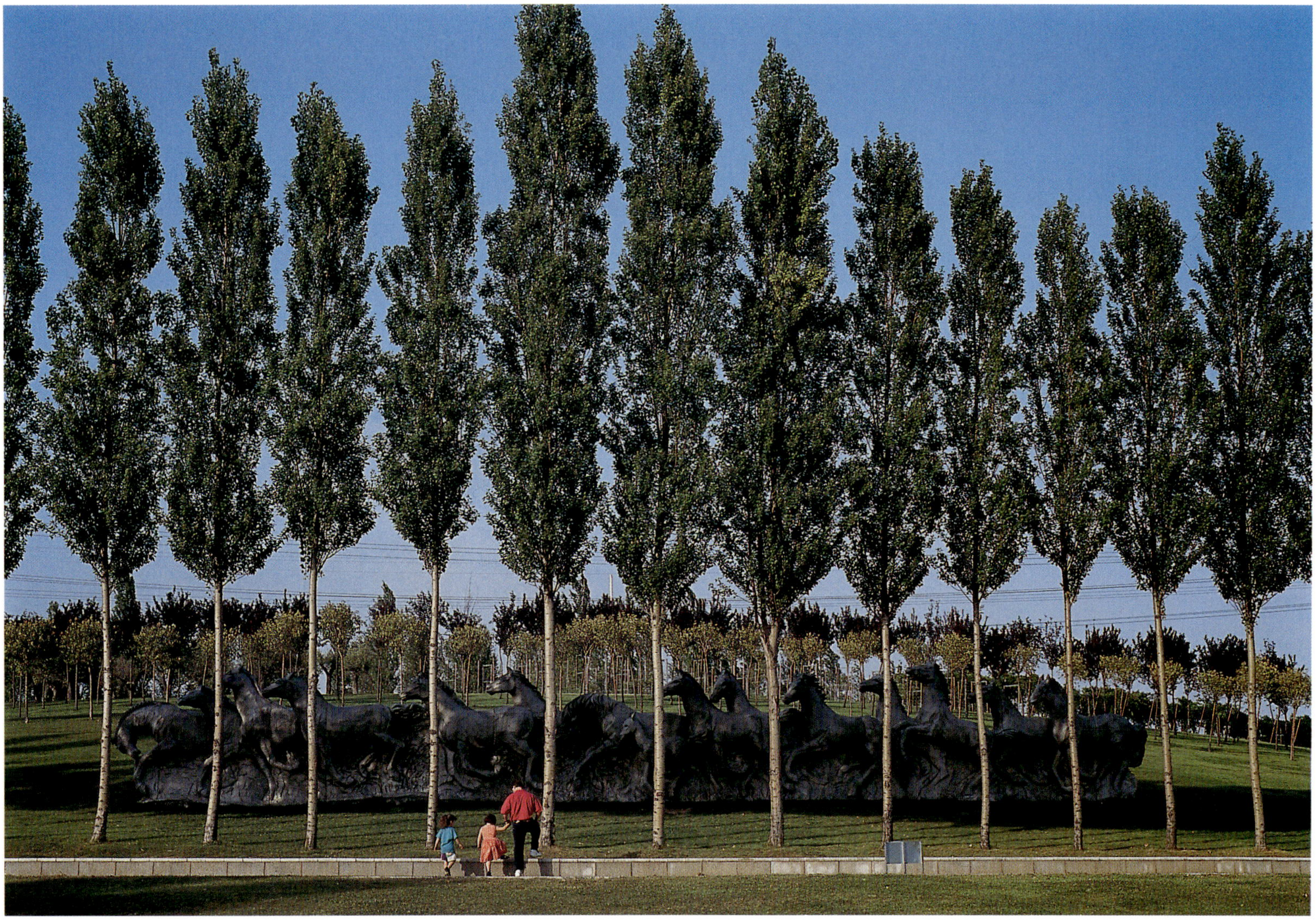

En el centro del Nus de la Trinitat, como una isla al revés, como la reedición literaria del mito de Robinson, hay un parque sorprendente, casi inaccesible. Casi una metáfora.

There is a strange, almost inaccessible, park right in the centre of the Trinitat Junction – an island in reverse, a sort of a new, town-planning edition of Robinson Crusoe.

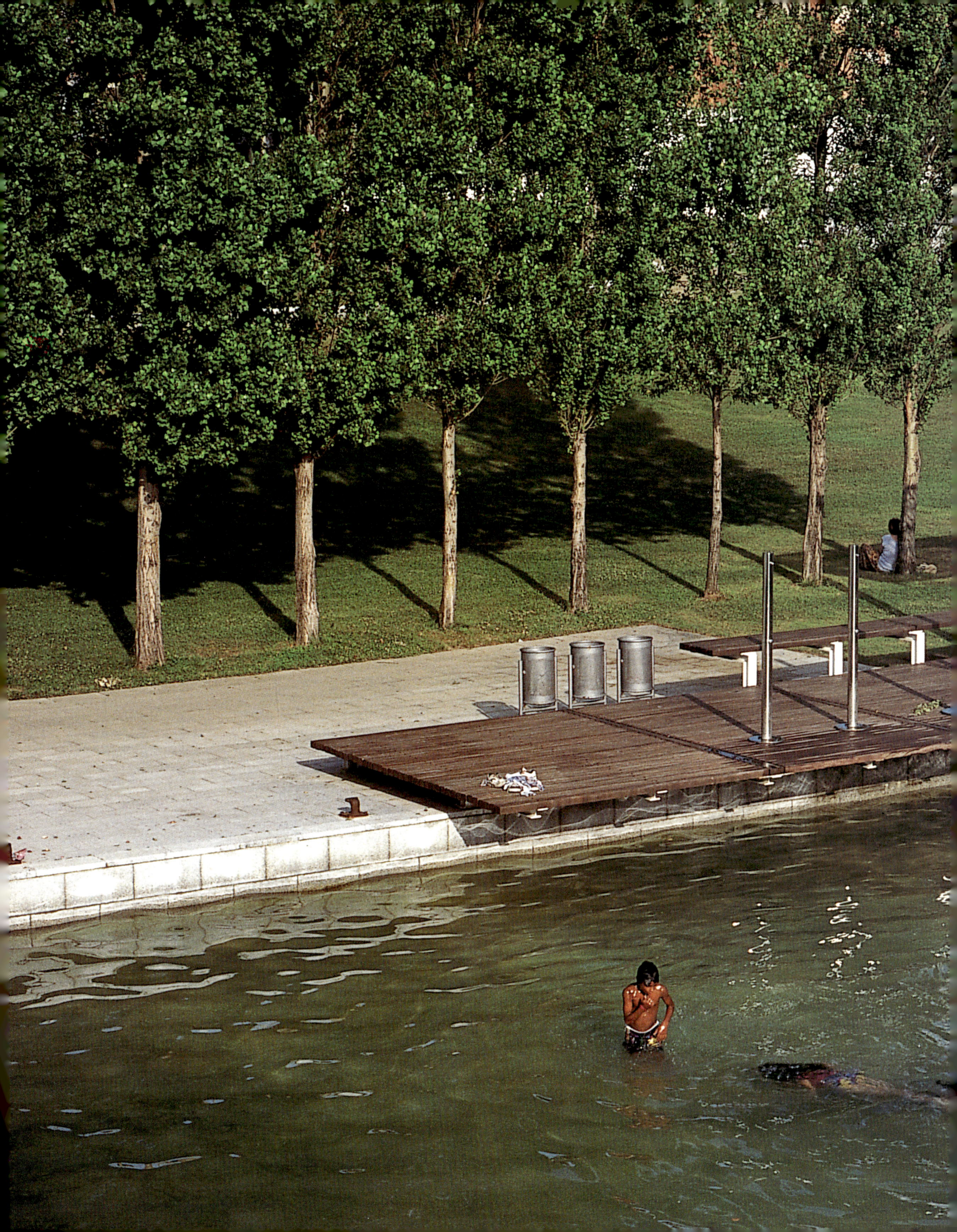

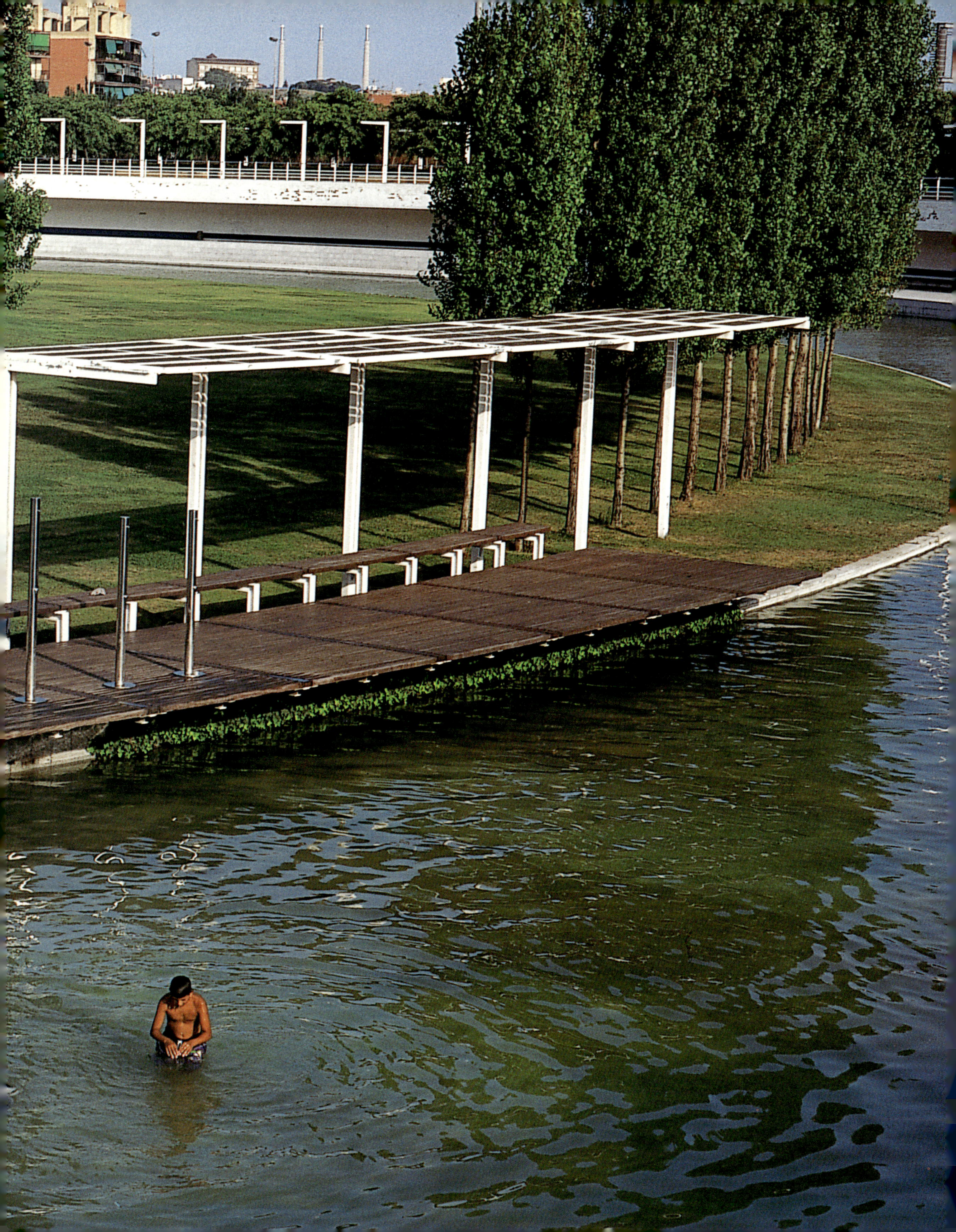

Tal y como es su obligación, la rambla del Poble Nou baja hacia el mar. Una rambla de pueblo, en el mejor sentido de la palabra, como las del Maresme: se detiene un momento frente al Casino de L'Aliança y sigue bajando entre las tiendas, las terrazas y los plátanos. Pero hay una diferencia. Las ramblas del Maresme se aburguesan a medida que se acercan al mar. Han empezado como torrentes de tierra, más adelante pasan a ser de asfalto y terminan siendo de losas y mosaico entre bancos y Bancos en su último tramo. Aquí ocurre al contrario, la rambla se proletariza, la tierra está al final. Y es que la Rambla del Poble Nou baja hacia el mar —ya se ve en sus usuarios del domingo— pero no llega hasta él. O, mejor dicho, no llegaba: quedaba detenida frente a barreras insalvables y la playa no ejercía de playa. Todo esto ha cambiado. Y el Poble Nou ha cambiado y la Rambla acabará cambiando. Ahora la Rambla no llega al mar, pero desemboca en un puente, no en un obstáculo. Desemboca en un parque sencillo, marítimo, de pinares y retama, atravesado por caminos de madera que conectan plácidos y discretos rincones que van hacia la playa. Un parque de ondulaciones arenosas, minimalisa, que casi no parecería un parque sino una marisma, si no fuera porque la geografía urbana lo hace inimaginable. Y naturalmente, porque los caminos de madera y la chatarra naútica convertida en escultura, fuera de contexto, remiten a la mano y al pensamiento del hombre. Más allá de este puente, la Rambla llega definitivamente al mar.

En la construcción de esta nueva Barcelona que puede aspirar a ser mítica, hay macropolíticas y micropolíticas. Hay grandes decisiones estratégicas —abrir la ciudad al mar, apostar por nuevos centros— hay pinceladas en un triángulo de terreno perdido, esculturas en una plaza de barrio, opciones curiosas para singularizar un trozo de calle. Un parque como el del Clot, por ejemplo, en la trama espesa y confusa de un viejo barrio popular, tiene el eclecticismo fronterizo entre el macro y el micro, entre el estilo y la utilidad, entre la apuesta ilustrada de los que mandan y la necesidad práctica de los que demandan. La mitad del parque del Clot es un parque romántico, en la medida en la que las ruinas son románticas. Parece una vieja cartuja abandonada, medio derruida, un paisaje fantasmagórico de leyenda de Bécquer. No es una abadía medieval, sino los talleres de una antigua estación de tren, pero da lo mismo, las ruinas de las viejas fábricas, arcadas y chimeneas, también son románticas hoy en día. En este trozo de la Manchester catalana, esto es un homenaje imprescindible. Pero la otra mitad es una pista polideportiva inmensa, abierta, y un alineamiento de árboles y bancos absolutamente convencional. La mitad del parque es para salir en los catálogos, la otra mitad es para jugar en él. La suma, el eclecticismo. Diseño y utilidad. Macro y micro. Y el ochenta por ciento de los clientes, en el parque banal que no sale en las fotografías de las guías.

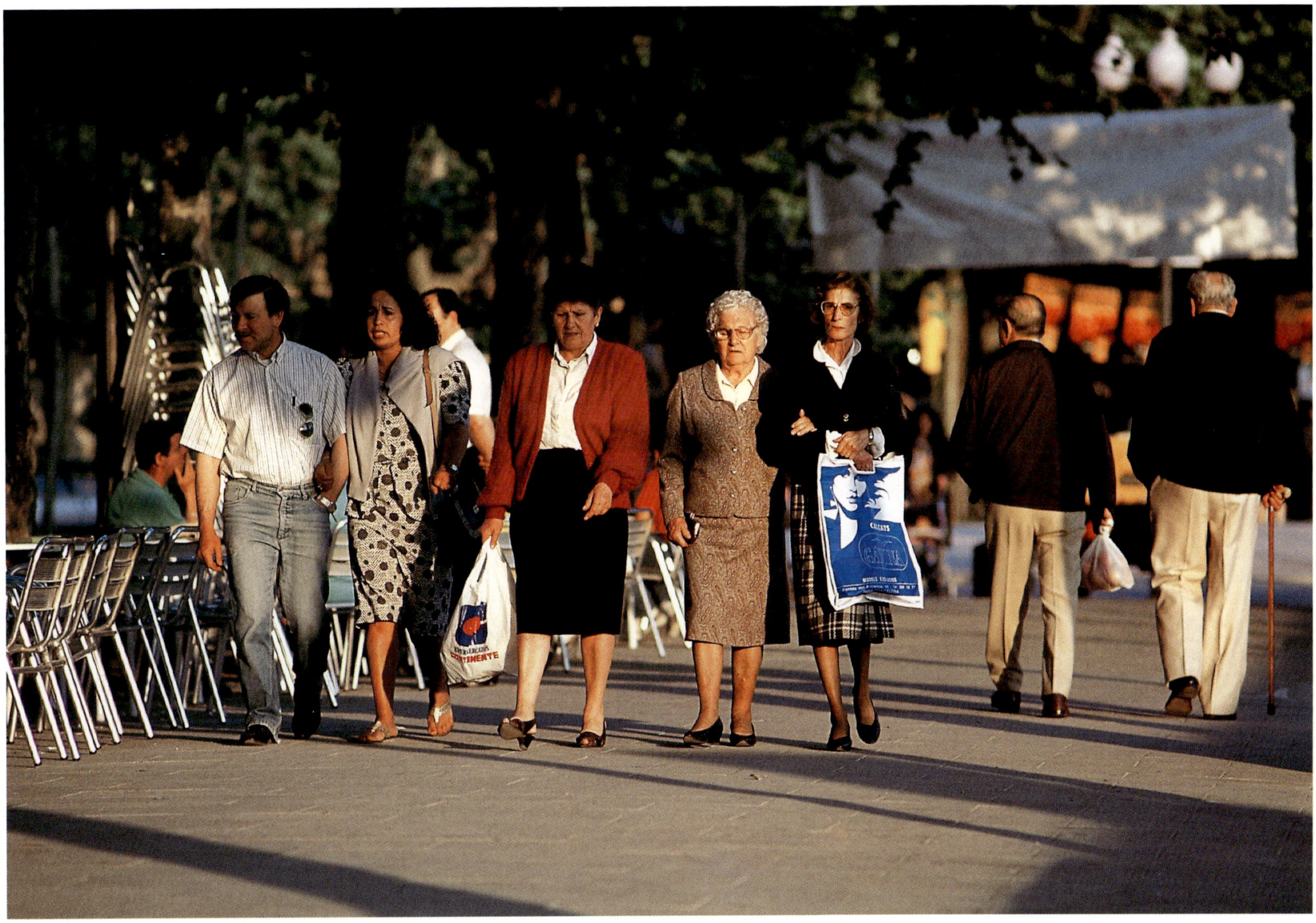

Para esponjar la ciudad, para hacerla paseable, incluso las viejas fábricas se han convertido en parques.
En la página siguiente, un ejemplo de arqueología romántica y fabril en el parque del Clot.

When making openings in the city so that you could walk around it, parks were even made of old factories.
One example is shown on the following page: industrial, Romantic archaeology in Clot park.

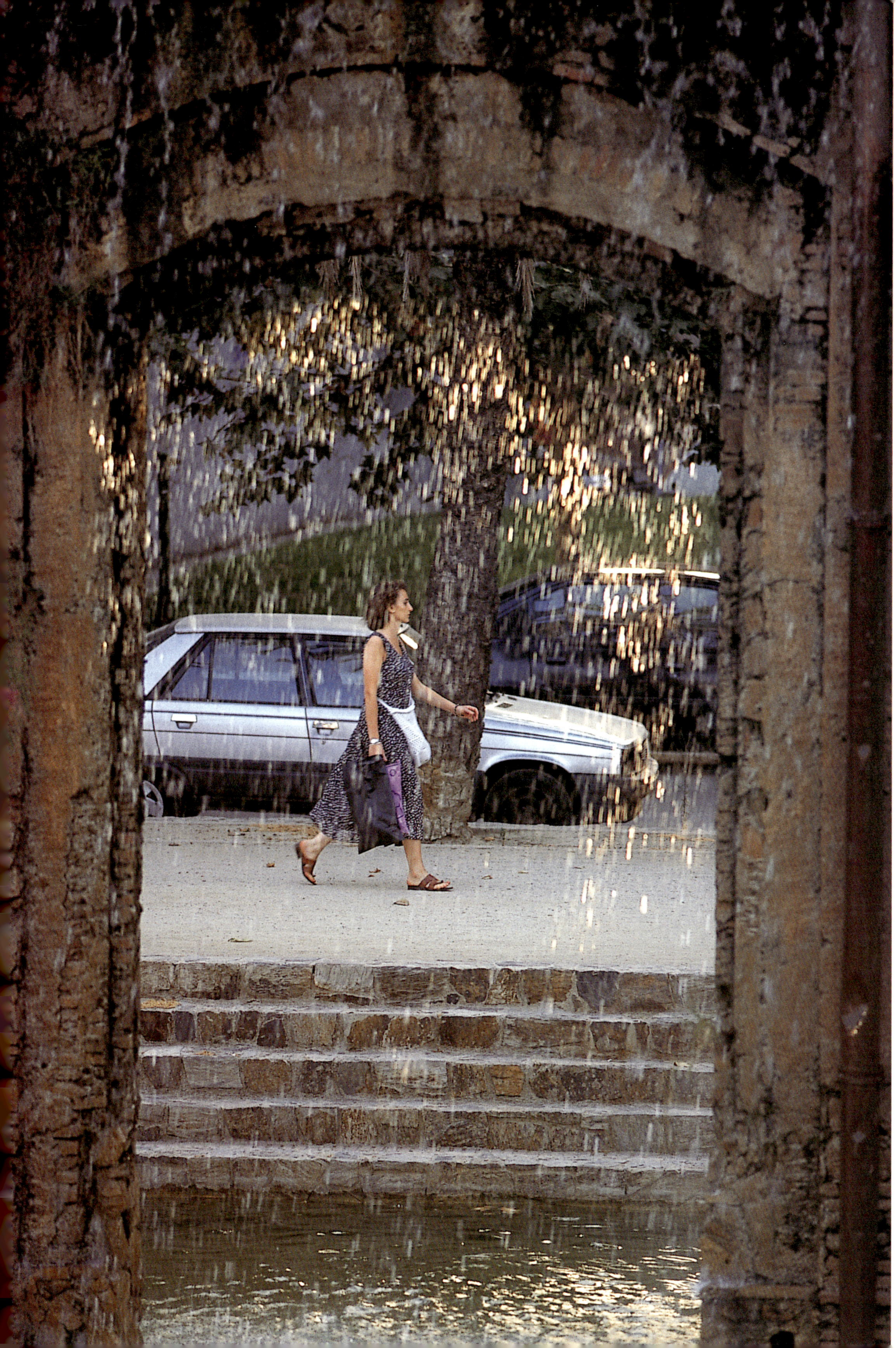

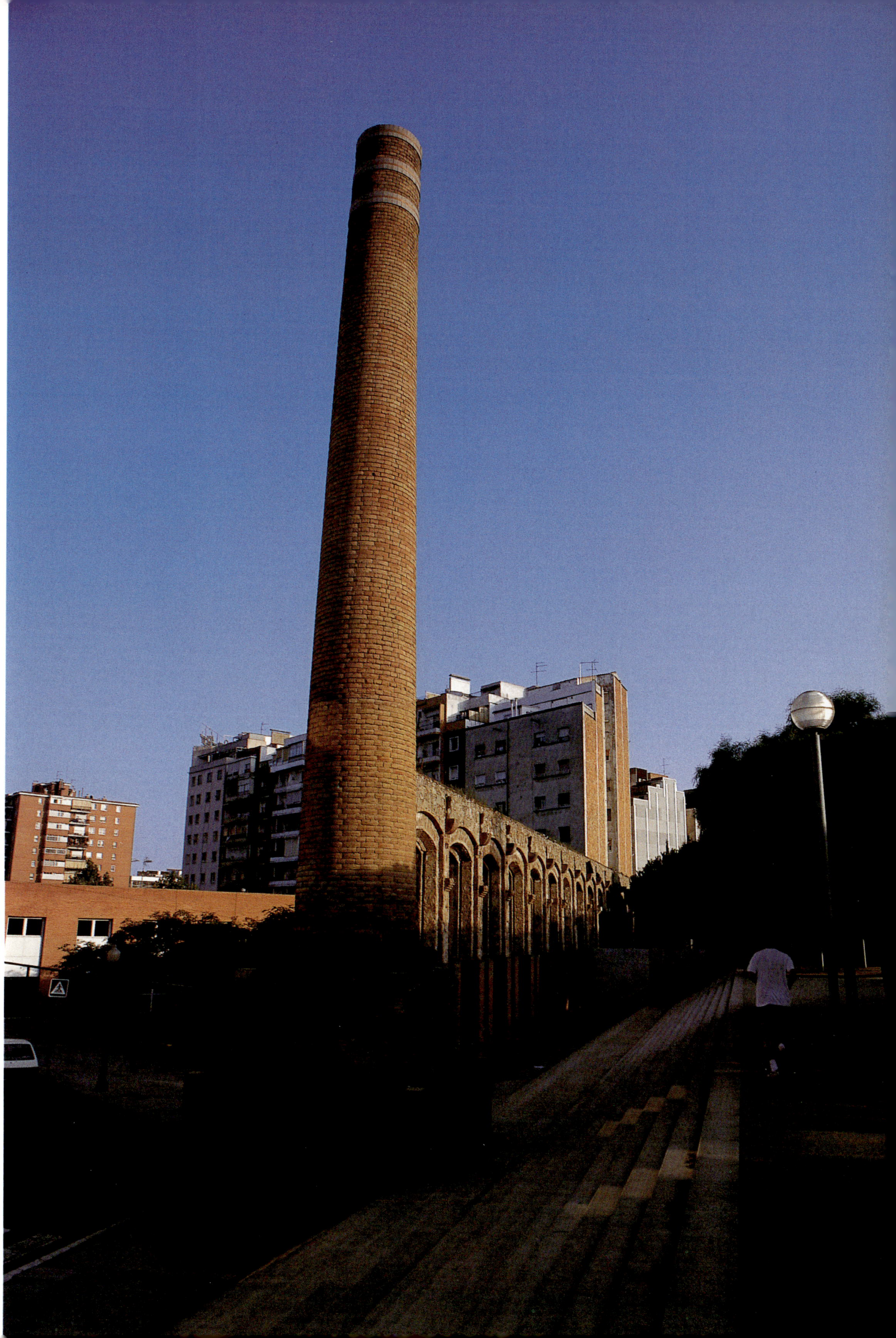

Ponerte en medio de la Plaza de las Glorias, justo en su centro, exige cierta arrogancia. En cierta contrarrevolución copernicana, en medio de la plaza te sientes en el centro de una especie de sistema solar en el que los coches, en todos los niveles, en todas las direccions, describen órbitas a tu alrededor, satélites y asteroides de ti mismo. O, para no alimentar tanto el orgullo humano, te sabes en medio del suelo quemado y tórrido de este sistema de círculos y elevaciones que no paran de dar vueltas, que no se están nunca quietos. Si no fuera por este zumbido circular de coches, la Plaza de las Glorias —el centro de la plaza, quiero decir— sería un espacio banal y tópico: las madres contemplando de reojo los columpios, el ejército habitual de palomas, los bancos que buscan también el círculo, las áridas encinas. Son los coches los que dan una especificidad, una razón a la plaza. Y es una razón tan evidentemente astronómica —un sistema solar—, tan geométrica, de círculos y órbitas, que han puesto en el centro de la plaza un monumento mineral y conceptual a la medida del meridiano terrestre entre Dunkerke y Barcelona en el siglo XVIII. Con la ciudad dispuesta en círculo a su alrededor, la Plaza de las Glorias es una plaza astronómica. Una simplificación del universo. Un sistema. Casi una cosmogonía, incluso moral: al fin y al cabo la plaza se organiza entre el cielo del peaje del parking voluntario y el infierno tenebroso del depósito municipal, donde descansan los coches incautados por la grúa.

Cuando desde el Vallés o desde las calles perpendiculares de Barcelona miras la torre de comunicaciones de Foster sobre la cresta de Collserola, piensas que si está ahí es porque tenía que estar, hacía falta que estuviera. Quiero decir que no hay nada en la torre que haga pensar en un capricho estético, en una exhibición gratuita, artística o tecnológica. Ni tan sólo una sencillez artificial, ningún intento de convertirla en una escultura inmensa de línea limpia, estricto concepto. Tampoco ningún deseo, inútil y ridículo, de disimularse, de hacer ver que no está, de fingir una imposible naturalidad. Hacía falta una torre y se hizo una torre. Esbelta, puntiaguda, porque hacía falta que fuera alta y en cambio no era necesario que fuera maciza. Quizá por ello, por esta sinceridad funcional, la torre de Foster ha conseguido parecer normal, lógica. No estorba. Su forma caricaturizable de jeringuilla sólo mereció algún comentario muy al principio. La torre de Foster ha sido metabolizada por el paisaje, se ha hecho paisaje, y desde el Vallés se ha convertido Collserola en el parque central o la plaza mayor de esta gran ciudad que se extiende por ambos lados. ¿Era lo que quería? En cualquier caso, no se ha convertido en monumento, no es un símbolo, no identifica la ciudad. Está allí arriba, entre el verde de Collserola, con la fuerza de un imperativo categórico, de estar porque tenía que estar. Y basta.

La torre de Collserola, la torre de Foster, la jeringuilla... Se ve desde cualquier calle de la ciudad que sea perpendicular al mar. Se ha adaptado con naturalidad al *sky-line* barcelonés.

Collserola tower, Foster's tower, the syringe: any street running up from the sea gives a view of it. It has taken to Barcelona's skyline with great ease.

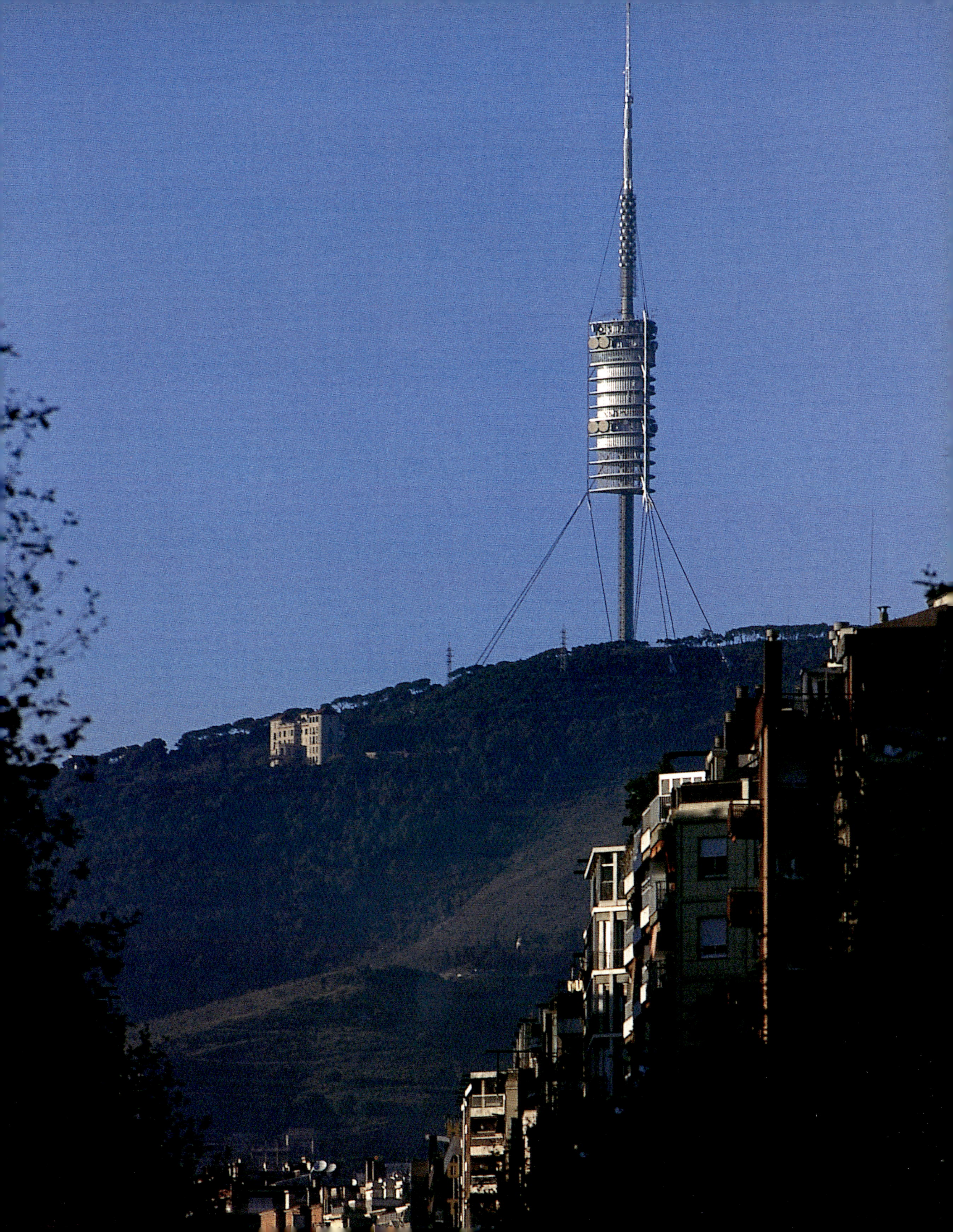

El aire libre es, hoy, el territorio del deporte. El parque de hoy es el estadio, no el jardín o el bosque. Más que el estadio, la alineación de pistas de tenis sin gradas, el campo de fútbol de alquiler, el terreno ocupado por el deporte compartido, dotado de sentido para el ejercicio. En Montjuic, camino de la Fuixarda, los desniveles de las canteras y de las carreteras han sido conquistados por las prácticas de los escaladores, que brincan por sorpresa tras un túnel, más allá de una curva. La Ciudadela es, de hecho, sobre todo, un circuito de *footing*. Pero es en el Valle Hebrón —que nada se parece a la verdadera Hebrón— donde se ha convertido en más obvio: aquí el espacio libre, el parque, el jardín es el espacio de intersección entre las pistas deportivas. Y el deporte acaba ocupando incluso las intersecciones. Los caminos pavimentados son pistas de *skating*. Los parques infantiles, pistas americanas para una gimnasia aventurera. El Valle Hebrón —y también Can Dragó, otro ejemplo— es un parque moderno, organizado y articulado para el deporte, un espacio de maceración de las pistas y de los monumentos deportivos. En medio cañizales de torrente, palmerales indianos, miradores que son en definitiva gradas, espacios libres tapizados por el césped artificial de los estadios. Es el territorio del deporte llamémosle fraternal, cotidiano, masivo. El territorio del pequeño deporte. Se me podrá decir que esto no es así, que el deporte es el que articula, pues este impulso lo ha dado Barcelona al ritmo de unos Juegos Olímpicos y no de una Exposición. Sí. pero también porque el deporte es el lenguaje de la época, el eje de nuestro espacio y de nuestro tiempo, nuestro sinónimo de aire libre.

Las hogueras de San Juan se encendían, en la infancia o en la periferia, en los cauces secos de las rieras, en los solares olvidados y terrosos, en los descampados en el límite de la ciudad. ¿Dónde hacer una hoguera de San Juan en esta Barcelona llena, densa, visiblemente vulnerable al fuego, combustible? Pues por ejemplo en el Parc del Escorxador, en la explanada vacía que preside una supuesta *Dona amb ocell* mironiana rodeada de agua, a una cierta distancia del palmeral y de la arboleda que han inspirado la ácida ironía del barcelonólogo Josep Maria Huertas: «Siempre se ha parecido más a un mayorista de plantas de jardín que a un parque público». Quizá porque tiene un nombre antipático, quizá porque tiene un cierto aire de experimento ingenuo precoz, de aquellos que pagan las novatadas, quizá porque los veinte metros largos de Miró alegórico no tienen una lectura fácil y se prestan al chiste fálico, hay alguna cosa fallida en esta plaza. Pero no del todo. La gente la utiliza. El Miró es un símbolo de difícil interpretación, pero de fácil reconocimiento. Y se pueden hacer hogueras de San Juan. No se pueden hacer en cualquier sitio. Eso tiene cierto valor. Y además, a la luz de las hogueras del solsticio de verano, la *Dona amb ocell* mironiana adopta un aire mágico de terracota gigante, de diosa talayótica y marítima, incomprensible pero que impone.

Los barceloneses saben que la calle es suya y necesitan pocas excusas para ocuparla. Sea para hacer un récord de participación en la *Cursa* (Maratón) o para ver subir los *castells* en la plaza Sant Jaume.

The people of Barcelona are aware that the street belongs to them, and they need no encouragement to make use of it – whether in getting record numbers to take part in the Marathon or to see human castles being built in Plaça de Sant Jaume.

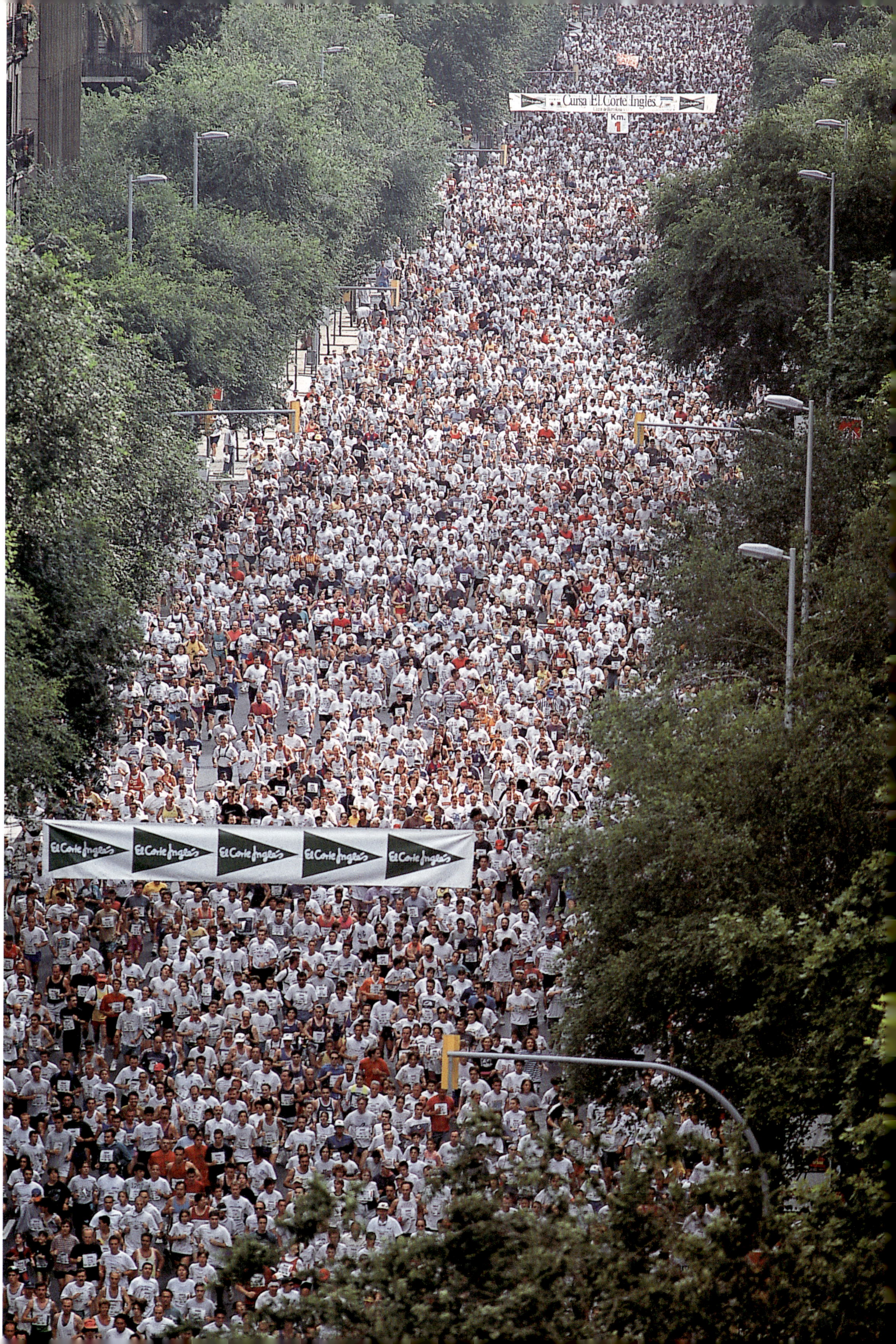
Cursa El Corte Inglés
Km.
1
El Corte Inglés
El Corte Inglés
El Corte Inglés
El Corte Inglés
El Corte Inglés

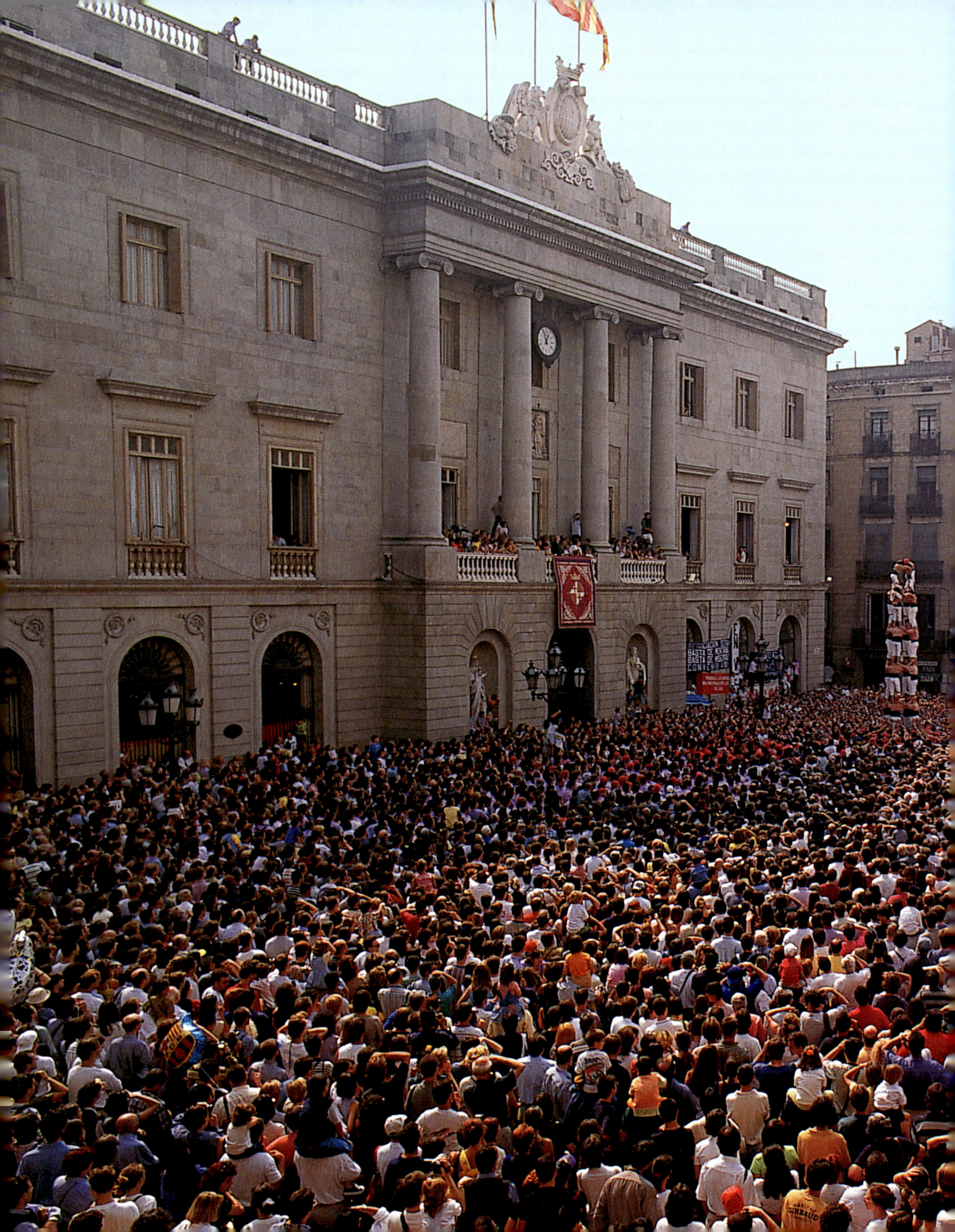

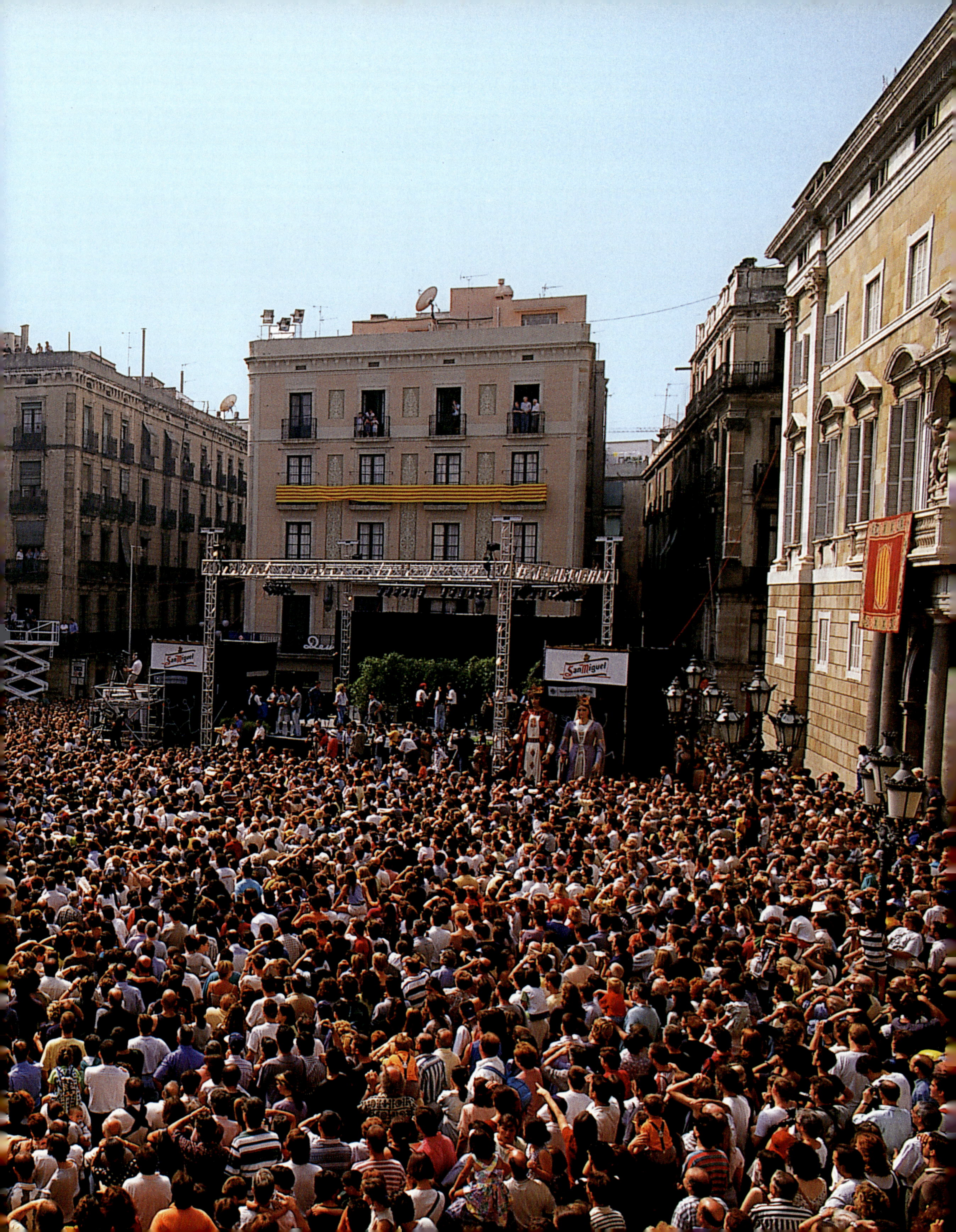
San Miguel
San Miguel

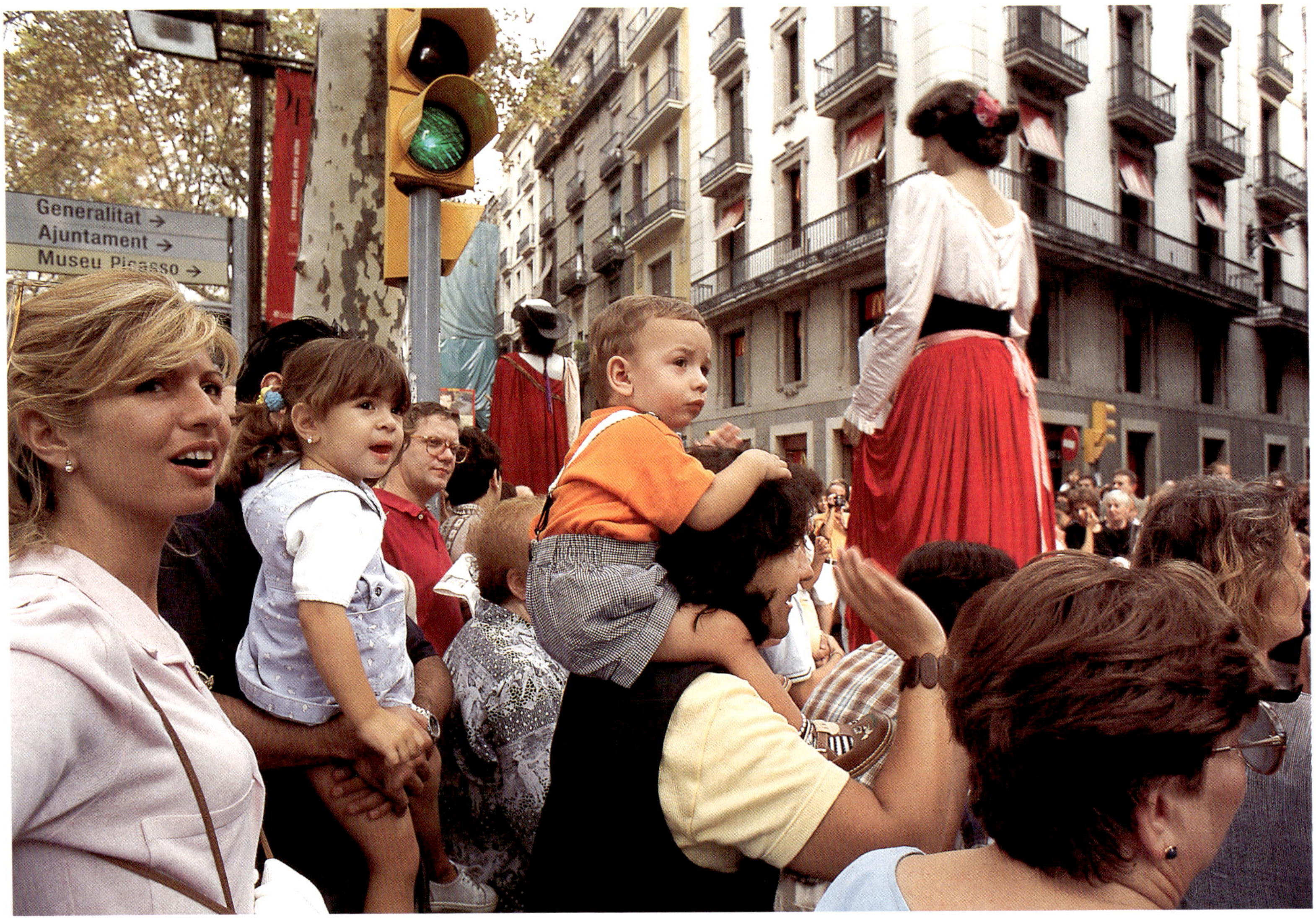

Los gigantes pasean por la Rambla. El escaparate más exótico y más cosmopolita de la ciudad puede ser también la calle mayor para un paseo tradicional, el de toda la vida.

The giants on a stroll down the Rambla. The city's most exotic show-place is also a good place to hold our most traditional, best-loved procession.

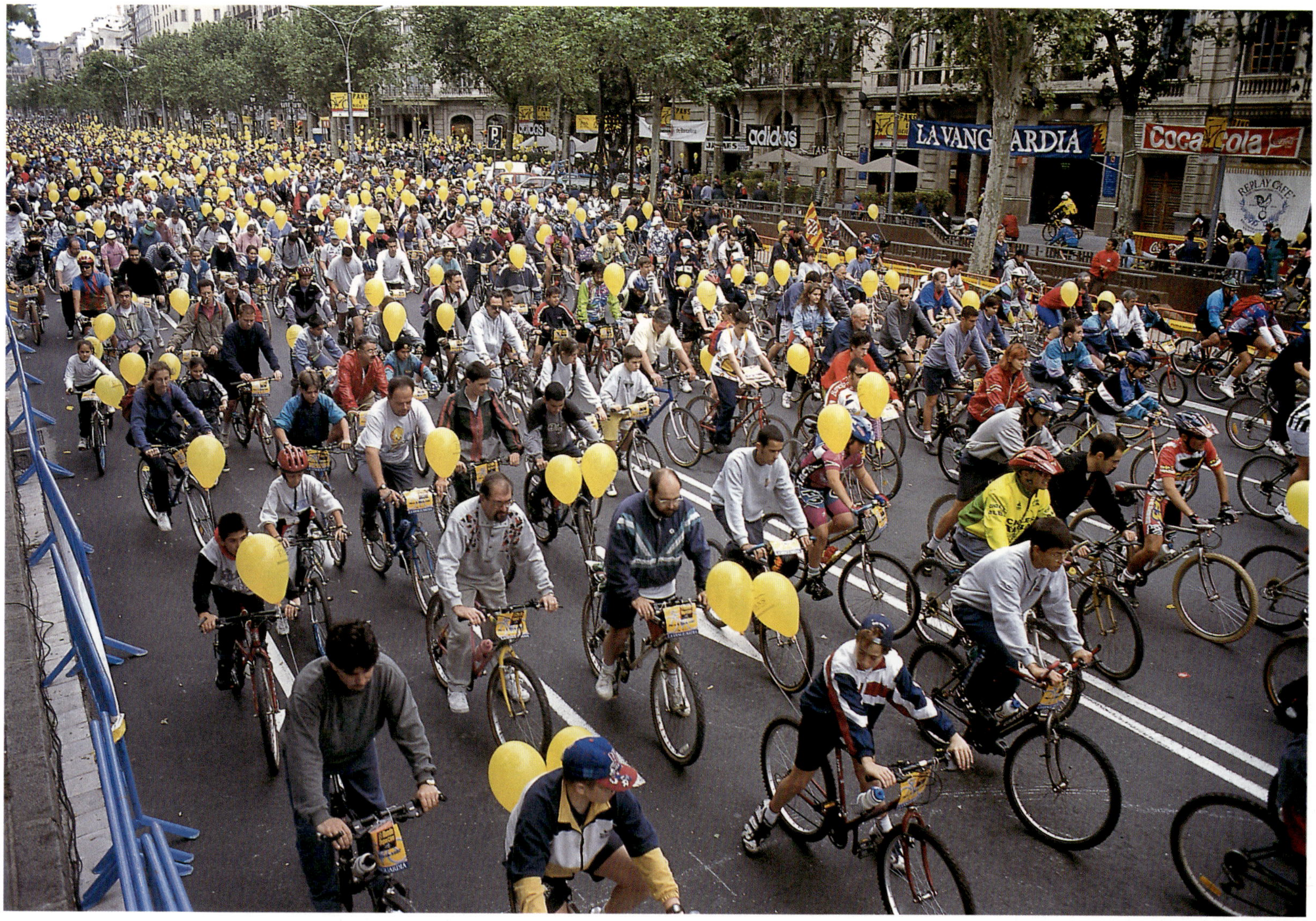

Barcelona no es una ciudad amable para los ciclistas cotidianos. Quizá por ello, de vez en cuando se los llama a multitudinarias fiestas de la bicicleta para ocupar provisionalmente las calles de la ciudad.

Barcelona does not treat the working-day cyclist well. This may be why it occasionally calls them out on huge bicycle outings to take over its streets.

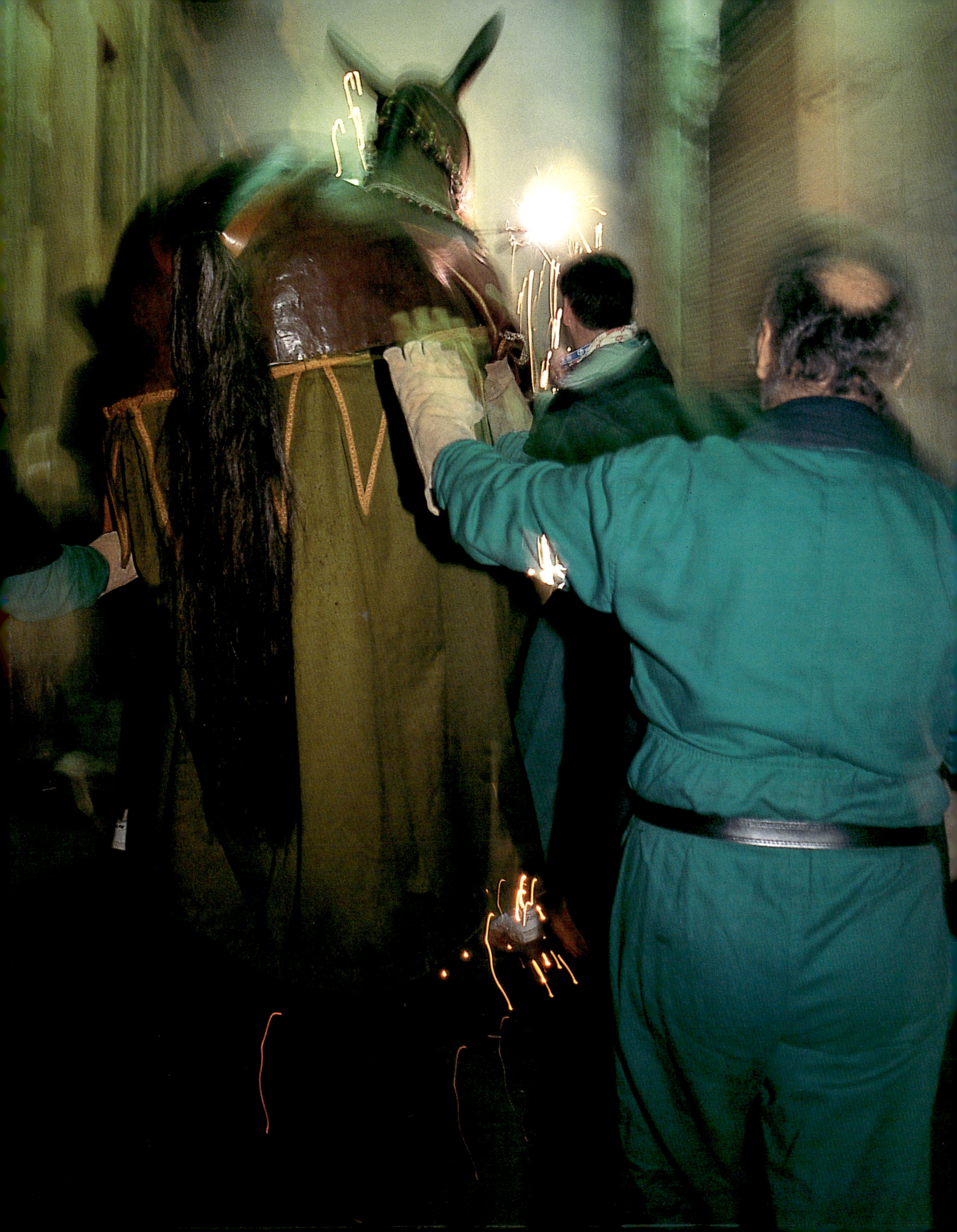

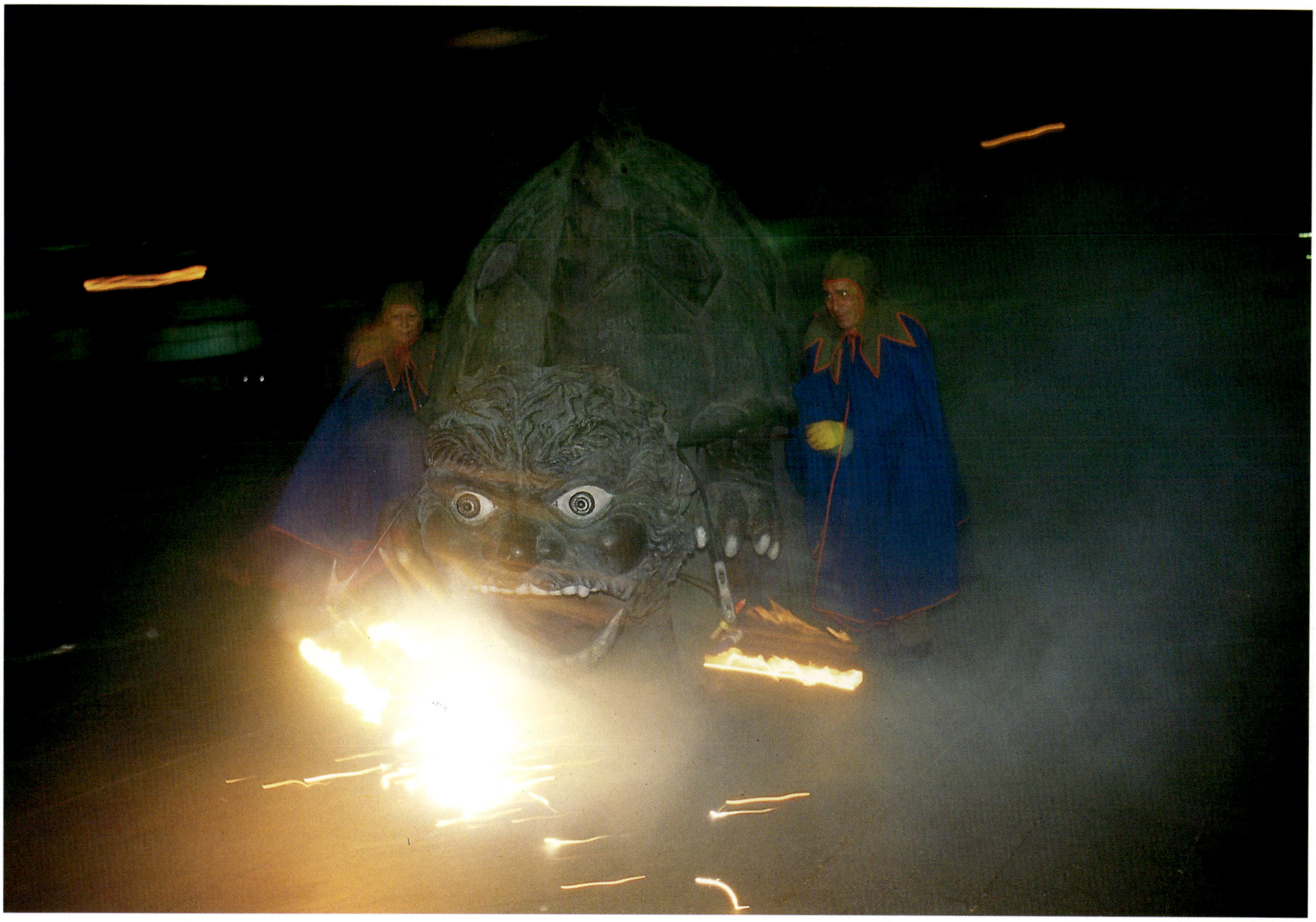

En las fiestas mediterráneas siempre está presente el fuego. Desde el *Correfoc* de las fiestas de la Mercè hasta la imaginación dels Comediants, las calles de Barcelona han querido oler la pólvora de los *diables*.

A Mediterranean festival always includes fire. Whether it is the Mercè festival's fiery procession or a show by Els Comediants, the streets of Barcelona are well used to the smell of the Devils' gun-powder.

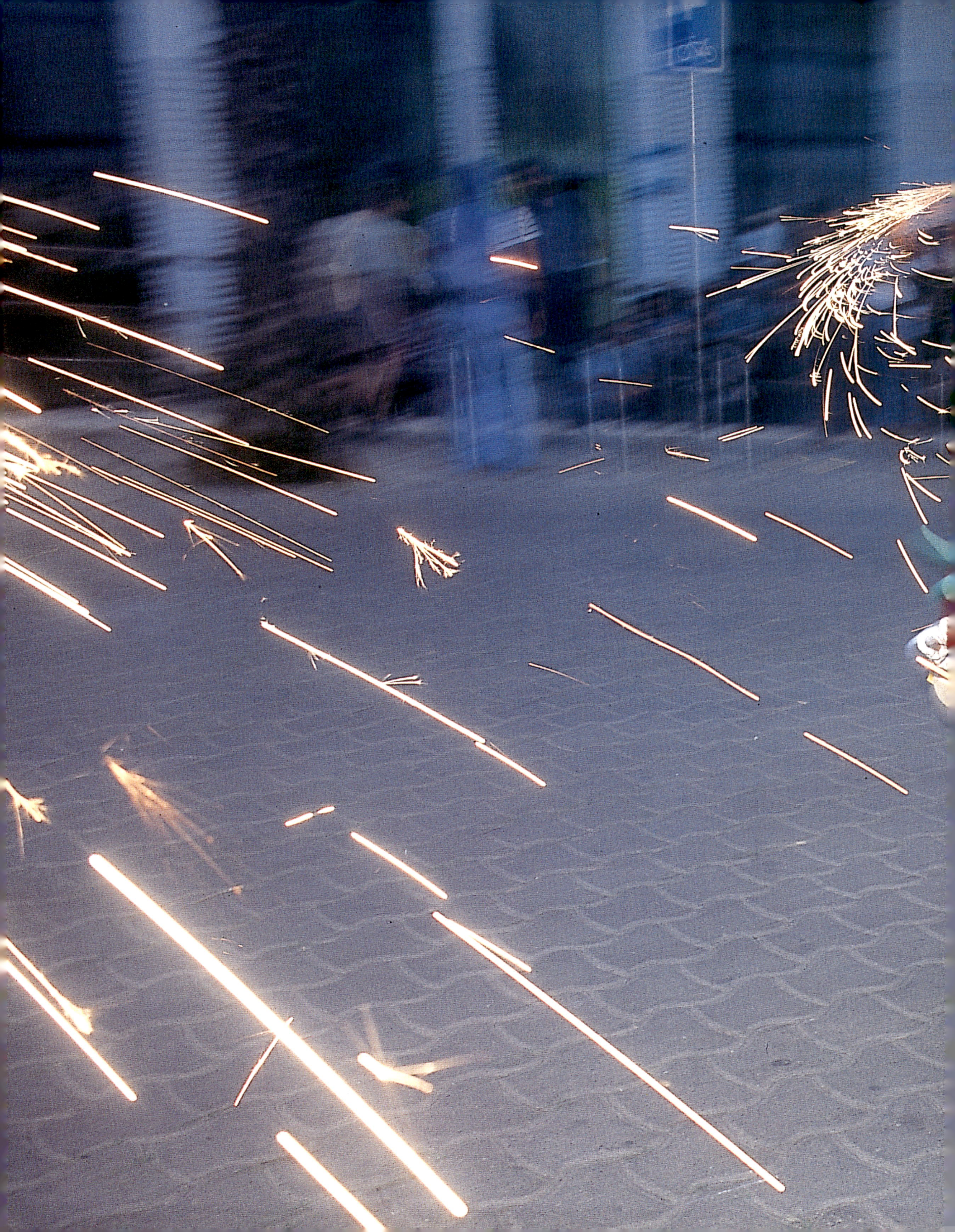

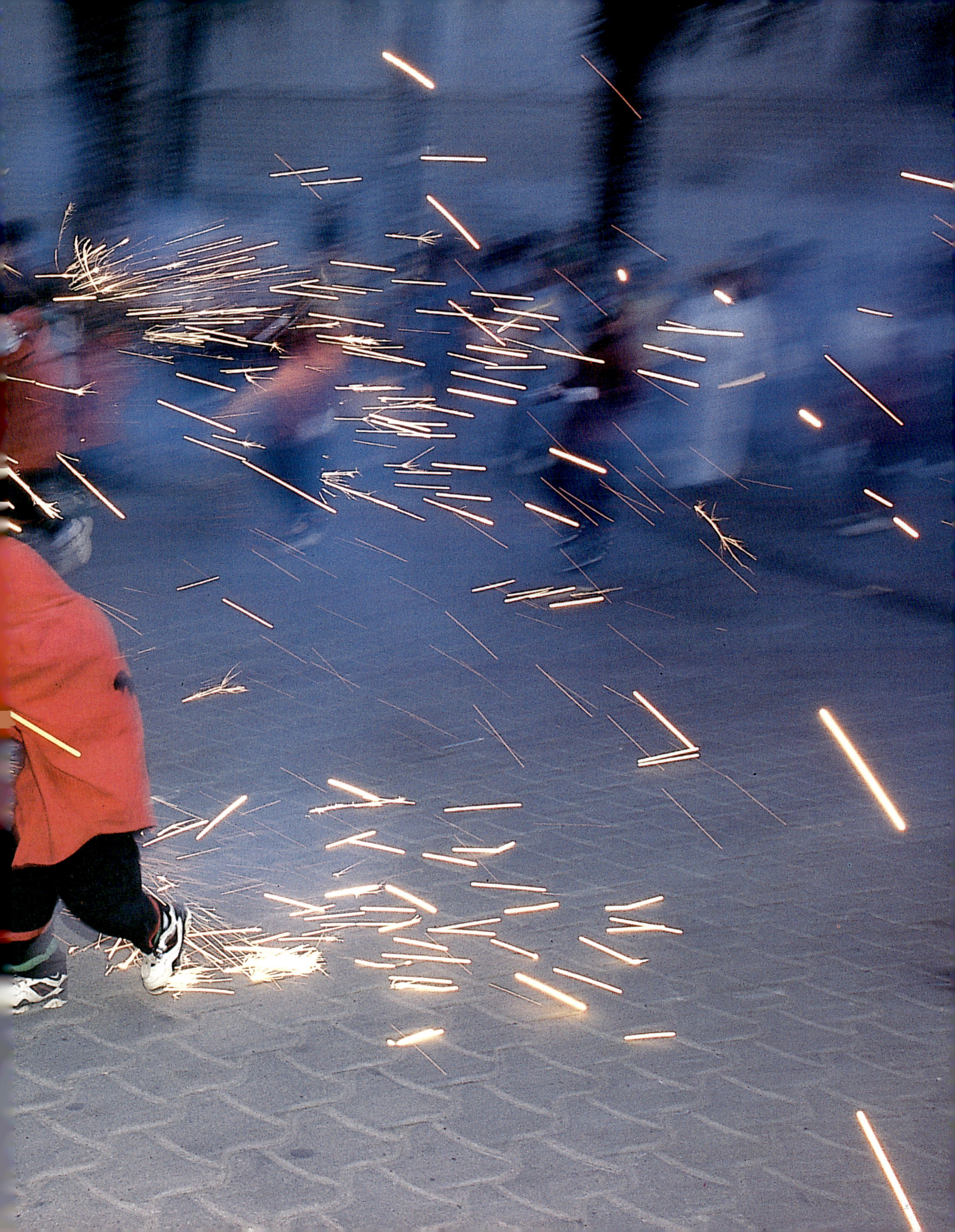

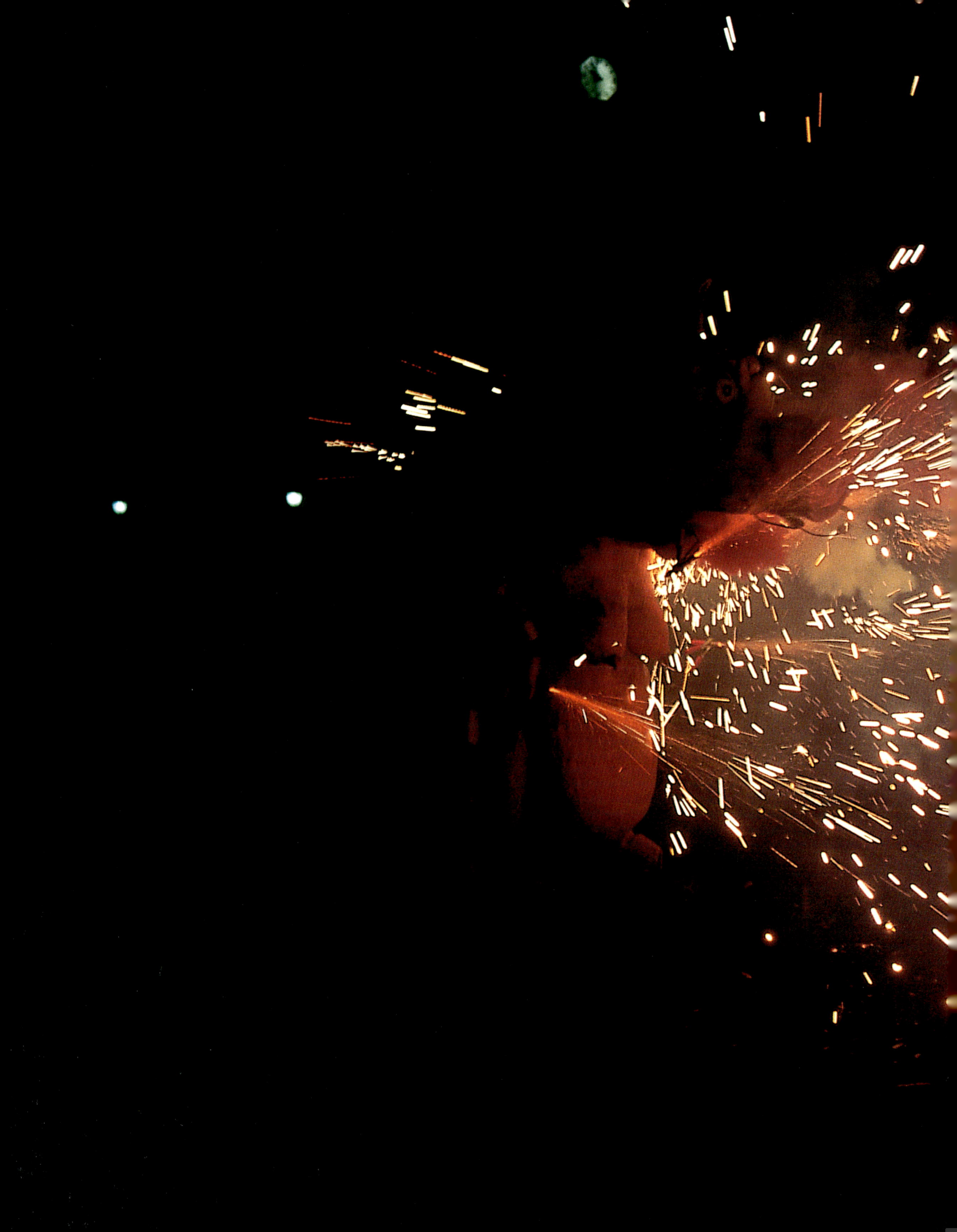

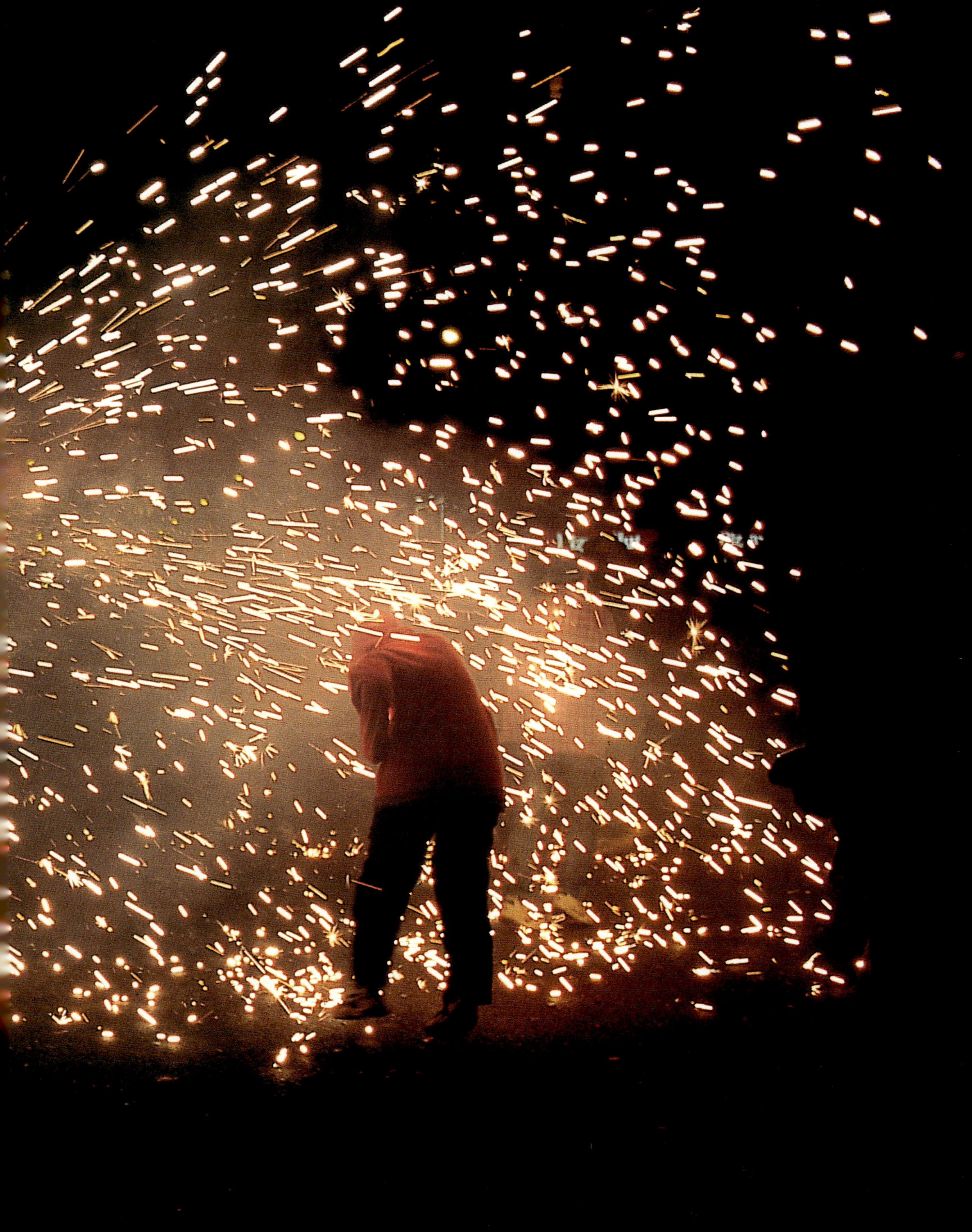

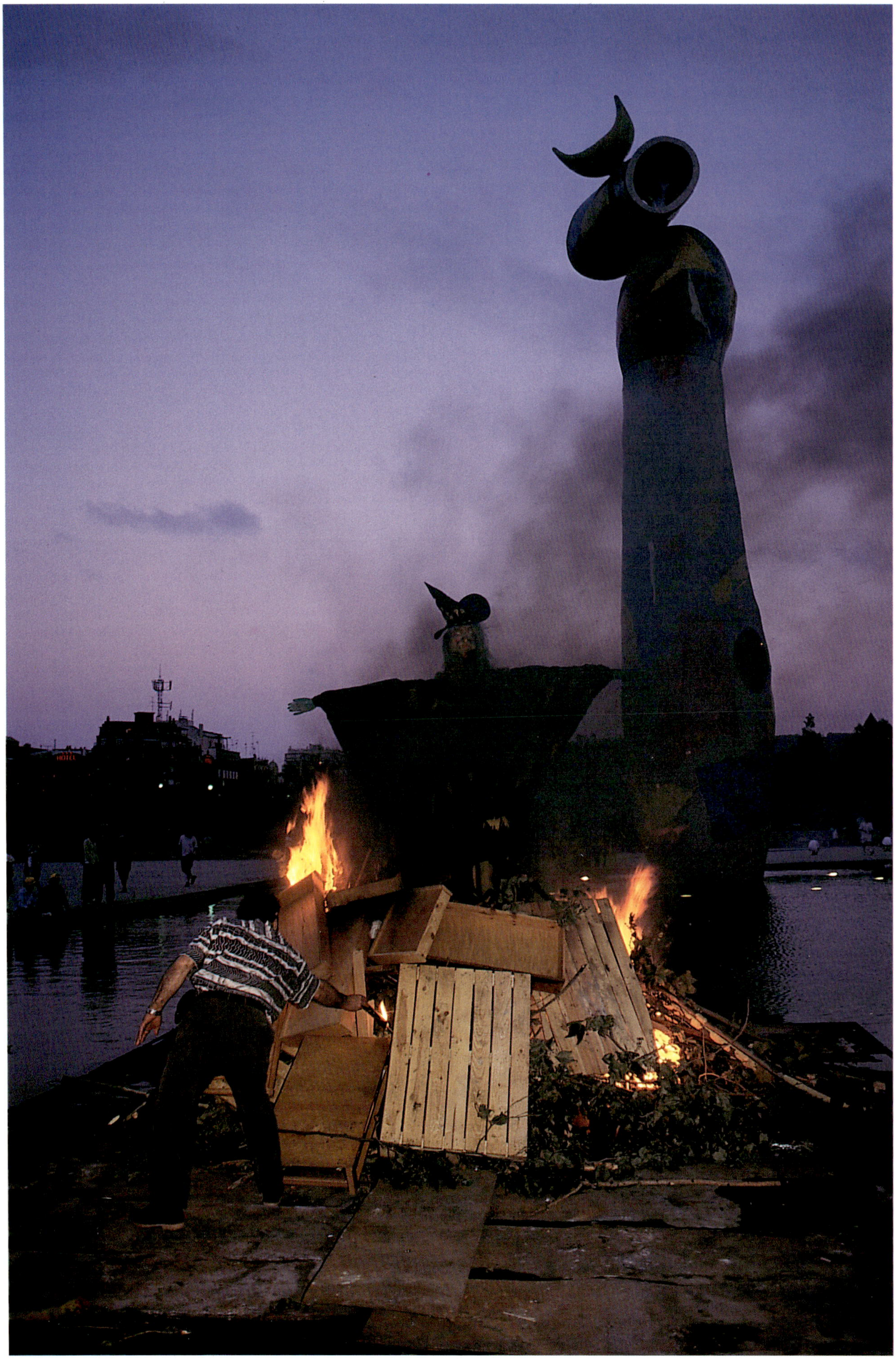

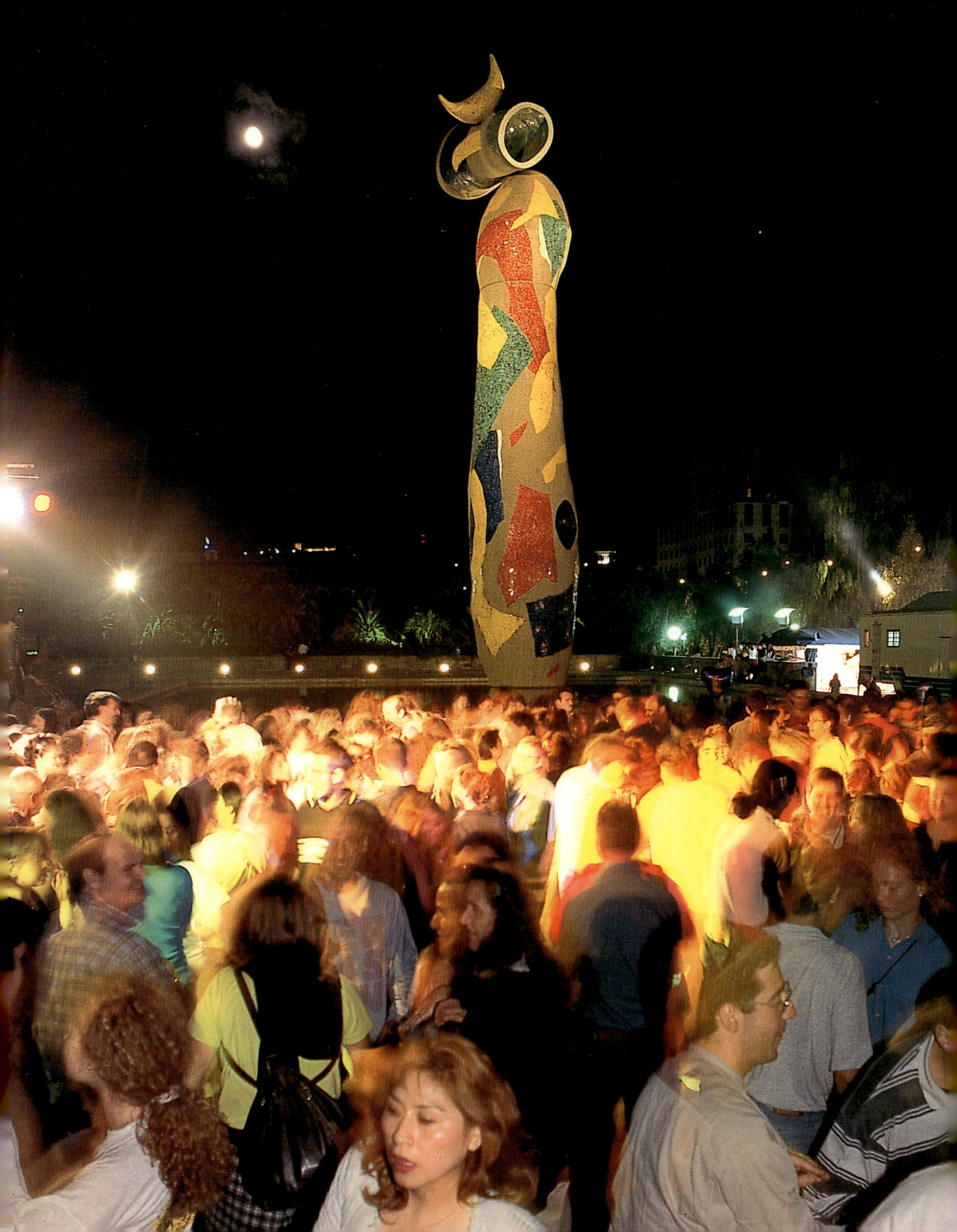

Las ciudades cicatrizan sus heridas. También roman sus aristas, desgastan los cantos más puntiagudos, acaban armonizando —o simplemente soportando— la violencia de los choques. En las ciudades antiguas todo parece homogéneamente viejo, a pesar de que hayan construido a lo largo de los siglos, a pesar de que las piezas del rompecabezas estén entre sí tan alejadas en el tiempo como podemos estarlo nosotros de una catedral barroca. Hay un efecto de sedimentación, de suavización. A la Ciutat Vella le han hecho un corte violento, seco, una herida, con el cuchillo blanquísimo del museo de Richard Meier, caja de arte contemporáneo antes de estar llena de arte contemporáneo, y las cicatrices están aún vivas. Corte de acero glacial en una antigüedad mantecosa, los límites son abruptos, áridos, pavimentos secos para jugar a fútbol, pista de patinaje, desierto que separa unas cosas de las otras y que aún no se ha suavizado, aún no se ha fundido, plaza de piedra para aislar el monolito de blancura. Llegas por las calles estrechas de ropa tendida y de pronto aquella exageración nórdica de claridad, aquel iceberg que flota, aquella bofetada blanca, y los niños multicolores de la guardería del barrio que caminan junto a él, subtitulados con nombres exóticos. La pregunta es: tan blanco, tan limpio, ¿sabrá envejecer? Es decir, ¿sabrá fundirse?

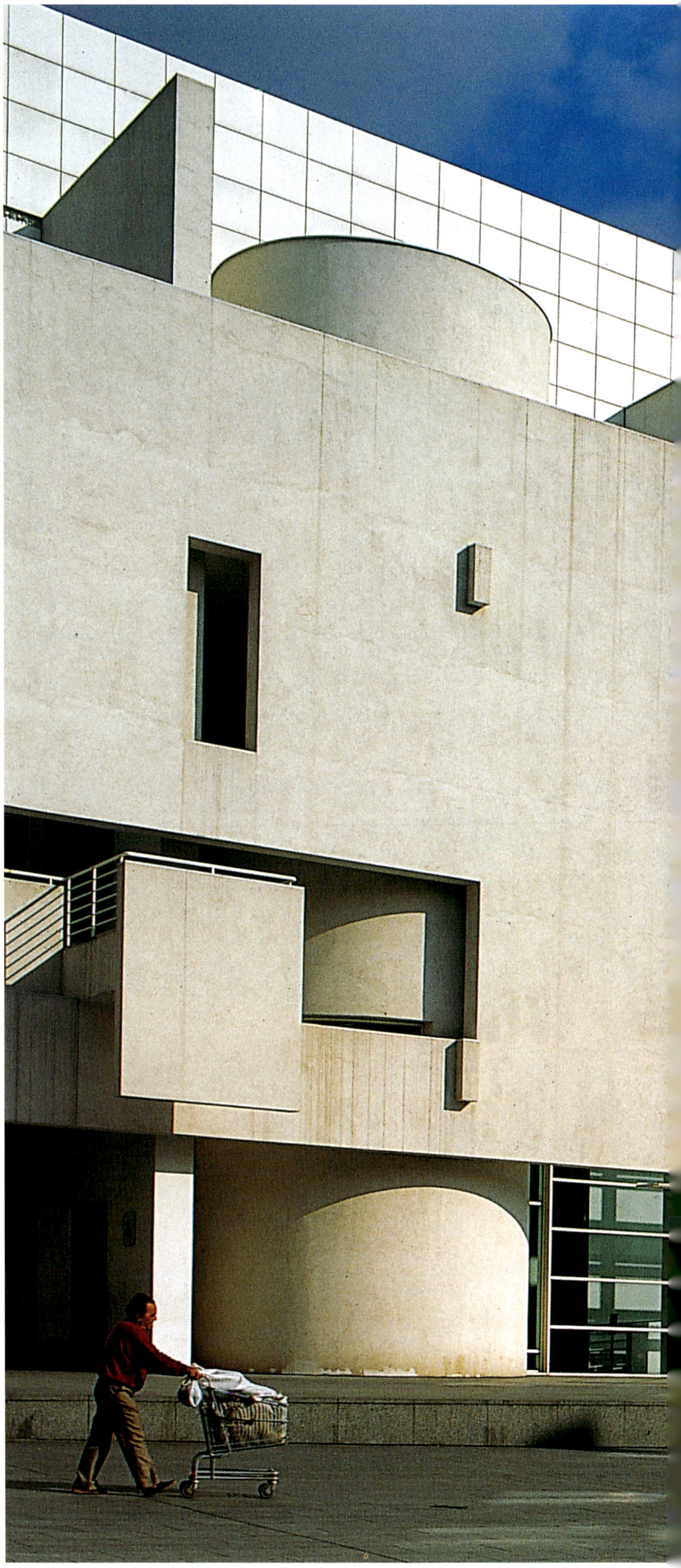

Como un viejo tótem ibérico, la *Dona i ocell* mironiana del Parque del Escorxador preside las fiestas solares de San Juan, fuego y verbena a la vez.
El edificio que diseñó Maier para el Museu d'Art Contemporani es una ruptura estética en el centro del Raval, una herida blanca y luminosa que la ciudad va haciendo suya poco a poco.

Like an old Iberian totem, Miró's «Woman and Bird» in the Escorxador park presides over the solstice festival of St. John's Night, with its bonfires and parties.
Maier's building to house the Contemporary Art Museum is a clear aesthetic rape of the Raval district: a shining white wound that the city slowly is making its own.

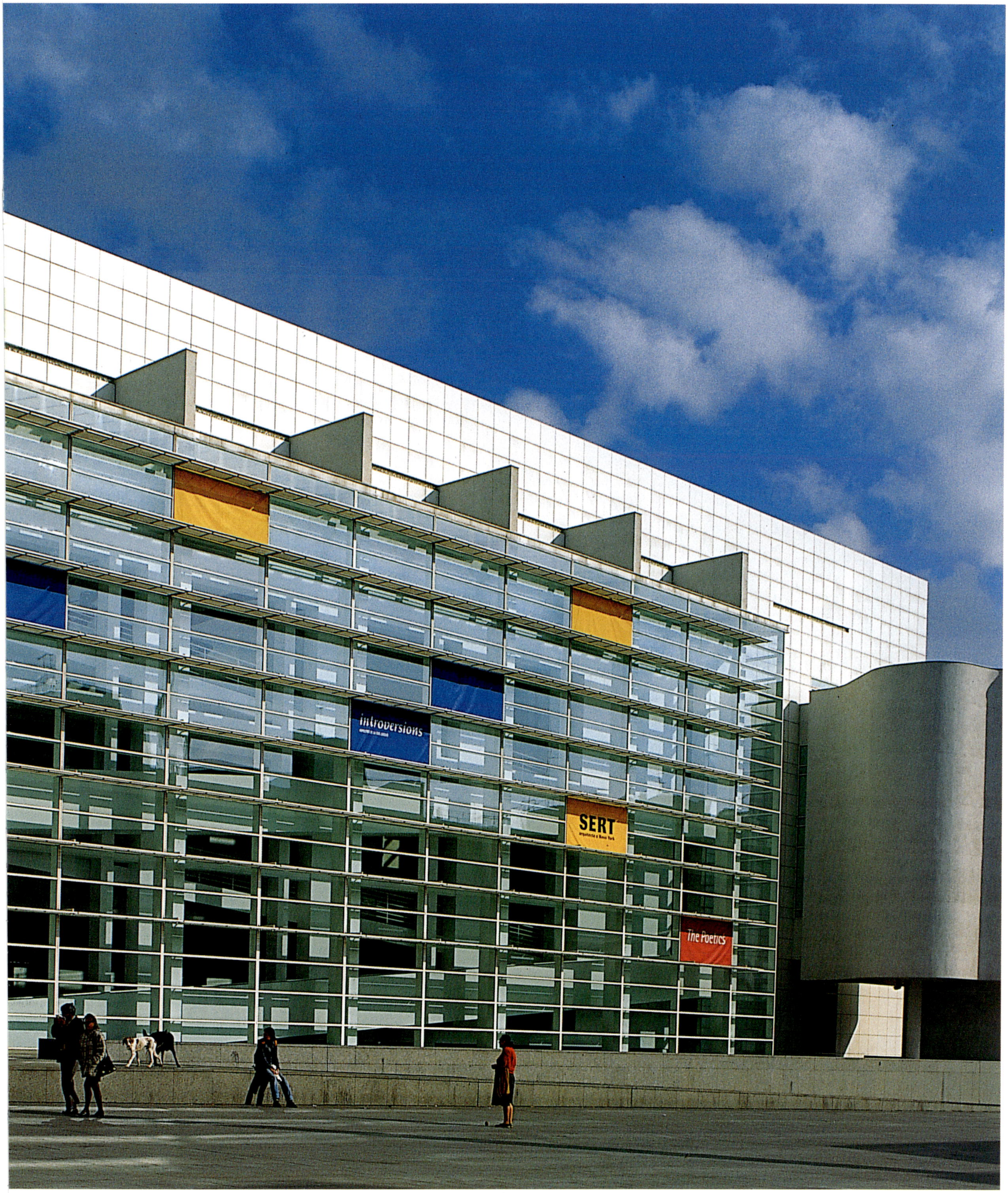
introversions
SERT
The Poetics

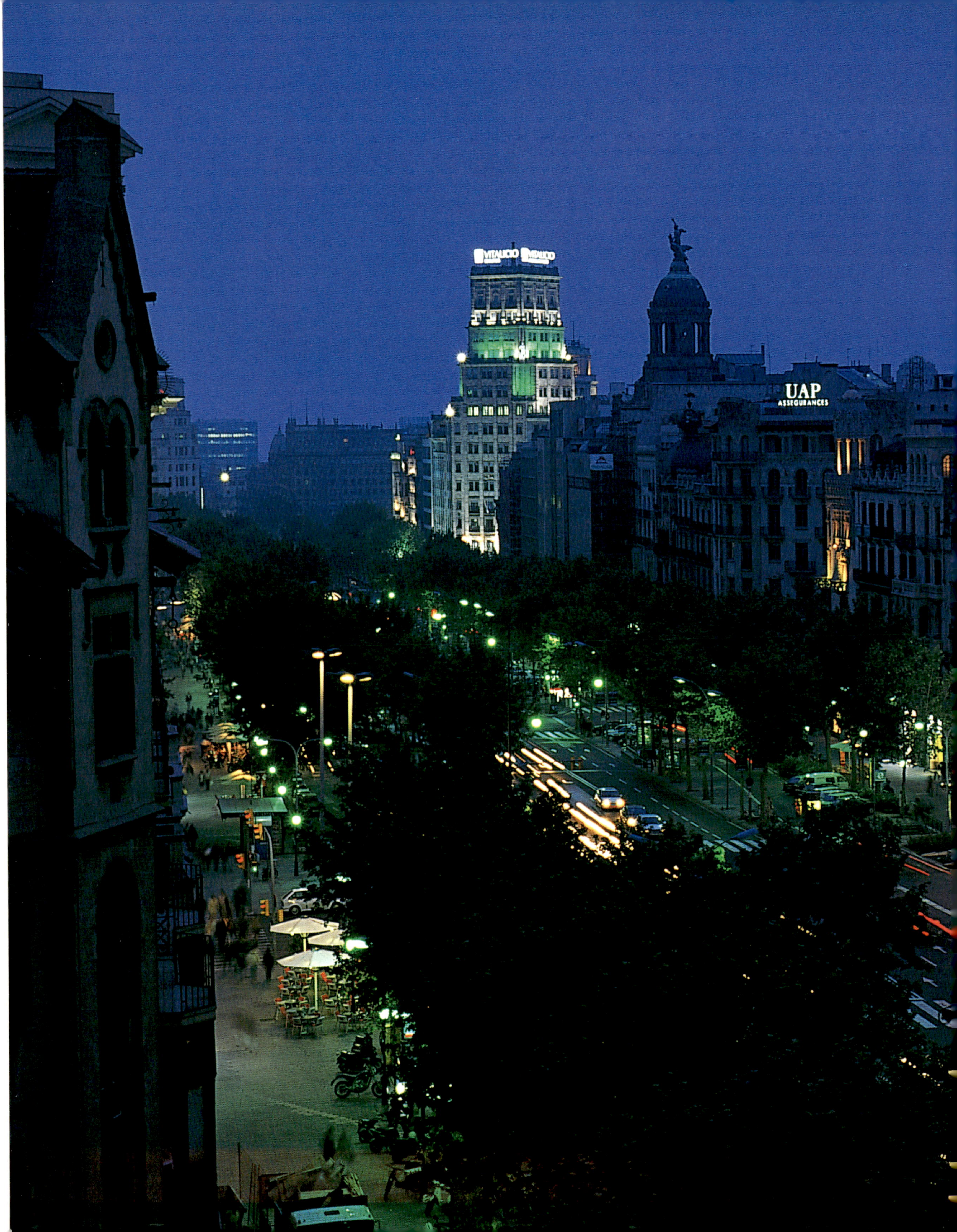
VITALICIO VITALICIO
UAP
ASSEGURANCES

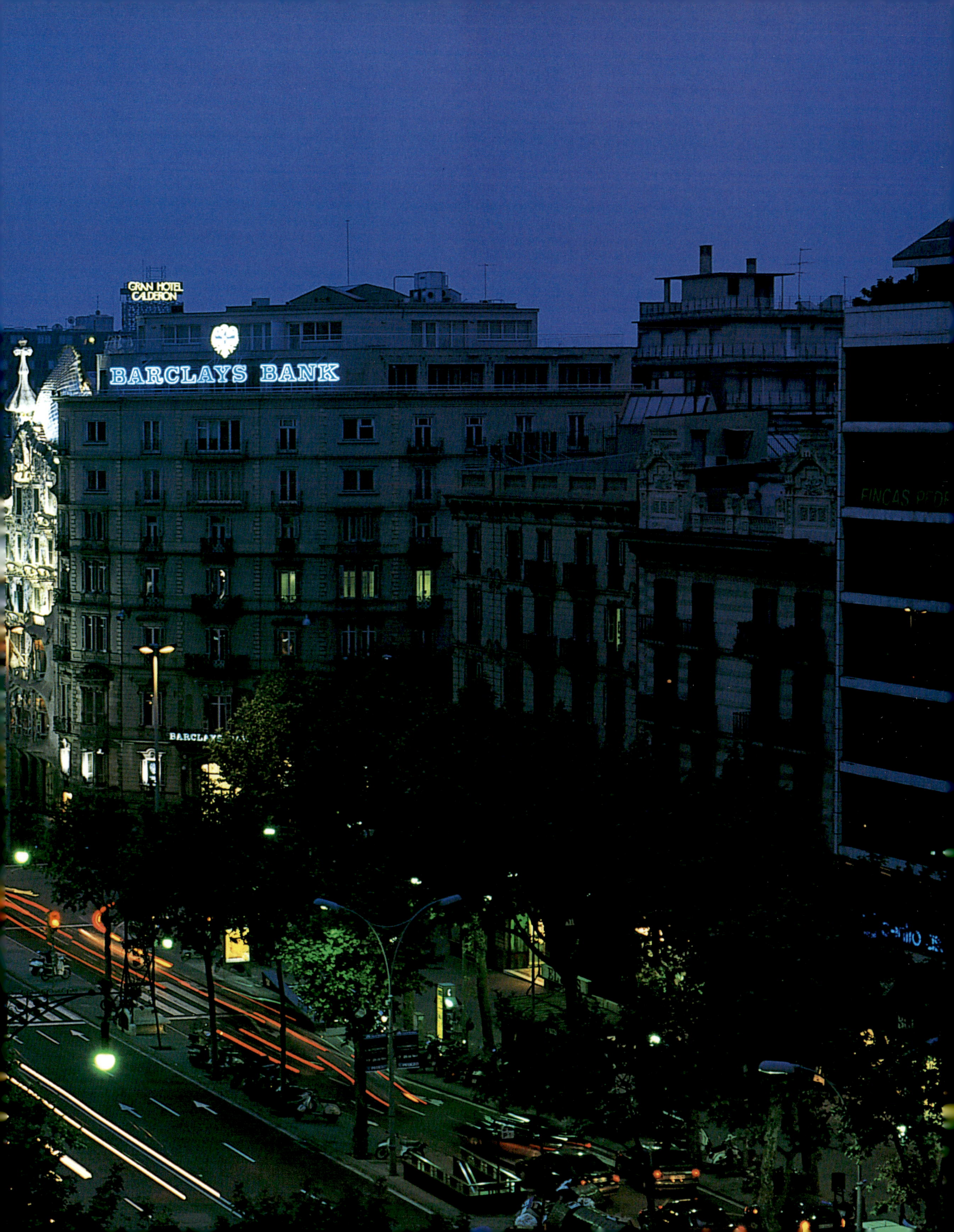
GRAN HOTEL
CALDERON
BARCLAYS BANK

En una ciudad donde los interiores son más bellos que las fachadas y la ostentación es un vicio social mal visto, el Paseo de Gracia ha tenido a veces mala imagen, se lo ha considerado un añadido pretencioso y articifial a la cuadrícula discreta y mesocrática de una Barcelona que odia parecer nueva rica. Pero cuando los tiempos han traído aires de cosmopolitismo y de *glamour*, cuando cierta sofisticación exhibicionista ha tenido más prestigio, el Paseo de Gracia ha subido su cotización como el escaparate de las riquezas visibles de la ciudad.

Ahora veis si no es cortesía
ver a las damas en plácida vía,
tan bien vestidas con joyas preciadas...

Claro, Carner, el *noucentisme*, tienen que amar el Paseo de Gracia. E incluso el modernismo, que mira a Europa, y que hace el catálogo de sus más espléndidas fachadas, ostentosas, esta vez sí, brillantes, la manzana de la discordia, esa Pedrera que *El Be Negre* caricaturizaba como garaje de zepelines. También la Barcelona olímpica ama el Paseo de Gracia, los escaparates de las tiendas, las terrazas de los cafés, florecimiento nuevo de cafés, terrazas con extranjeros, por donde no pasan ya quizá las damas enjoyadas, pero donde es posible ver pasar a las chicas más vistosas y distantes de la ciudad, descuidadamente arregladas para el paseo:

Ahora veis si no es venturoso,
ahora veis.

Incluso en medio de la tupida cuadrícula del Ensanche, la ciudad coge aire y agradece una pincelada de verde de paseo. Las aceras son anchas y los chaflanes espaciosos. Cuando llega el buen tiempo, bares minúsculos y hondos de menú con paella los jueves conquistan su cuota de calle. No son terrazas propiamente dichas, el término sería demasiado solemne. Son media docena de mesas plateadas que una barrera de coches aparcados protege del tráfico y de su ruido. Allá, los beneficiarios del horario intensivo o de esa rareza mediterránea del horario comercial con largo intervalo al mediodía toman cafés con hielo de sobremesa y miran pasar a la gente normal que va a sitios normales. En las aceras anchas del Ensanche, sólo completamente geométrico en el mapa, sólo completamente racional para el automovilista que aprecia la alternancia de las direcciones, Barcelona construye simulacros de boulevard, paseos menestrales y familiares, cotidianos, nada trascendentales. Con la manzanilla sobre la mesa de plástico plateado, entre tiendas y vespas mal aparcadas, con la banda sonora de la música máquina que proviene de los coches juveniles descapotados, levantas la vista y encuentras un cielo azulísimo más allá de seis hileras de balcones de hierro forjado y de geranios. A ras de suelo, pasan vecinos hacia el trabajo frente a tenderos expectantes. E incluso se saludan.

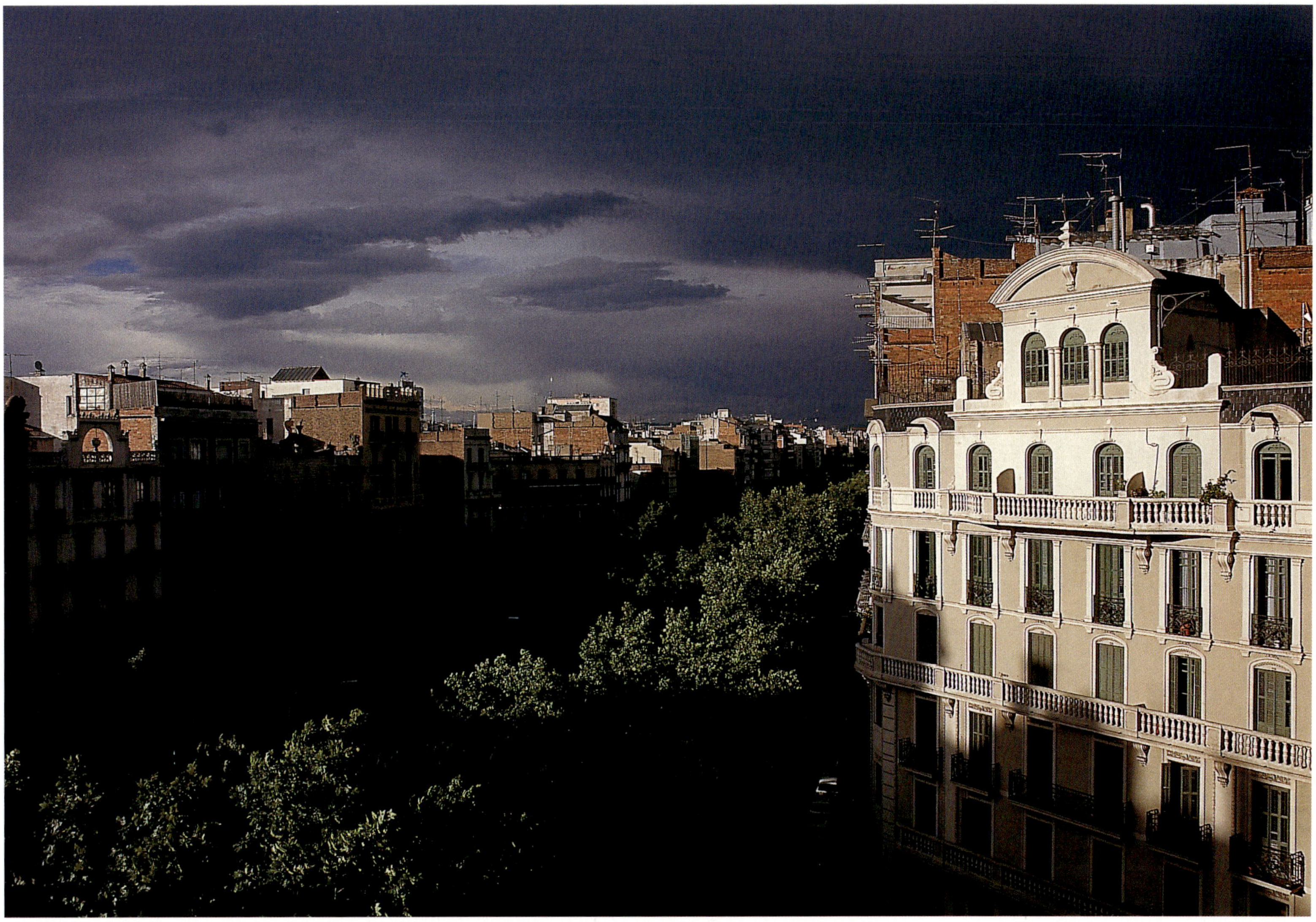

El cielo tiene en Barcelona una presencia frágil, recortado sobre una trama urbana densísima. Pero por la noche (en las páginas siguientes), la extraña flora gaudiniana lo ha poblado de inquietantes agujas orientadas hacia la luna.

The sky is to a large degree absent from Barcelona, visible only above the densely built-up streets. But at nighttime (in the following pages) Gaudí's unusual flora can be seen in the form of needles pointing out the moon.

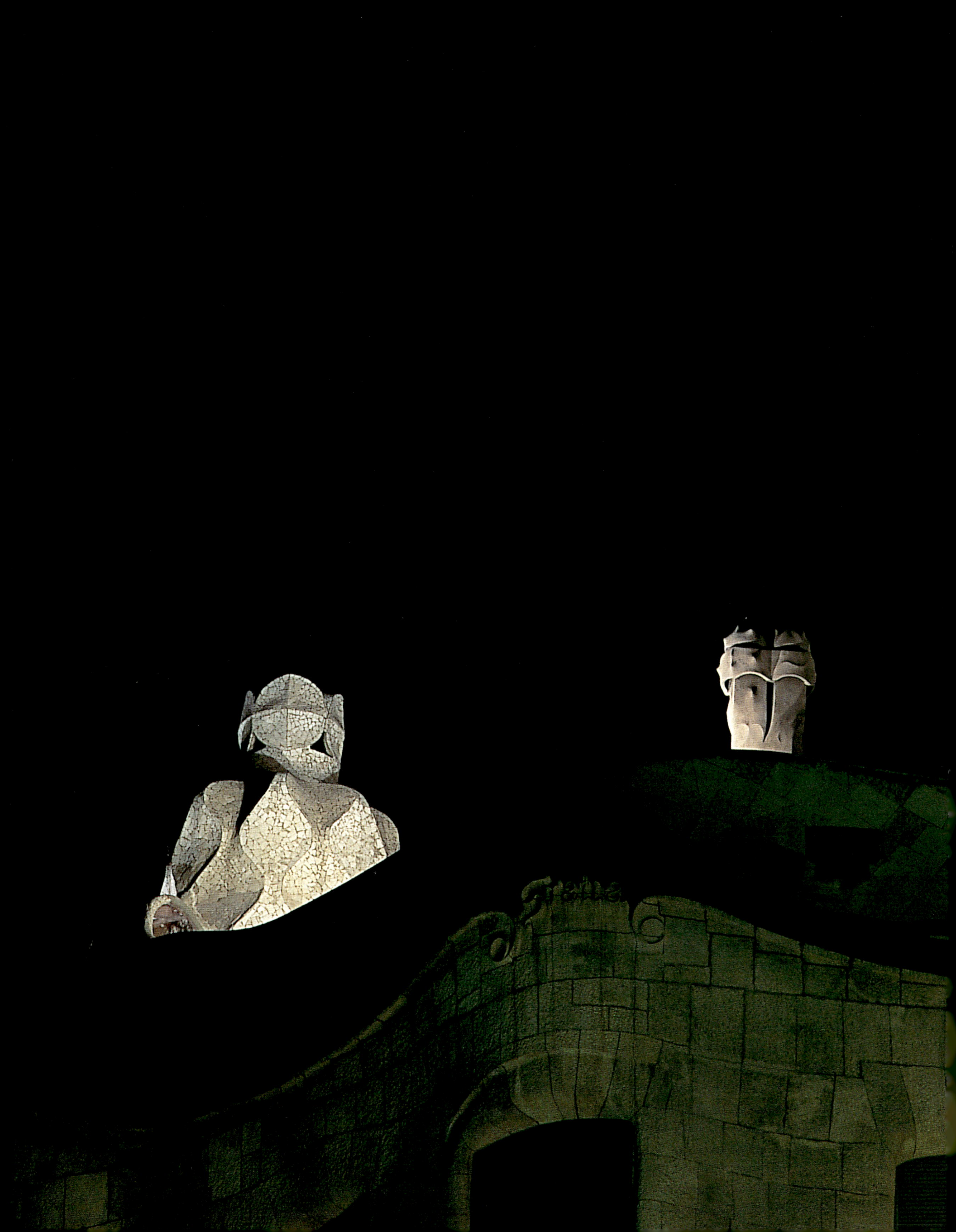

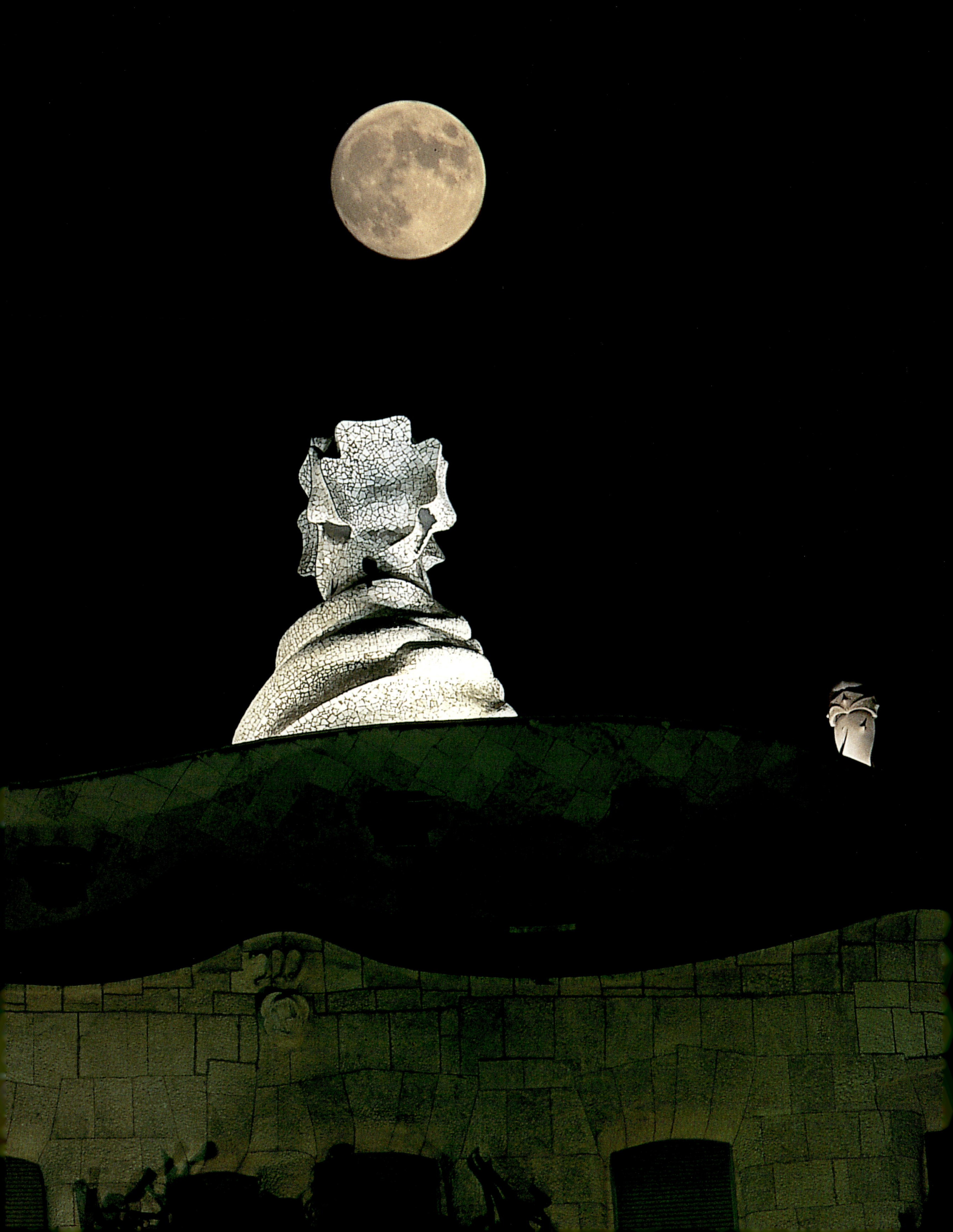

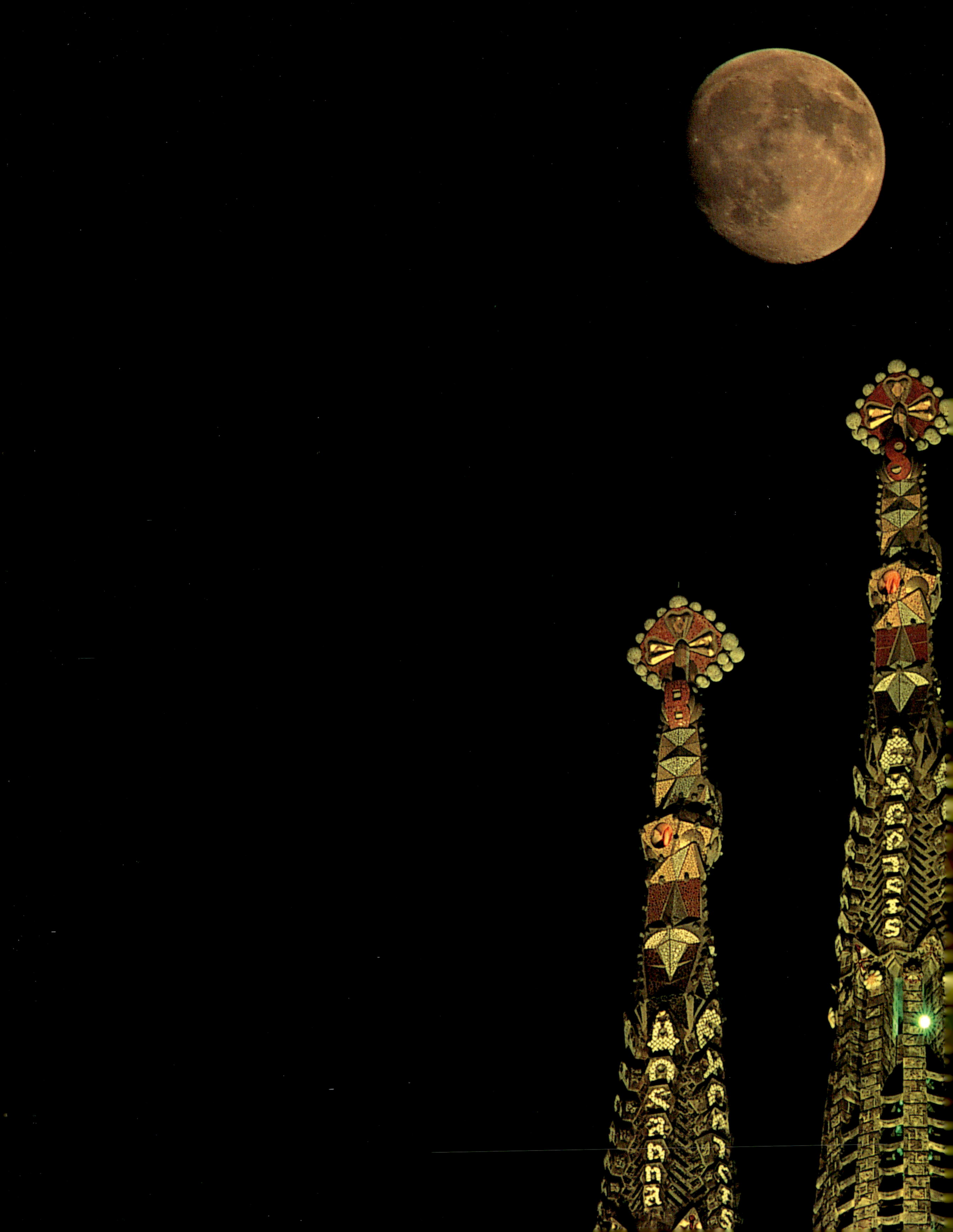

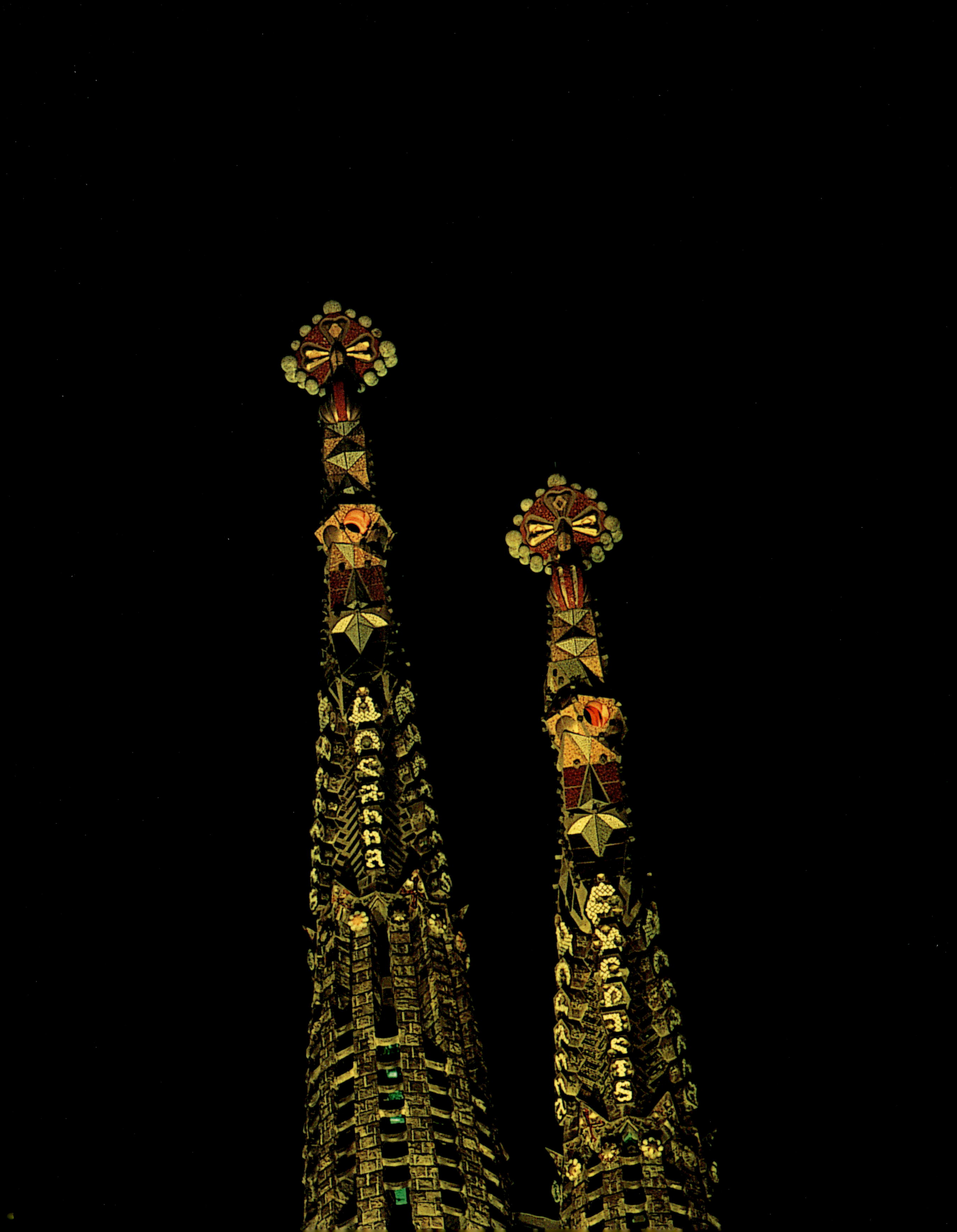

Una obviedad. Barcelona es mediterránea. Una pregunta: ¿de qué Mediterráneo? Cuando enferma de cualquier despotismo cultural ilustrado, Barcelona —Catalunya— se cree griega. Evidentemente, de una Grecia inventada, ideológica, blanca y pulcra. Eso fue el *noucentisme*. También lo ha sido en parte la Barcelona olímpica de la línea clara y la sencillez programática. Pero cuando Barcelona se ha dejado llevar se ha hecho desde abajo, ha sido un mediterráneo menos griego y más semítico, más barroco, menos recto. Dice la leyenda que Barcelona la fundó Amílcar Barca, los cartaginenses, no los foceos. Los griegos se quedaron en Ampurias. Esos fundadores legendarios de Barcelona venían del Sur, de la meridionalidad barroquizante y recargada. Algo debe de haber quedado. No es esta una ciudad atlántica ni nórdica, a pesar de que tenga algunos edificios así. No es tampoco hija del páramo y la meseta, no hay lugar en ella para escoriales. Barcelona es mediterránea por su aire y por su luz, pero su alma mediterránea es más romántica que clásica. Los príncipes la encorsetan de Grecia, de línea austera. Los tenderos —detrás de Cartago está Fenicia— se abandonan a las curvas y a los excesos florales. Barcelona es más modernista que *noucentista*. Y en ello la bella Barcelona novísima tiene un punto de artificiosidad plagiaria.

No se equivoca la multitud que se asoma al mirador sinuoso para descubrir, antes de llegar al mar, las grúas y las torres de la Sagrada Familia. No se equivoca esa concentración de viajeros exóticos a la búsqueda de nuestro propio exotismo, luminoso y coloreado, cuando ha subido hasta aquí arriba y se ha detenido en la gran plaza vacía, que pide un mercado, y se sienta en estos bancos redondos como una piel y escribe o retrata nuestra rareza. Gaudí —también Jujol, aunque ellos no lo saben— nos hacen exóticos, porque nos hacen únicos. Ésta es nuestra excepcionalidad, nuestra locura. El modernismo que tenemos está bien, pero dentro de la convención modernista. Hace siglos que derrocamos el románico ciudadano y nuestro gótico no es ninguna maravilla. Nuestra rareza es este Parque Güell, inacabado, extraño, esta explanada que se sostiene con columnas torcidas, esta vegetalidad alternativa, estas dos casas de cuento cubiertas de brillo. Es tan extraño el mundo de Gaudí, adivinas tanta fuerza onírica en las formas anfibias de su sinuosidad que debes creer en un plan oscuro y misterioso, preconcebido, en un código secreto y en una simbología esotérica. Pero quizás es sólo la fuente inacabable del genio extraño, que abomina de la simetría porque es la excusa para pensar sólo la mitad. O quizá porque es la barrera para poder pensar el doble, para poder hacer el doble, para aprovechar el espacio el doble. No se equivocan, los visitantes. Aquí está nuestro exotismo. Quizá también uno de nuestros resúmenes.

Las plazas sirven también para contemplar el poder con perspectiva. Una plaza es un vacío frente a una fachada. Algunas fachadas exigen un vacío delante de ellas, un espacio desde el cual puedas alejarte —quizás caminando hacia atrás, como frente al Muro de las Lamentaciones— para adquirir perspectiva, para atribuirle nobleza o majestad. Las plazas suelen estar frente a las fachadas del poder, de las catedrales o de los palacios. En algunas ciudades italianas de los dos a la vez, como si el cielo y la tierra compitiesen por ese escenario común, convertido en tablero de ajedrez. En Barcelona, Sant Jaume es una plaza al cuadrado. Es el espacio entre dos fachadas contrapuestas, el lugar para contemplar ambas o para que se contemplen entre sí. En ese paralelismo de fachadas contrapuestas hay una escenografía de un enfrentamiento, sea cual sea la variable coyuntura política. El cuadrado de la plaza sólo tiene dos lados significativos. Los otros dos, que la completan, son añadidos, perforados por calles, de difícil recuerdo. Ese tablero de ajedrez, con dos jugadores, ambos laicos, esa solemnidad de dos poderes simultáneos, no puede ser antigua, tiene que ser de hace un siglo y medio, a pesar de que coincide con antiguas centralidades romanas y hubo que prescindir de piezas eclesiásticas para hacer espacio. La plaza es un desierto, una tregua, excepto cuando la ocupa la gente para las celebraciones épicas. Entonces ese espacio deja de ser una barrera y se convierte, todo él, en un puente.

No es éste un país de palmeras. La palmera, en los patios de detrás de las casas, cerca del pozo y, quizá, la pérgola, en las fachadas arregladas con porches y terrazas, era indiana. Era la señal de una nostalgia tropical, casas de color de frutas dulces, pamelas blancas y una palmera inmensa, solitaria como un asta de bandera, bandera verde de un isla lejana e imaginaria. «Divina perla de las Antillas, nunca en la vida podré olvidar...» Lo sintetizaba Sisa en *Antaviana*, mejor que las habaneras de verdad —si es que existe alguna— porque las resumía a todas. Pero parece que las palmeras quedan bien en las maquetas y en los dibujos de los arquitectos, no deben ser caras, deben sobrevivir bastante bien en la hostilidad urbana. Y Barcelona se ha convertido en un palmeral entre el asfalto, un jardín de palmeras, el símbolo de una nueva estética, palmeras por todas partes, a granel. Quizás a esta ciudad un poco frígida y *noucentista* le hacía falta una cierta tropicalidad, aunque fuera sólo un camuflaje. Quizá el sur al que también pertenecemos ha impuesto esta regla mnemotécnica para hacer recordar que también existe. Las palmeras ya no evocan sólo la siesta caribeña de hamacas y café, ahora evocan también el oasis, la excepción verde entre el asfalto, el cobijo entre espacios donde nada crece. Todavía más un oasis entre la arena de la Barceloneta, allá donde Barcelona ha decidido dejar de ser Marsella o El Pireo o Nápoles y substituir la meriodionalidad del desorden por el orden verde de un oasis de postal.

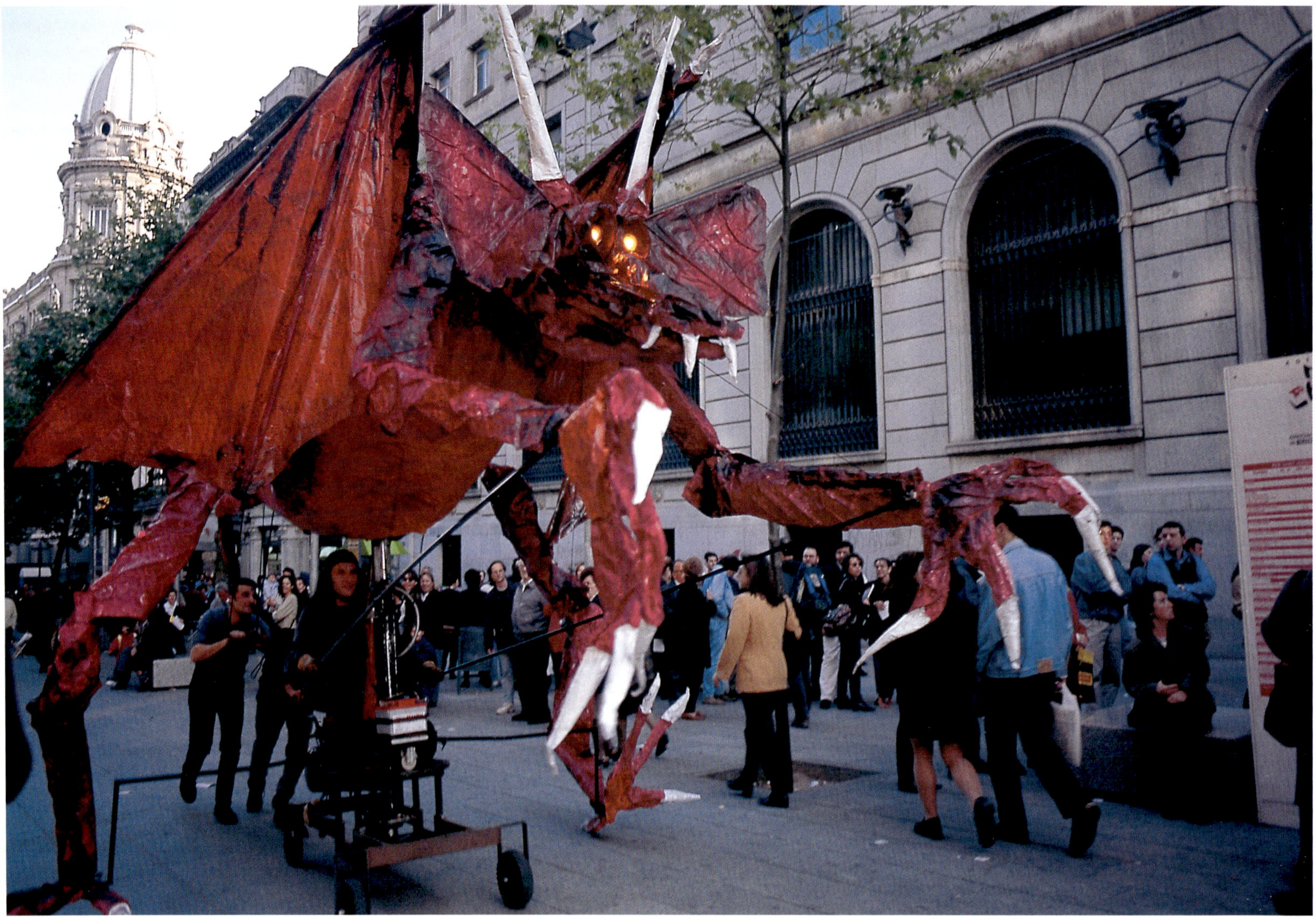

Moderadamente carnavalesca, la ciudad se disfraza de vez en cuando con un barroquismo mediterráneo y colorista.
Un carnaval un poco de estar por casa, en una ciudad que no necesita máscaras.

Taking a certain degree of interest in Carnival, the city occasionally dresses itself up in a colourful Mediterranean Baroque. A not very spectacular carnival in a city that needs no masks.

Es La Habana. Quizá no La Habana de verdad, quizá la más verdadera de todas, la de la memoria y el mito, La Habana recordada y adobada en la memoria, la Cuba de las habaneras y las fachadas de colores pastel y las palmeras. Desde según qué ventanas la miras, según qué luz de la tarde la baña, la Plaza Real tiene un aire colonial, como una reproducción de indianos de un mundo añorado y favorable. Quizá no es toda la Plaza Real, quizá sólo algunos ángulos. Quizá hay más Barcelonas hechas con la materia amasada de los sueños y la memoria tropicales: casas de Sarriá con palmeras indianas, Els porxos d'en Xifré, todo lo que rodea el Borne... Pero la Plaza Real se ha ido convirtiendo en la mejor ilustración de esa mitología, la planta de mediados del siglo pasado, los colores y el ajardinamiento y los usos que le han ido añadiendo los años y las remodelaciones. Nada que invoque la austeridad de un convento o que recuerde la tierra sagrada. Desde algunas ventanas, es La Habana, la ciudad del trópico. A ras de suelo, desde los porches vigilados por la policía, de bardos y limpiabotas y gente ociosa, se trata tan sólo de una ciudad meridional, al sur incluso de Nápoles o Palermo. Algo más hacia el sur en esta gente ociosa que parece esperar algo. Un poco más hacia el norte en una arquitectura ritmada y racional, afrancesada. Barcelona, al fin y al cabo, lugar de equidistancia. A mitad de camino de todo. Incluso de aquello que se recuerda y que quizá nunca existió.

¿A quién se le debió ocurrir convertirse en estatua? ¿A quién se le debía pasar por la cabeza por primera vez que la inmovilidad disfrazada podía ser una atracción, con aspiraciones de remuneración? A partir de algún día, la Rambla se convirtió en galería de las estatuas, boomerang irónico de la historia. Primero, hace muchos años, alguien quiso imitar a los hombres con piedra. Después, alguien quiso imitar la imitación: hombres que imitan a las piedras que imitan a los hombres. Sólo hace falta adivinar el personaje, construirse una estatua nueva, porque la originalidad más grande era el género, la idea primigenia, ser estatua. Ello es lo que fue genial, fundamental. Bajando la Rambla, la mezcla de extranjeros y autóctonos, de trayectos laborales y paseos boquiabiertos de alumnos de institutos exóticos, en viaje de fin de curso, atraviesas una oferta de estatuas humanas clasicizantes, estatuas *comme il faut*, ninguna modernidad extraña, composiciones épicas de blanco mármol o dorado de purpurina. Los institutos se detienen delante —camisetas de futbolistas, tejanos de uniforme, gregarismo indumentario juvenil— y contemplan las estatuas como no las contemplarían en un museo. Pasa una familia y hace que la niña pequeña —no tengas vergüenza, no te hará nada— deje cinco duros en la gorra. La niña avanza asustadiza por el circo de asfalto que dibuja el semicírculo de espectadores. Deja los cinco duros, la estatua hace un movimiento brusco de agradecimiento, la niña se asusta y el rebaño adolescente —y nosotros con ella— acaba sorprendiéndose, de que a pesar de todo, las estatuas se muevan.

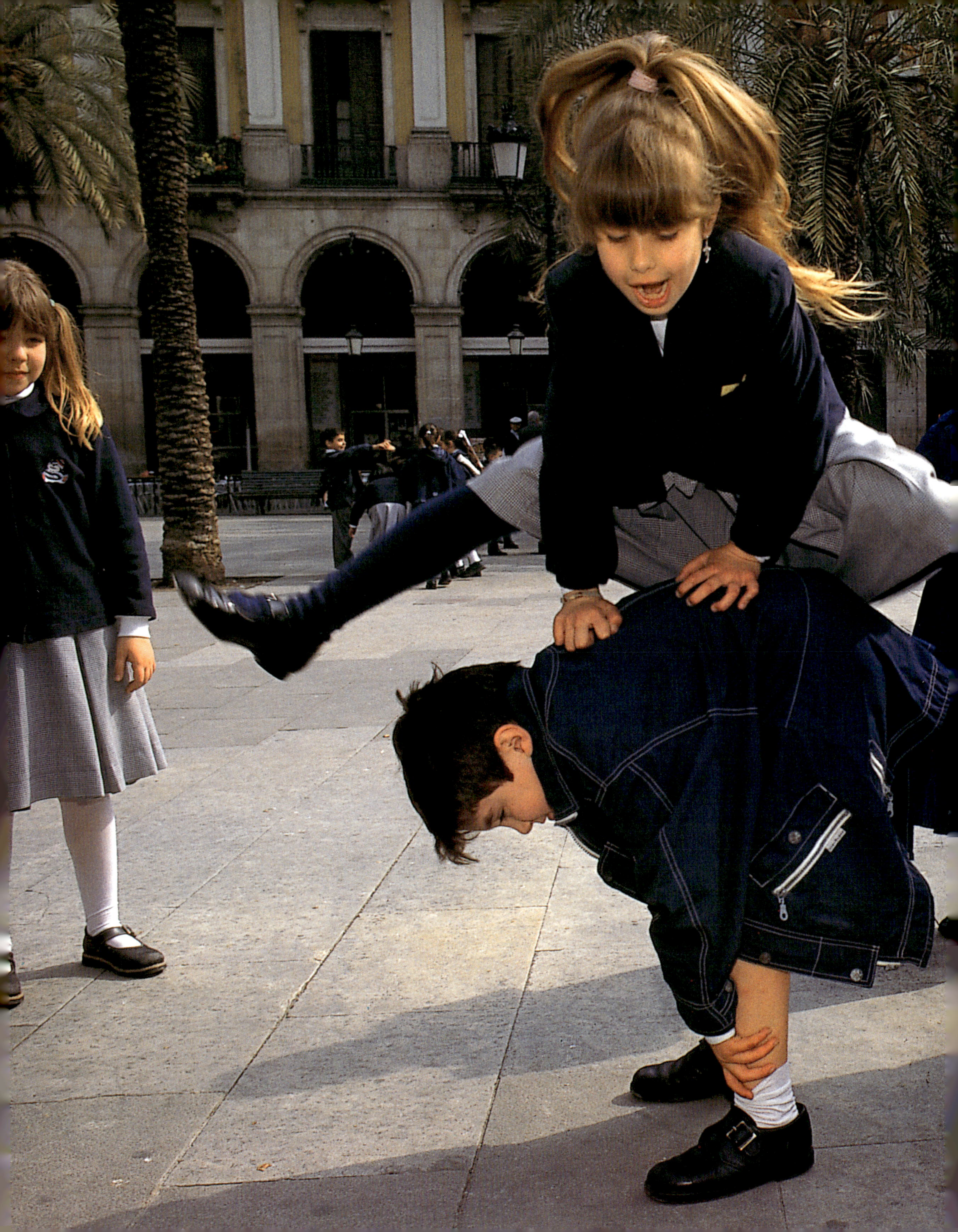

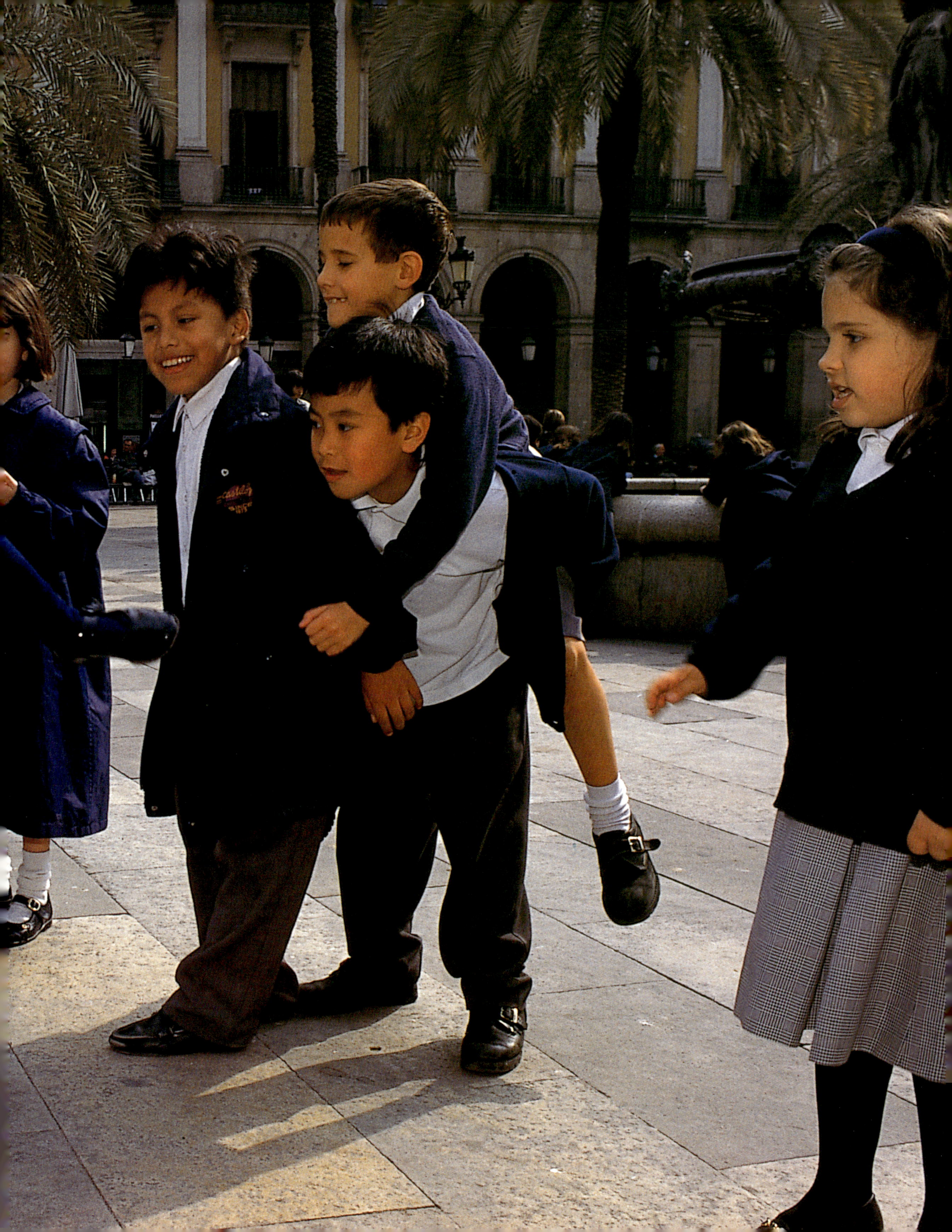

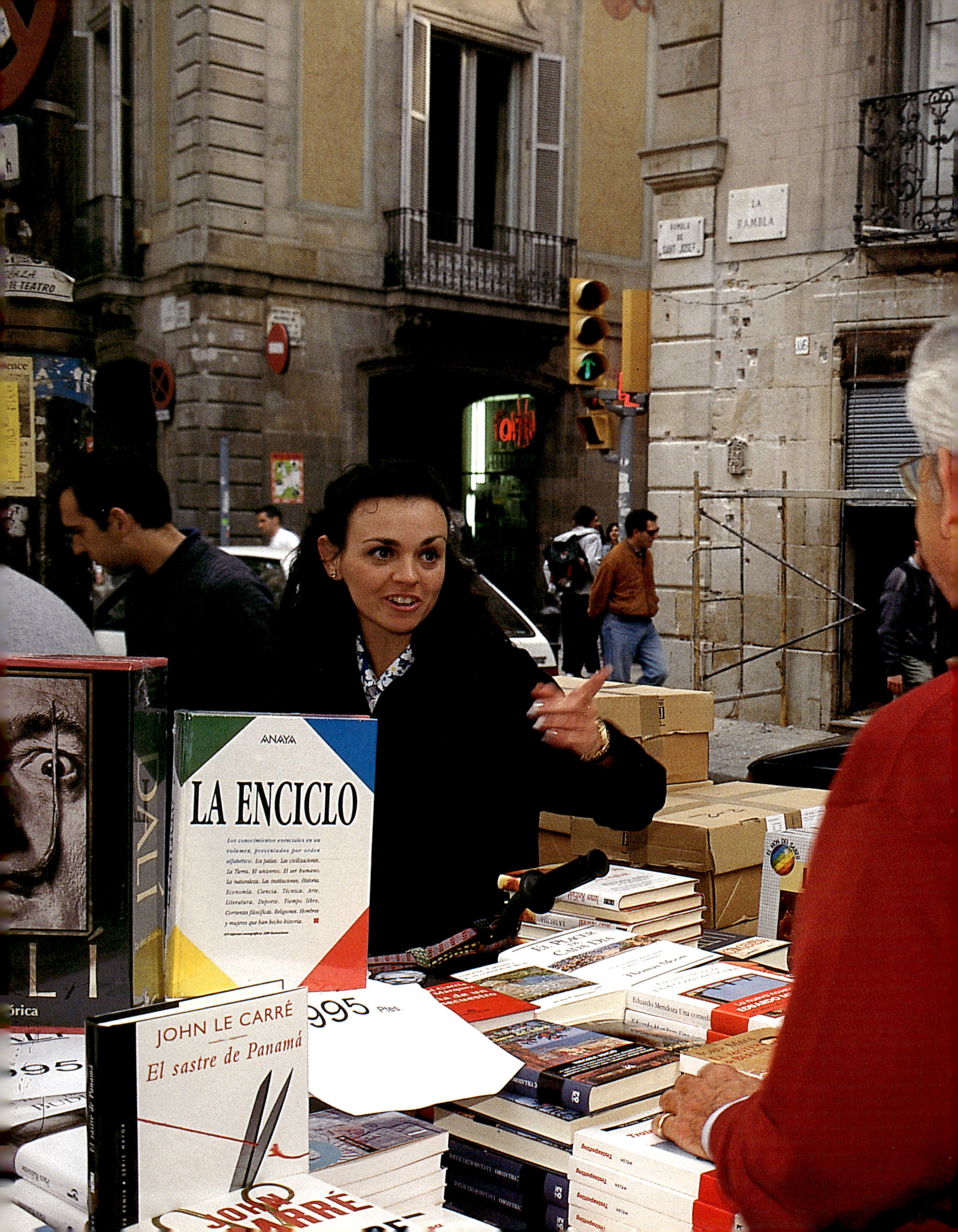
LA RAMBLA
ANAYA
LA ENCICLO
Los conocimientos esenciales en un volumen, presentados por orden alfabético. Los países. Las civilizaciones. La Tierra. El universo. El ser humano. La naturaleza. Las instituciones. Historia. Economía. Ciencia. Técnica. Arte. Literatura. Deporte. Tiempo libre. Corrientes filosóficas. Religiones. Hombres y mujeres que han hecho historia.
DALÍ
995 Ptes.
JOHN LE CARRÉ
El sastre de Panamá

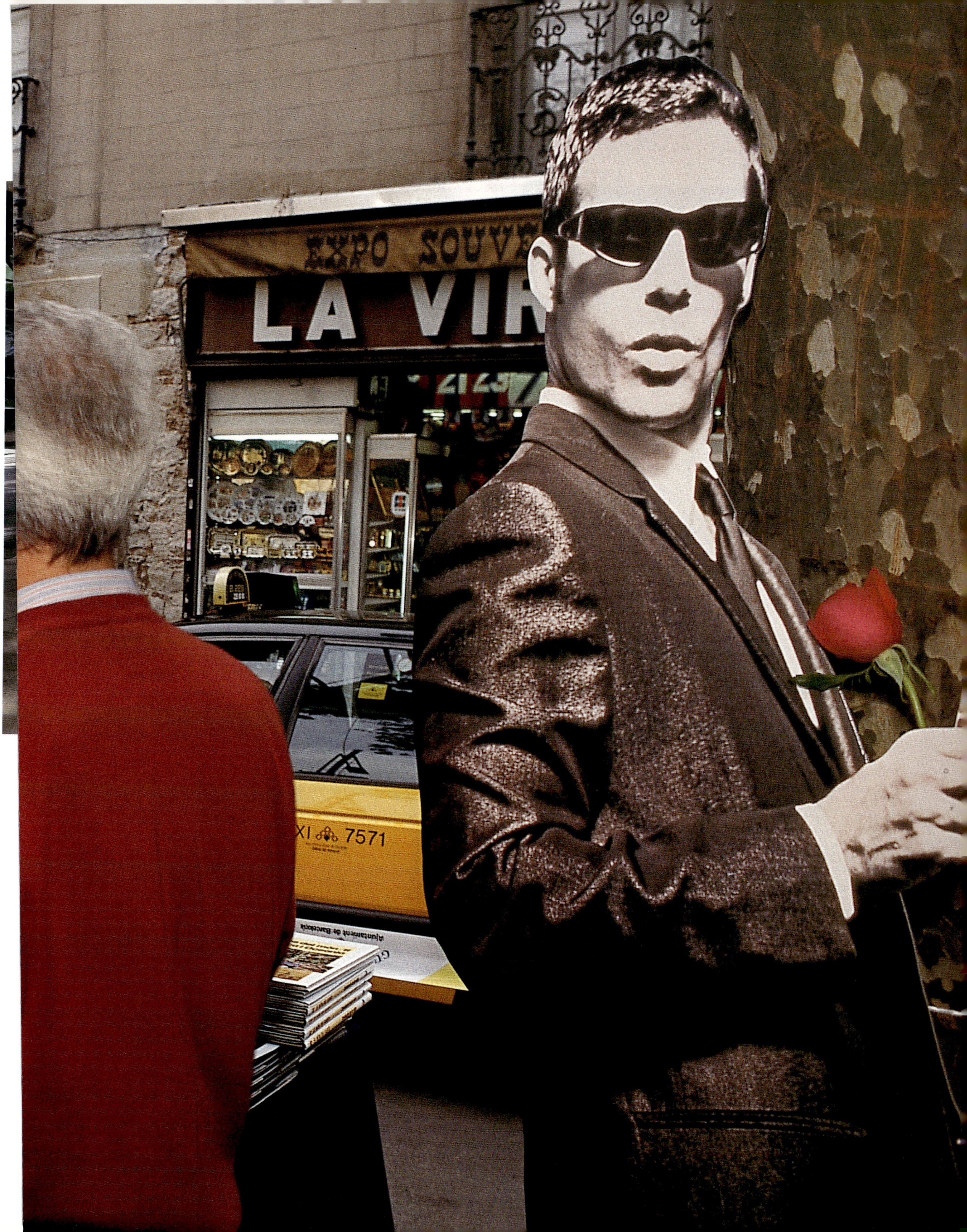
EXPO SOUVE
LA VIR
XI 7571
Ajuntament de Barcelona

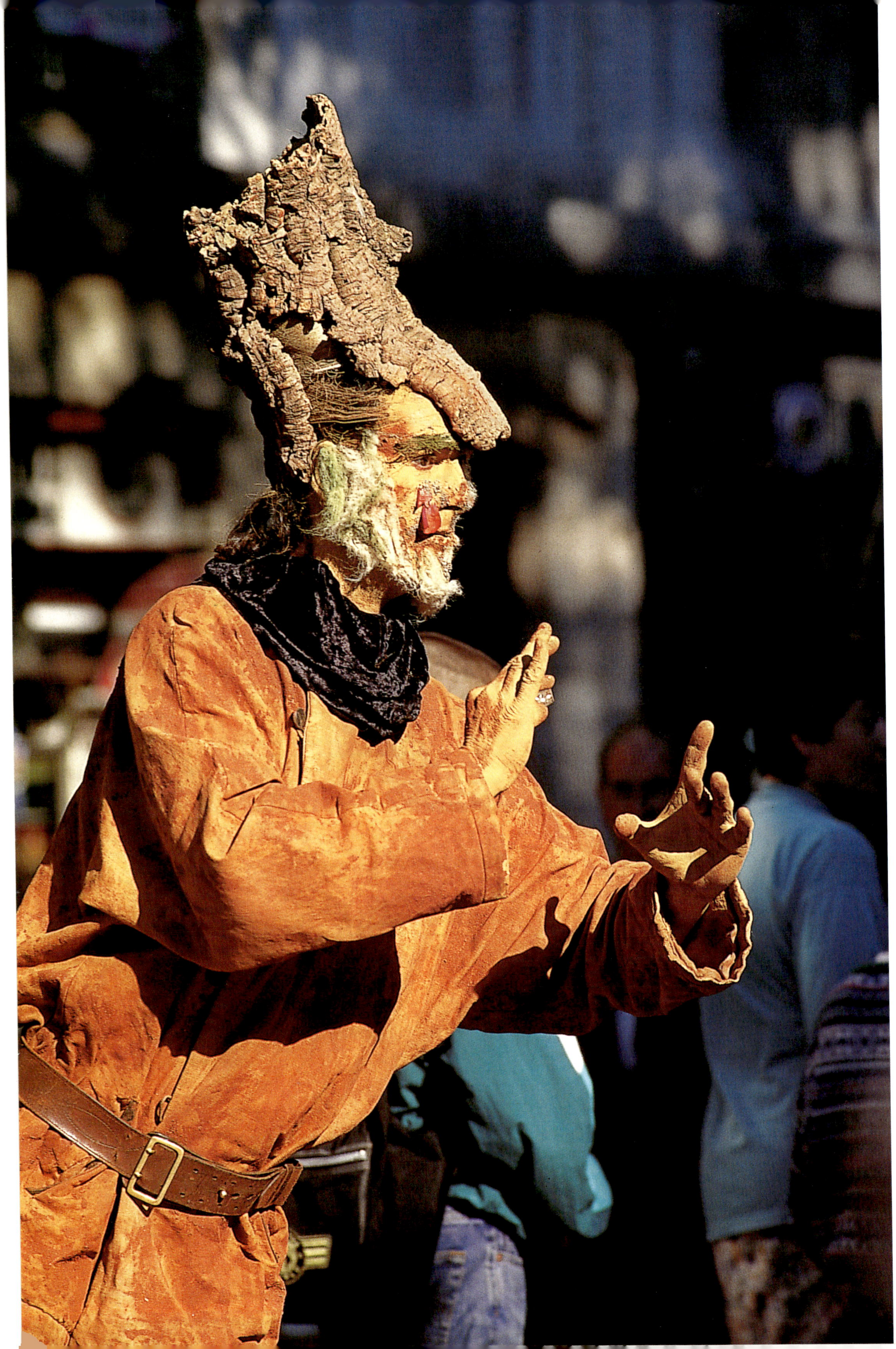

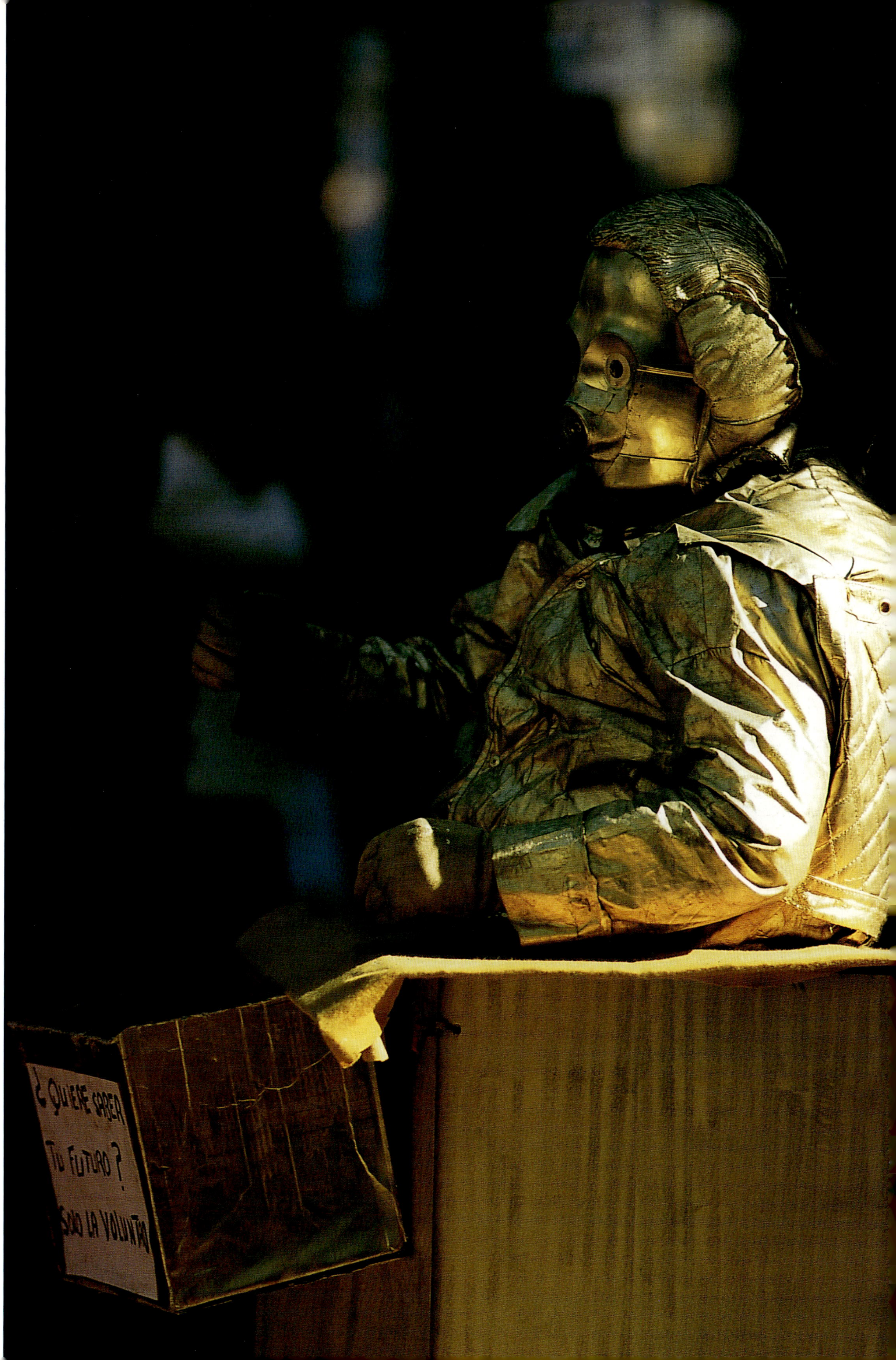
¿QUIERE SABER
TU FUTURO?
SOLO LA VOLUNTAD

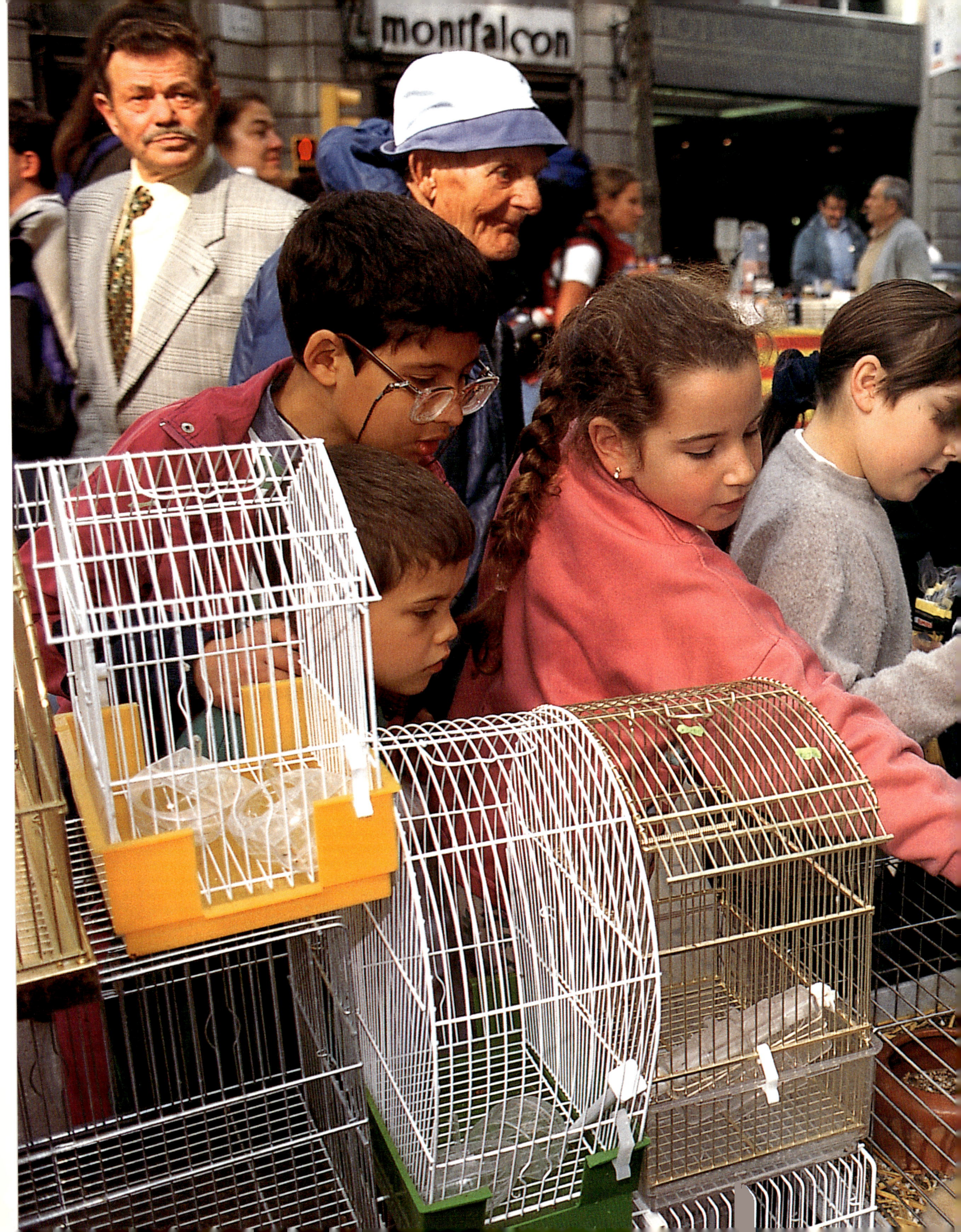
montfalcon

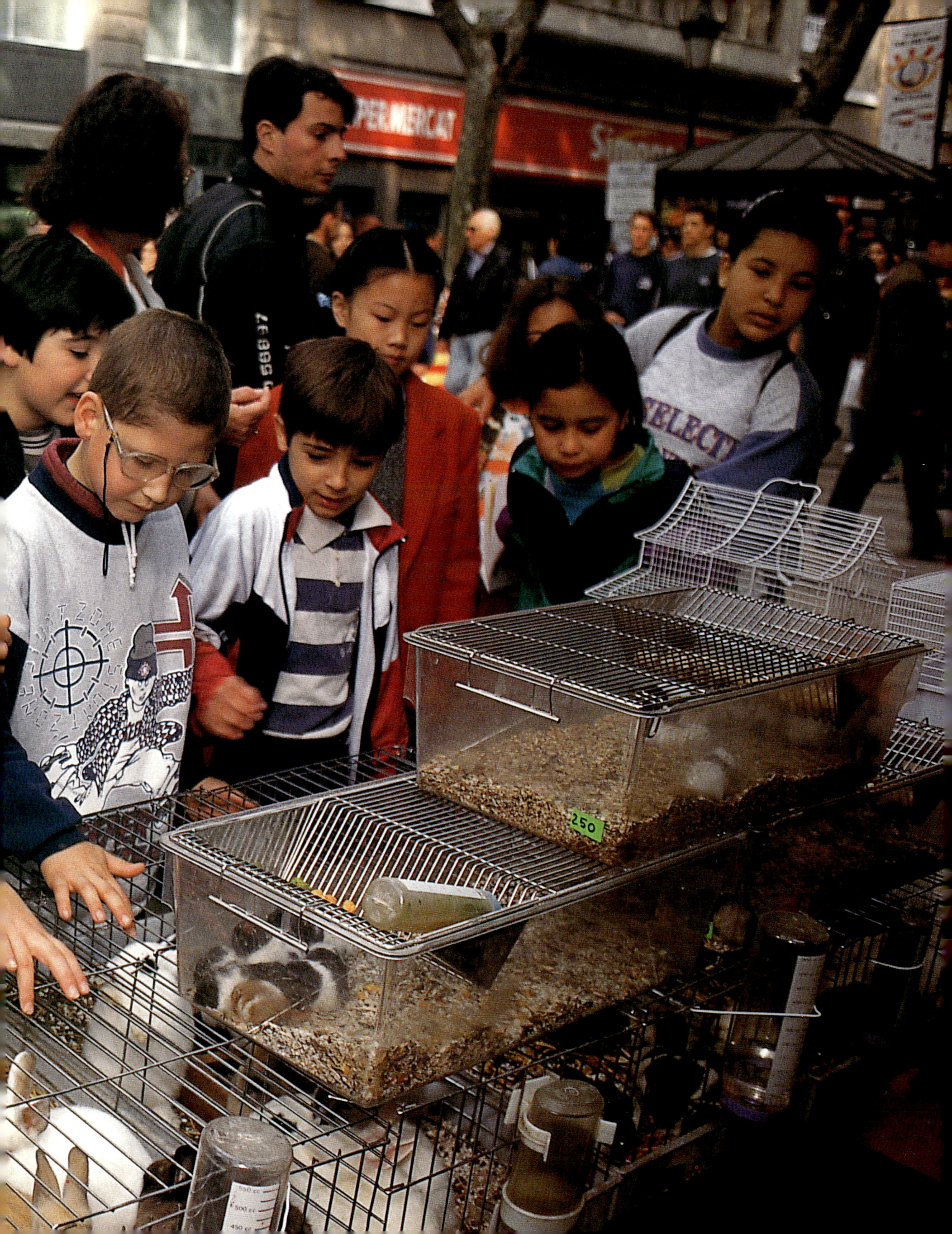
PERMERCAT
250

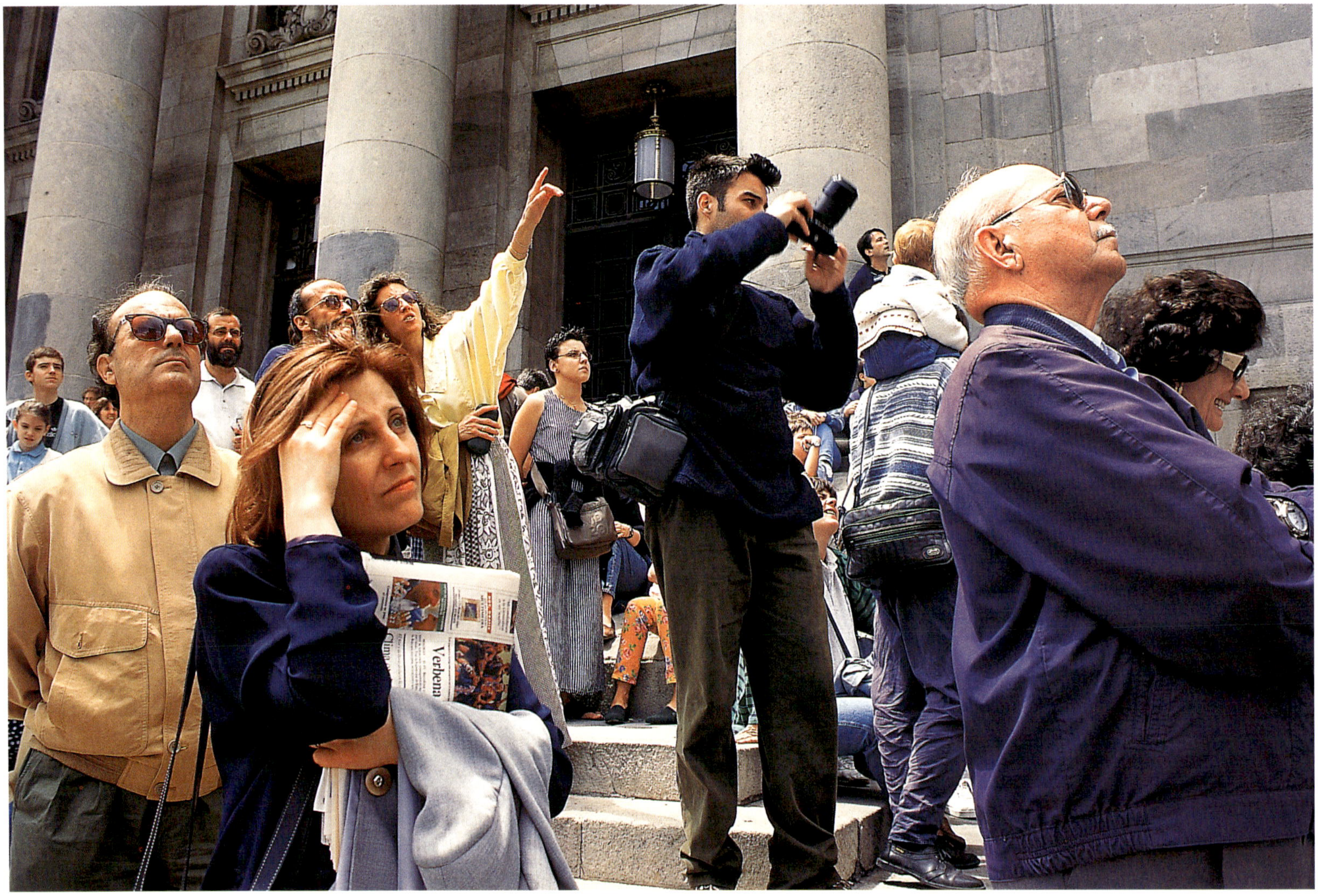

Una ciudad a la que le gusta la calle hace que luzca todo aquello que es espectacular. Como este Gulliver gigantesco, que se paseó por una versión confiada y sonriente de Liliput.

This city enjoys its streets, and it puts all that it possesses out on display there. This giant Gulliver is an instance, on his stroll through this confident, smiling version of Lilliput.

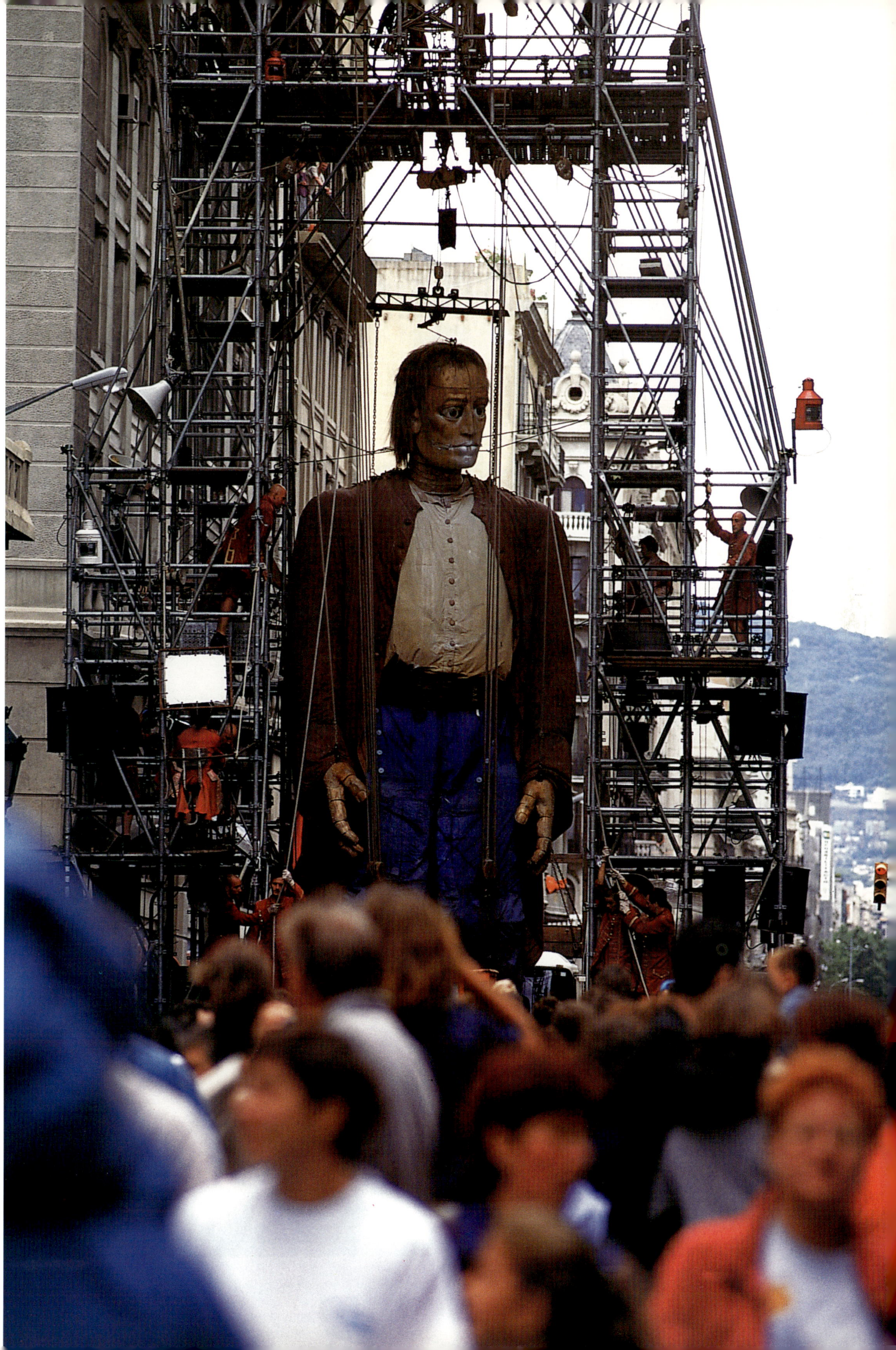

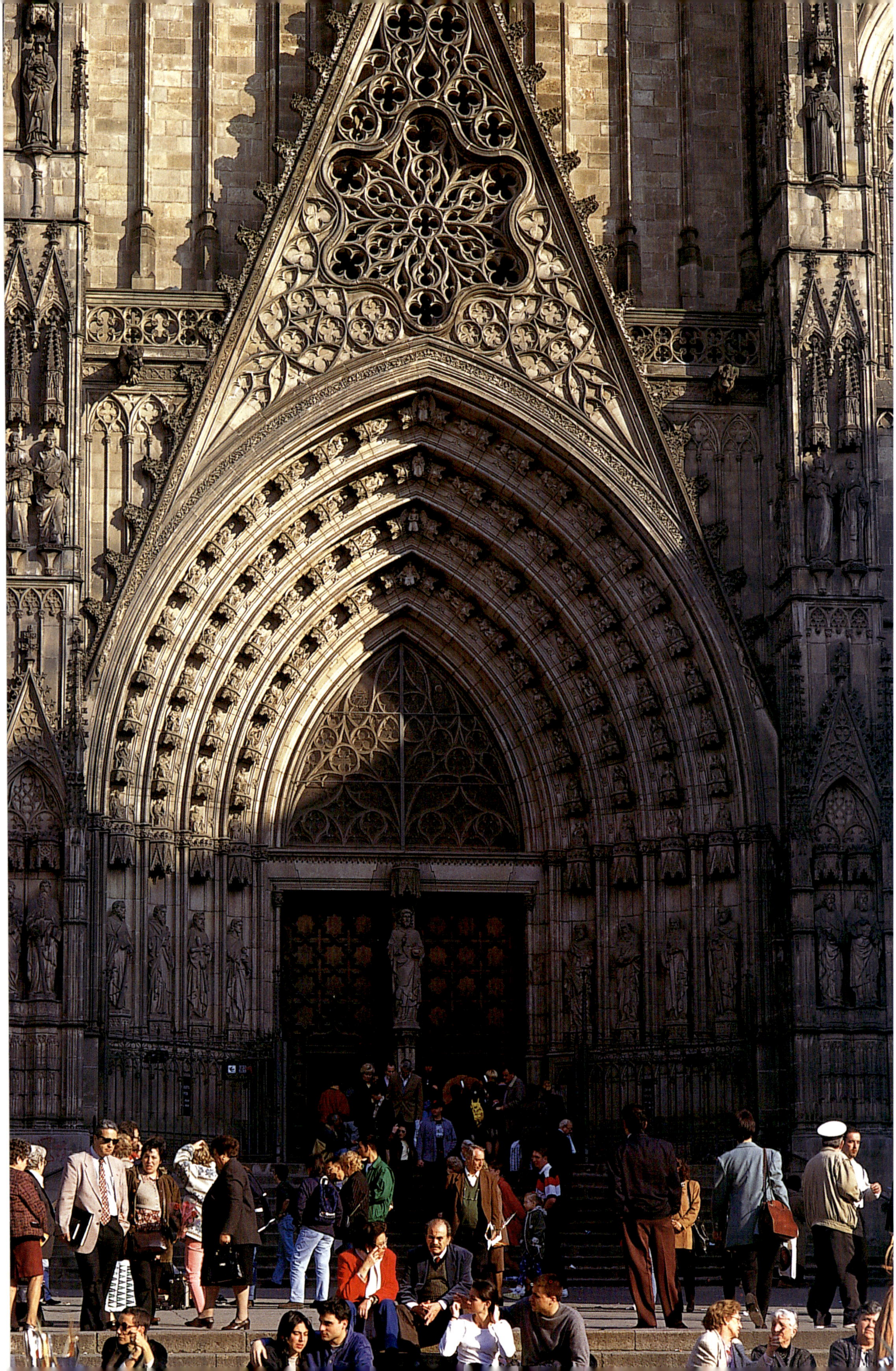

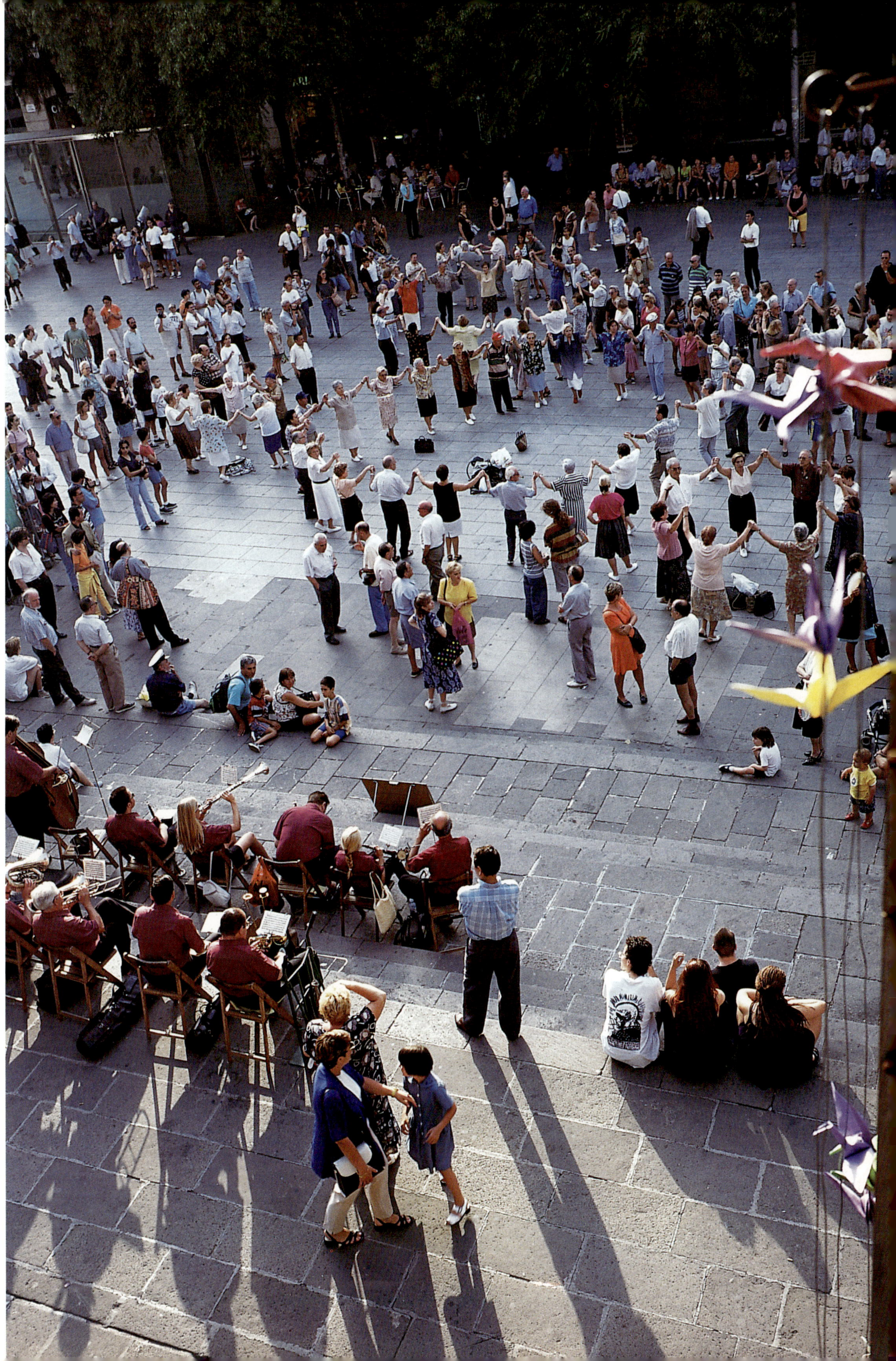

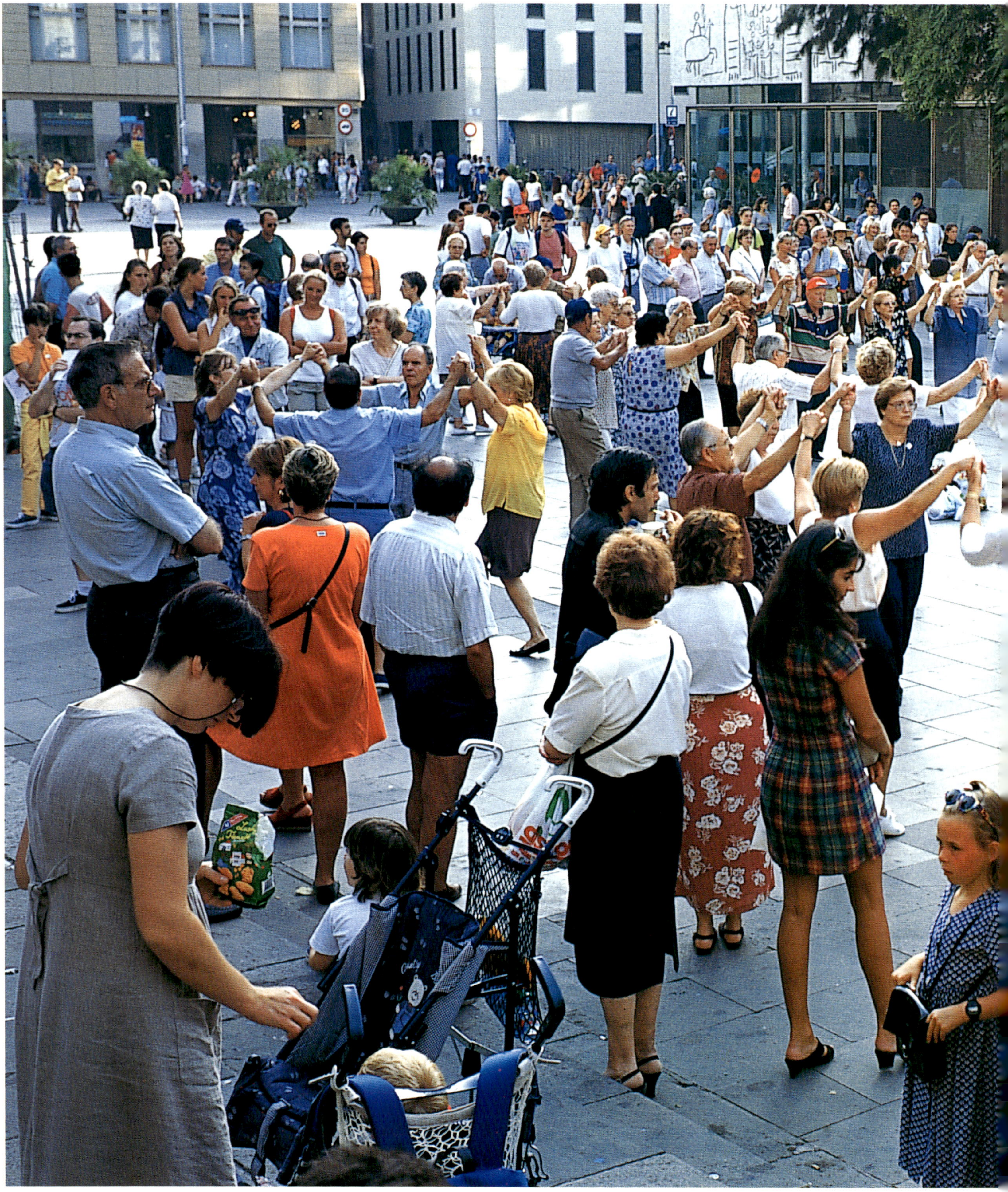

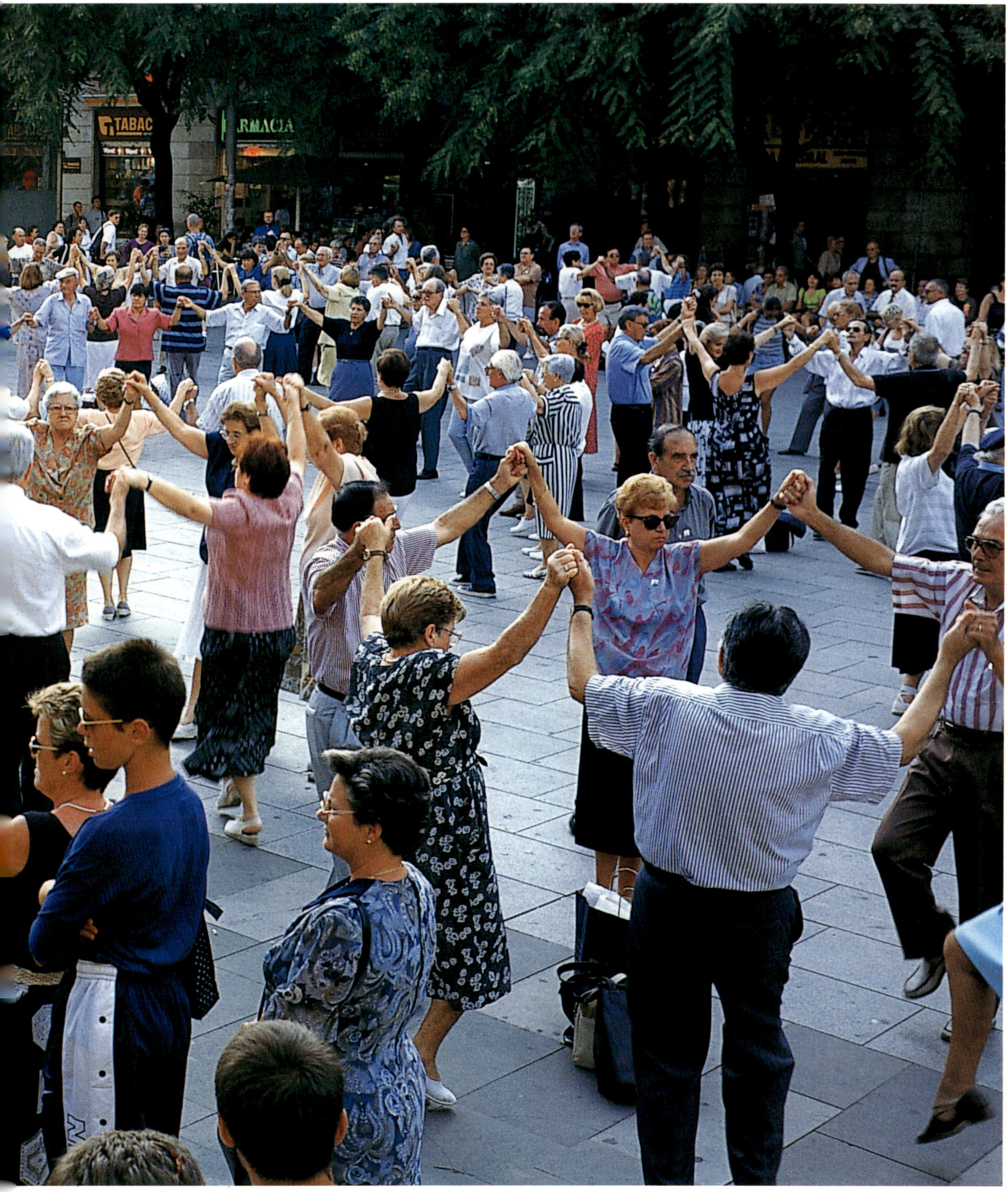
TABAC
ARMACIA

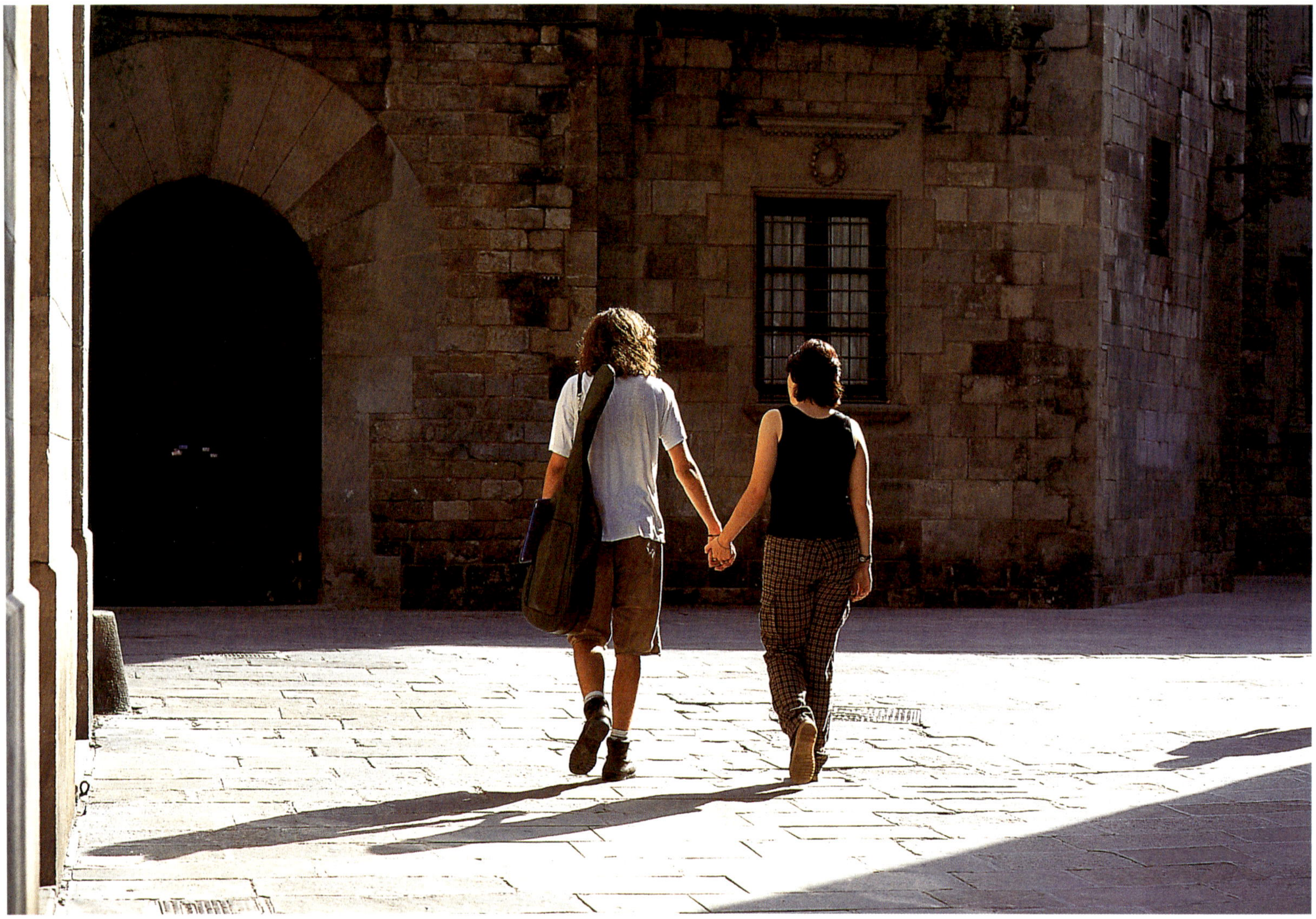

El barrio gótico, recuerdo y mito de la ciudad medieval, está hecho de rincones de piedra y músicas amables.
Es, más que una ciudad monumental, una ciudad agradable, una modulación ralentizada del tiempo.

The Gothic district is memory and myth of the medieval city, with all sorts of stone-built nooks and friendly musicians.
Rather than being monumental, it is a good-natured city, a slowed-down time-warp.

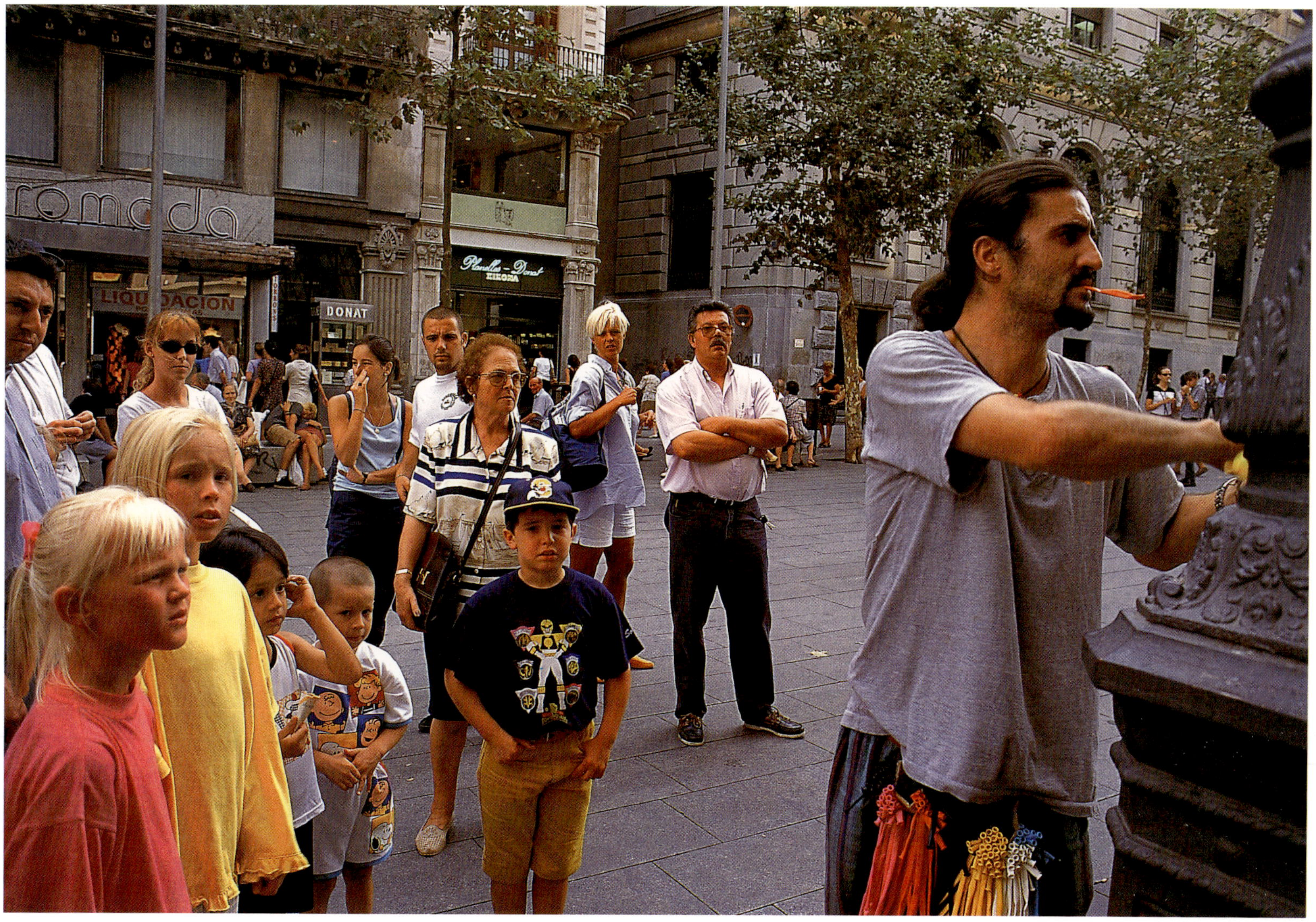

En la Puerta del Ángel, fuera de las antiguas murallas, la ciudad se ensancha hacia la explanada de la Plaza de Catalunya. En el centro, los puestos espontáneos de los *hippies* y de los funámbulos.

In Portal de l'Àngel, outside the old city walls, the city opens out onto the spacious Plaça de Catalunya with its spontaneous hippies' stalls and acrobats.

Una ciudad es también un escenario. Es decir, un decorado frente al cual pasa una trama, una acción. Sobre las grandes ciudades ha pasado la historia. Barcelona ha sido la escenografía de batallas y reconciliaciones, de ocupaciones y victorias. La Plaza de Cataluña fue un campo de batalla no hace muchos años, algo más de medio siglo, pero nadie lo diría. Barcelona no es una ciudad exhibicionista de la historia. De su historia como ciudad, sí: del crecimiento y de la transformación. No tanto de la historia de la que ha sido escenario, no es una ciudad de lápidas y de monumentos conmemorativos. Por ello, en la trama abigarrada y antigua del Raval sorprenden el Fossar de les Moreres, uno de los pocos espacios de la ciudad que remiten a aquello que sucedió. Los hechos de 1714, la derrota, aquello que parece el fin de la nación, han quedado fijados en este paisaje urbano, que las románticas peregrinaciones del descubrimiento mítico del pasado han hecho resurgir. También esta arquitectura de mínimos, monumentalizadora, sobria que subraya la excepción y su vínculo con la memoria: al fin y al cabo el Fossar de les Moreres es una coproducción entre el pasado y el presente, entre lo que pasó y el eco que de él hemos construido. Lo dicen los dos versos de Pitarra, de una continuación empeorada por la rima consonante:

En el Fossar de les Moreres
no se entierra a ningún traidor...

Quizá haya ayudado la toponimia seca, primitiva, esencial, de estos fragmentos de ciudad: Carrer de les Dames, Plaça de les Olles, Fossar de les Moreres. Algo, aquí, invita a la memoria.

Bajo la Plaza del Rey hay un mundo. Hay un laberinto secreto de casas romanas, de calles porticadas, de cimientos de murallas y palacios, de fábricas de aceite de una ciudad comercial y agraria. Una ciudad invisible, interpretada con luces por la imaginación de los arqueólogos, bajo la simplicidad de losas y escaleras de una plaza pura y limpia. Las ciudades se han edificado sobre las ciudades, con trozos de ciudades antiguas en su estómago escondido. En las murallas terraplenadas de la ciudad del trescientos, atemorizada o inquieta, hay cuerpos de esculturas de mármol. En los cimientos de la muralla medieval, lápidas romanas. En los sillares de las casas, signos funerarios judíos. La ciudad se derruye sobre ella misma, se levanta con escombros, con escombros cubre los muros que faltan. Un laberinto de escombros, como nervios o tripas. Y de repente, por encima de todo, el corte neto de una plaza, tensada como la piel que esconde una confusión de vísceras y carne. La Plaza del Rey es un dibujo estricto, minimalista, entre góticos reales y el rascacielos precoz del mirador del rey Martí, que no estaba cuando el rey Martí miraba. Parecería más un patio que una plaza si no hubiese el anfiteatro invertido de las escaleras que suben al Tinell, un lugar para sentarse, para escuchar músicas plácidas e improvisadas. Una plaza del pasado, de un pasado. Debajo, otros pasados, complejos, derruidos, secretos.

Esta ciudad fue la capital de un reino. Por ello tiene palacios, plazas, capillas reales. La majestad de una potencia política. Bajo el escenario de la Plaza del Rei, las ruinas clandestinas de la Barcino romana. Así crecen las ciudades: superponiéndose.

This city was once the capital of a kingdom. As a result, it has palaces, squares and royal chapels. The majesty proper to a political power. Below the stage of the Plaça Reial, we find the hidden ruins of Roman Barcino. Cities grow thus, one on top of the other.

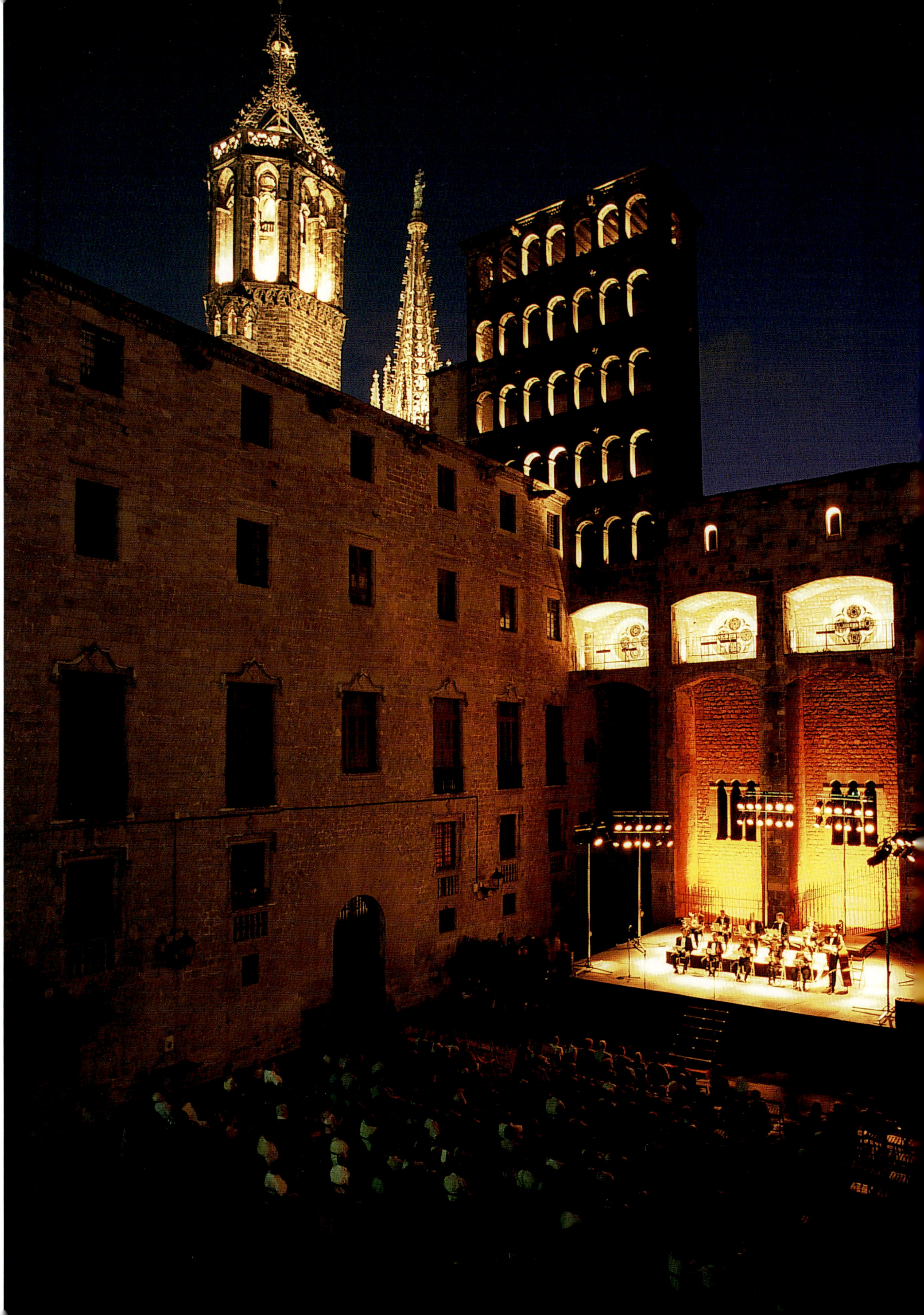

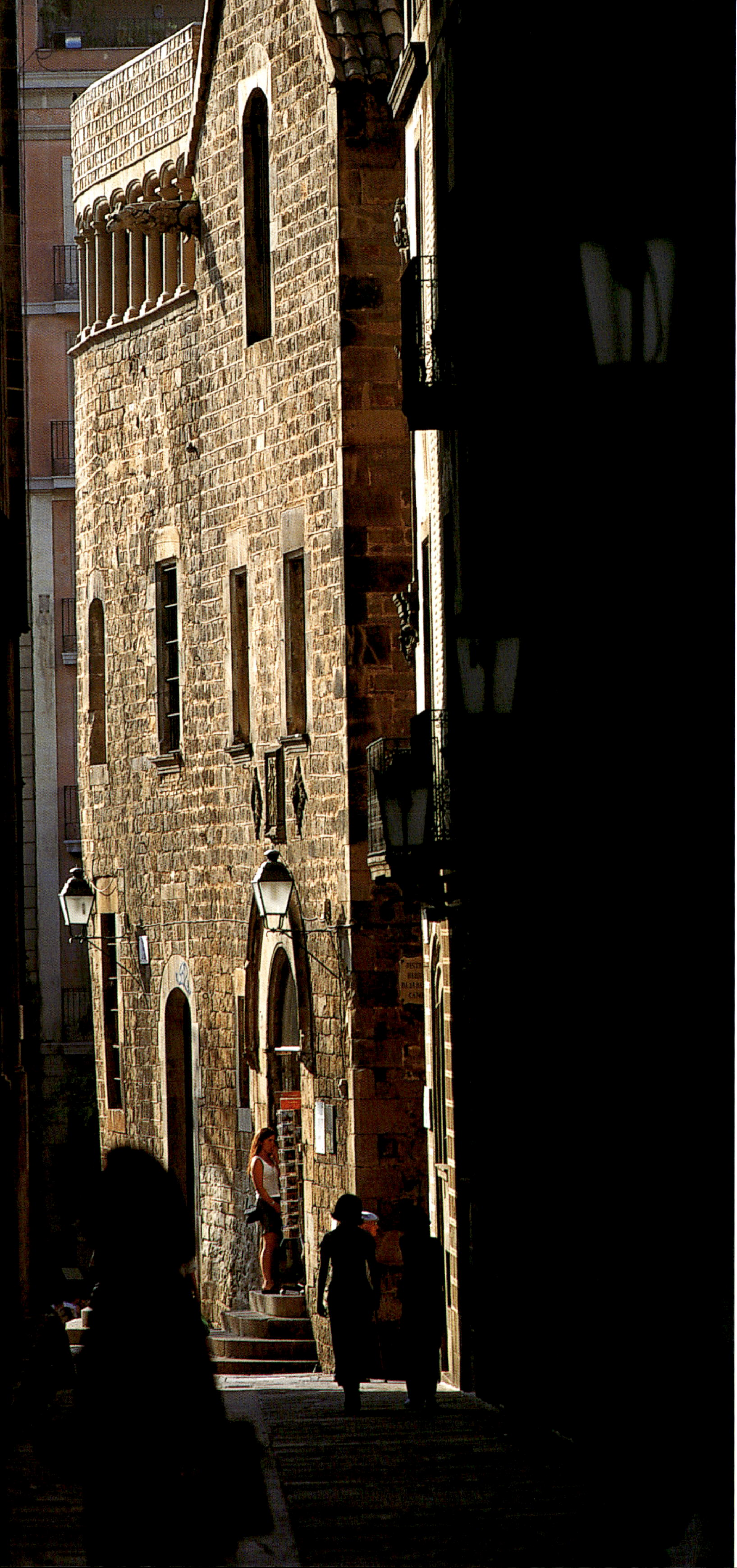

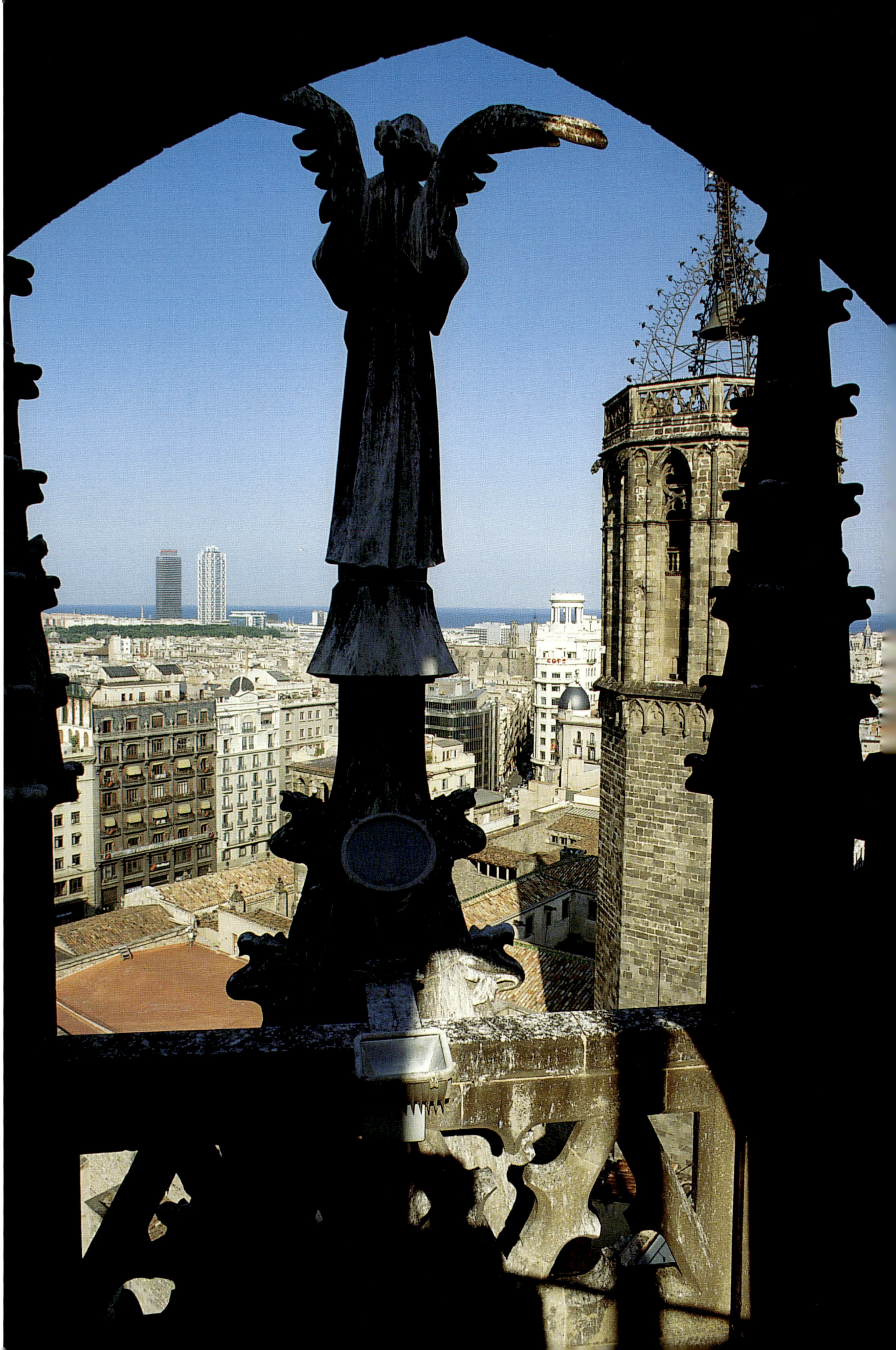

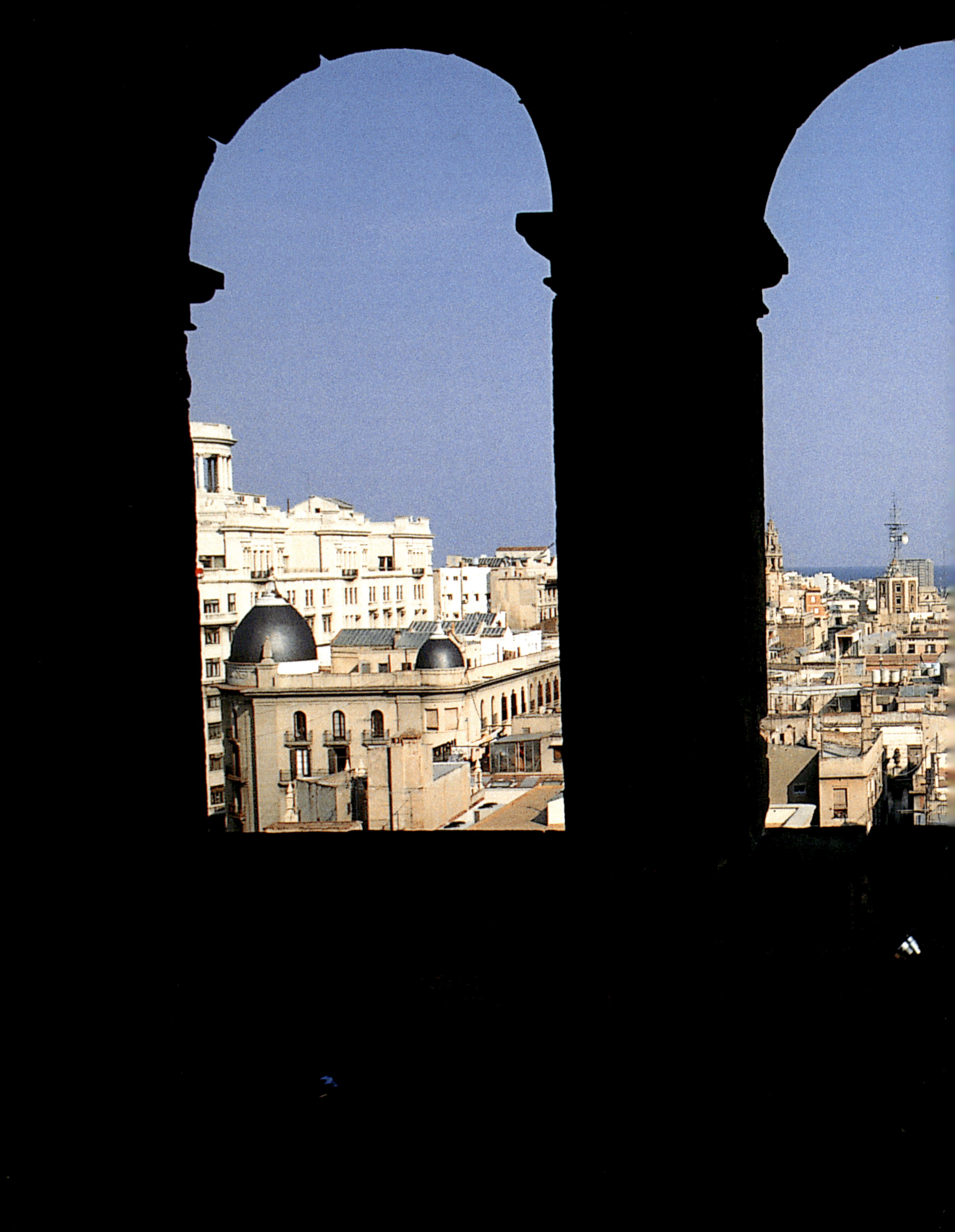

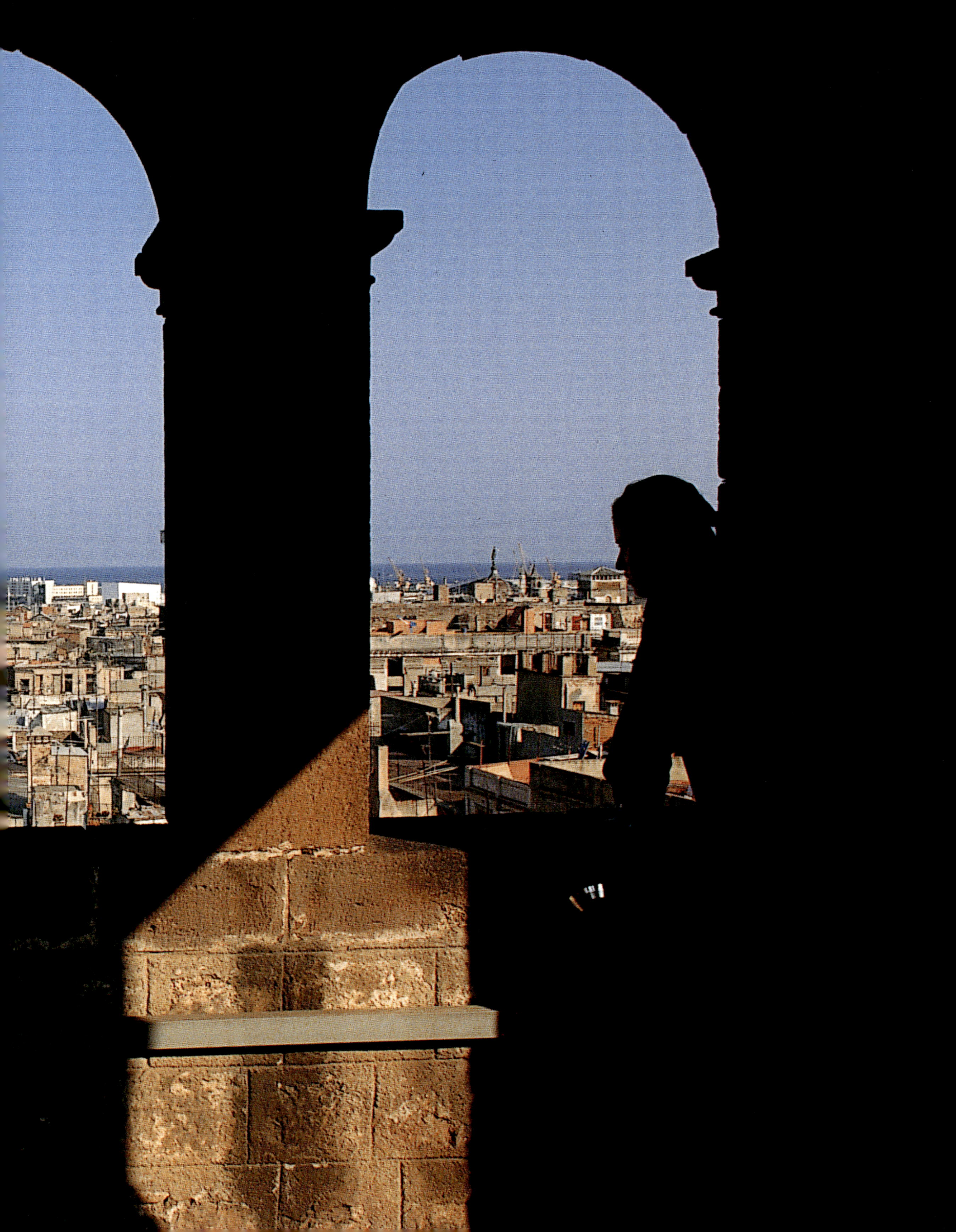

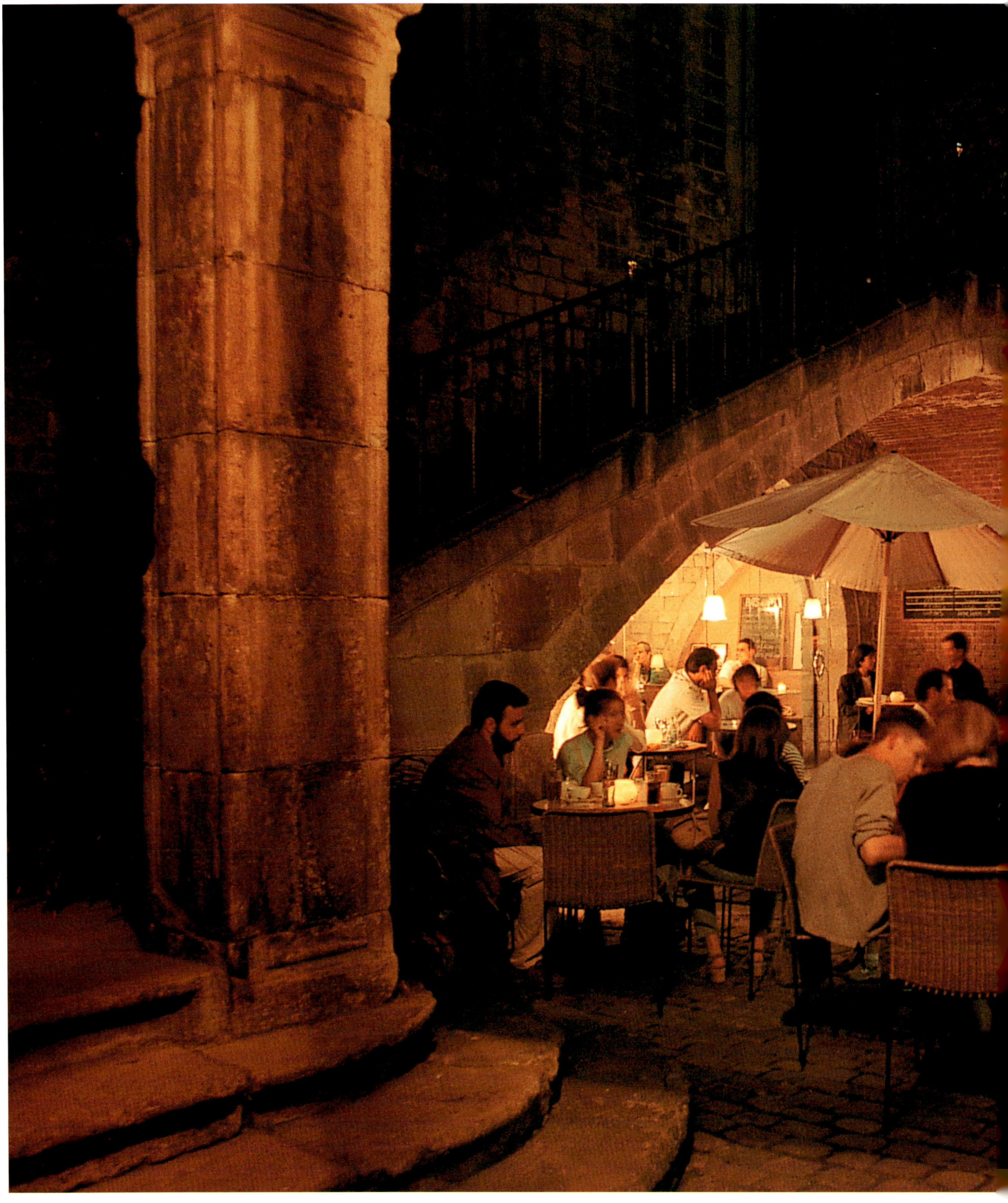

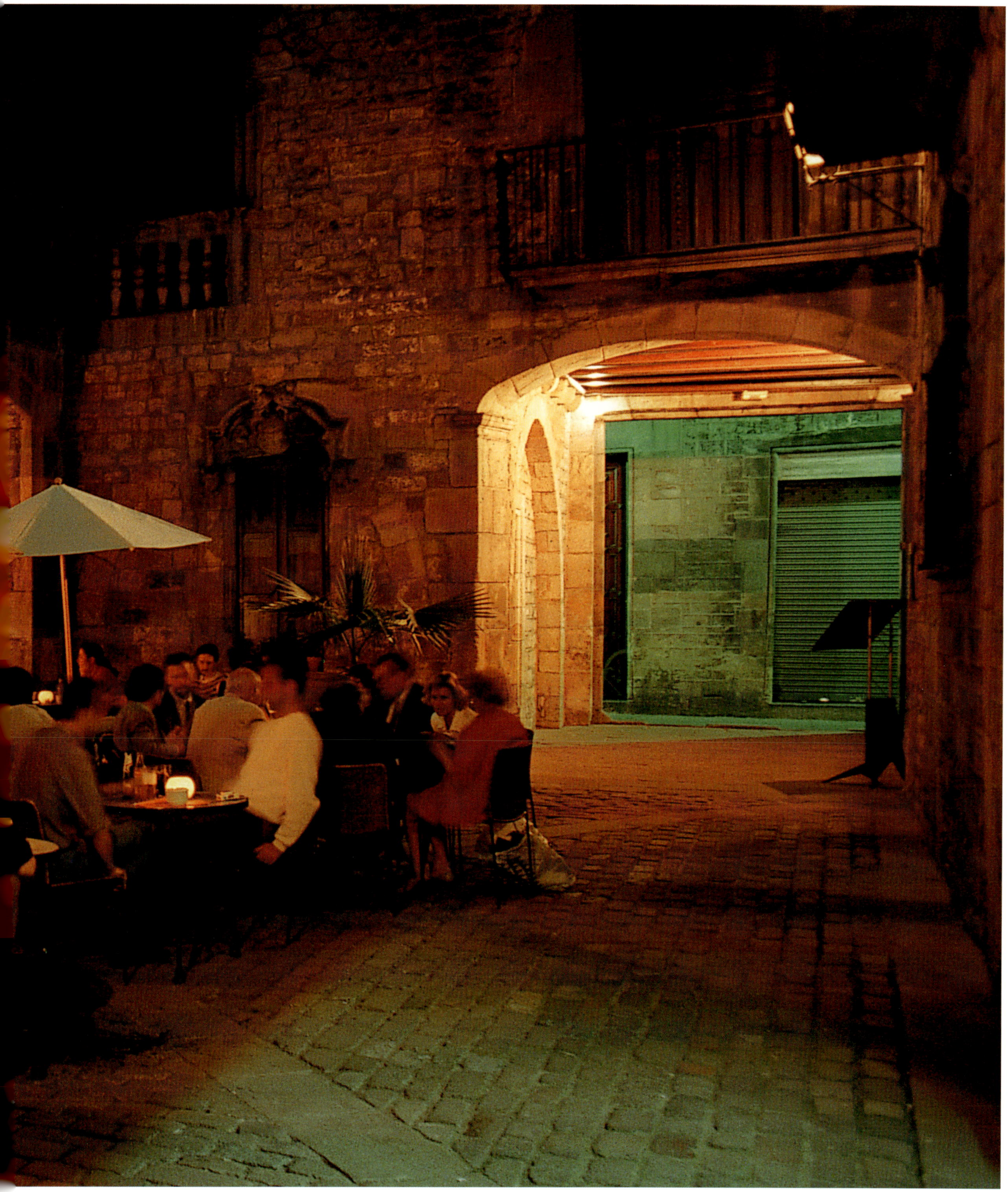

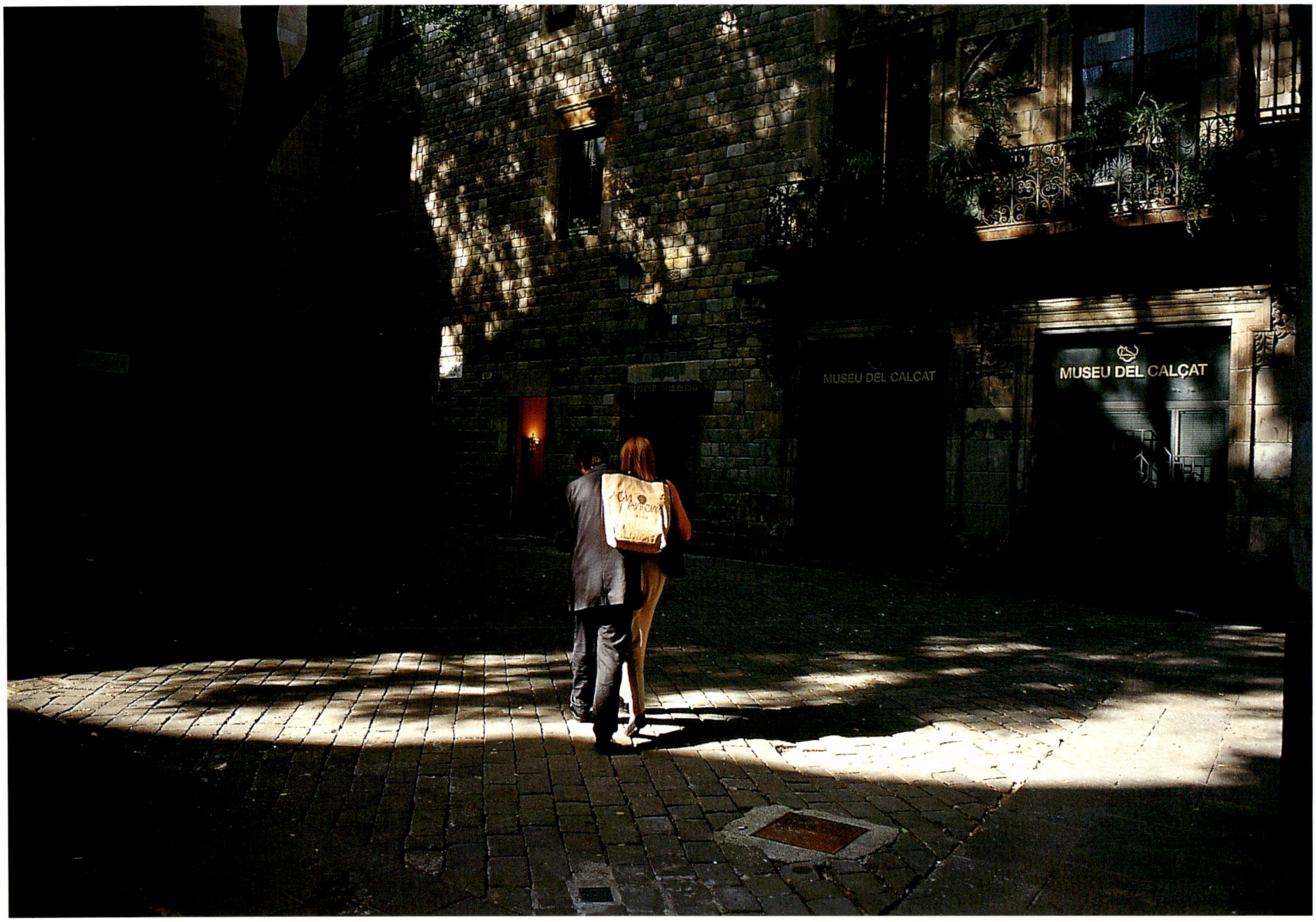

Podríamos hablar de tres ciudades concéntricas: la gótica, la modernista, la suburbial recuperada por las olimpiadas. A veces se muestran químicamente puras. En ciertos puntos de intersección, como por ejemplo, la Rambla, se mezclan.

There are three concentric cities here: the Gothic one, the Art Nouveau one and the suburban one refurbished for the Olympics. On occasion, you find them in the pure state. But there are places where they all meet – and the Rambla is one of these.

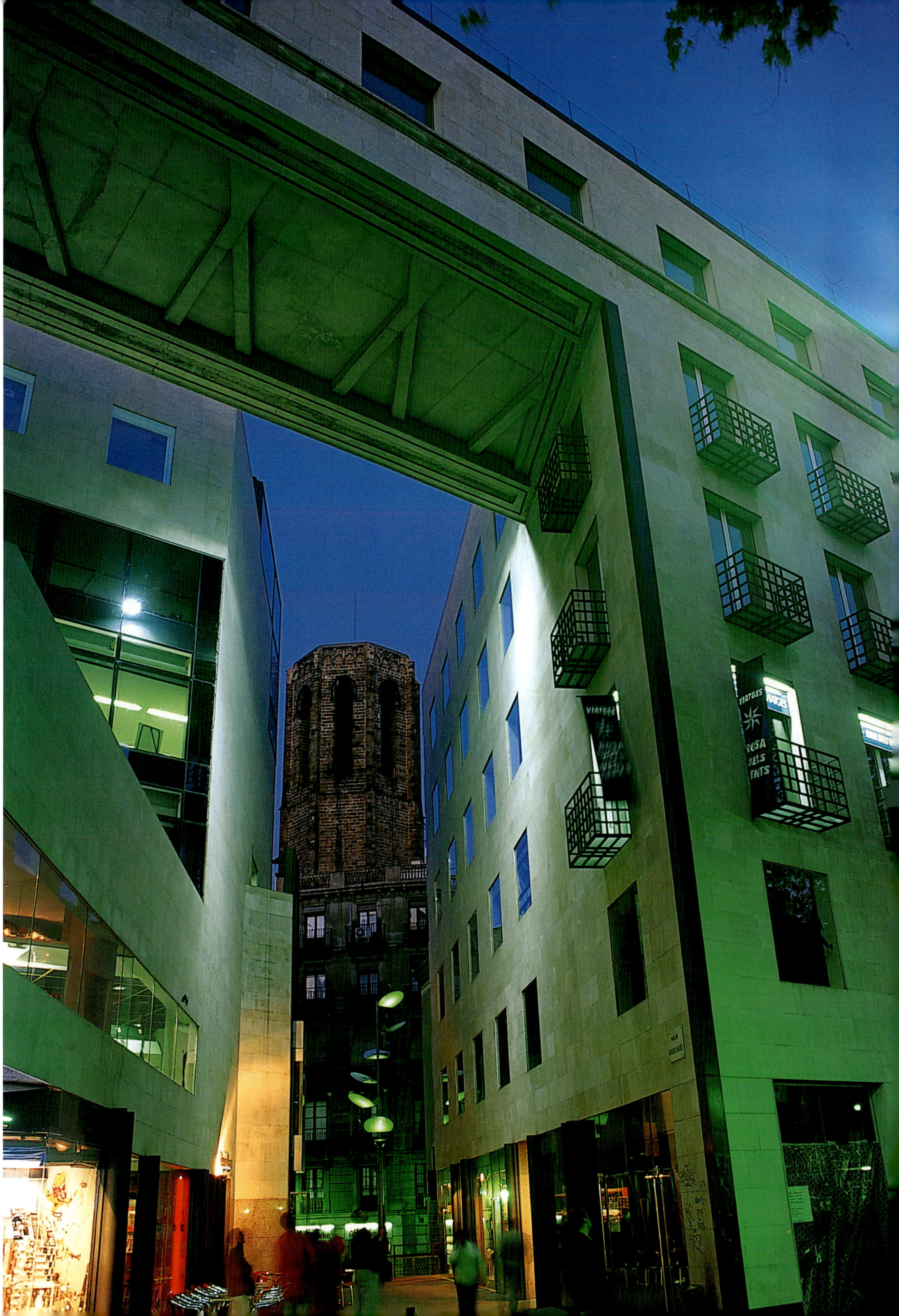
VIATGES
ROSA

Barcelona no es una ciudad de grandezas. Es decir, no es una ciudad donde nos llame la atención la escala de las cosas, su magnitud. Las grandes capitales de los Estados —con mayúsculas—, les ciudades diseñadas para príncipes, tienen grandes espacios. Y si no los tienen, los construyen. París, por ejemplo. Las ciudades colonizadoras, las que conquistan territorios nuevos, también. En Barcelona nada es demasiado grande. Ciudad construida desde abajo, ciudad de particulares, encorsetada además por las colinas y el mar, aquí cada palmo tiene valor y se aprovecha. Sólo de vez en cuando en alguno de los ataques soñadores con los que la ciudad crece a golpes, Barcelona coge anchura y se impone espacios abiertos de capital poderosa. Exposiciones Universales y Juegos Olímpicos han completado esta ciudad de burgueses y menestrales con pinceladas de Corte. Pero no siempre la ciudad acaba de hacerlas suyas. El Arco del Triunfo, al final del Passeig Companys, tiene aire de capital. Como hijo de la Exposición del 88, este Arco —lleva hacia la Ciudadela, lleva a ninguna parte— corona un espacio ufano, ancho, solemne, importante. Pero no se por qué, un espacio frío, un poco impostado. A pesar de que Vilaseca atemperó el clasicismo imperial de un Arco de Triunfo con un homenaje a la humildad constructiva. Lo hizo con ladrillos. Lo barceloneaba así. Pero quizá —¿dónde se ha visto un Arco de Triunfo de ladrillo y no de piedra noble?— no lo barceloneaba bastante.

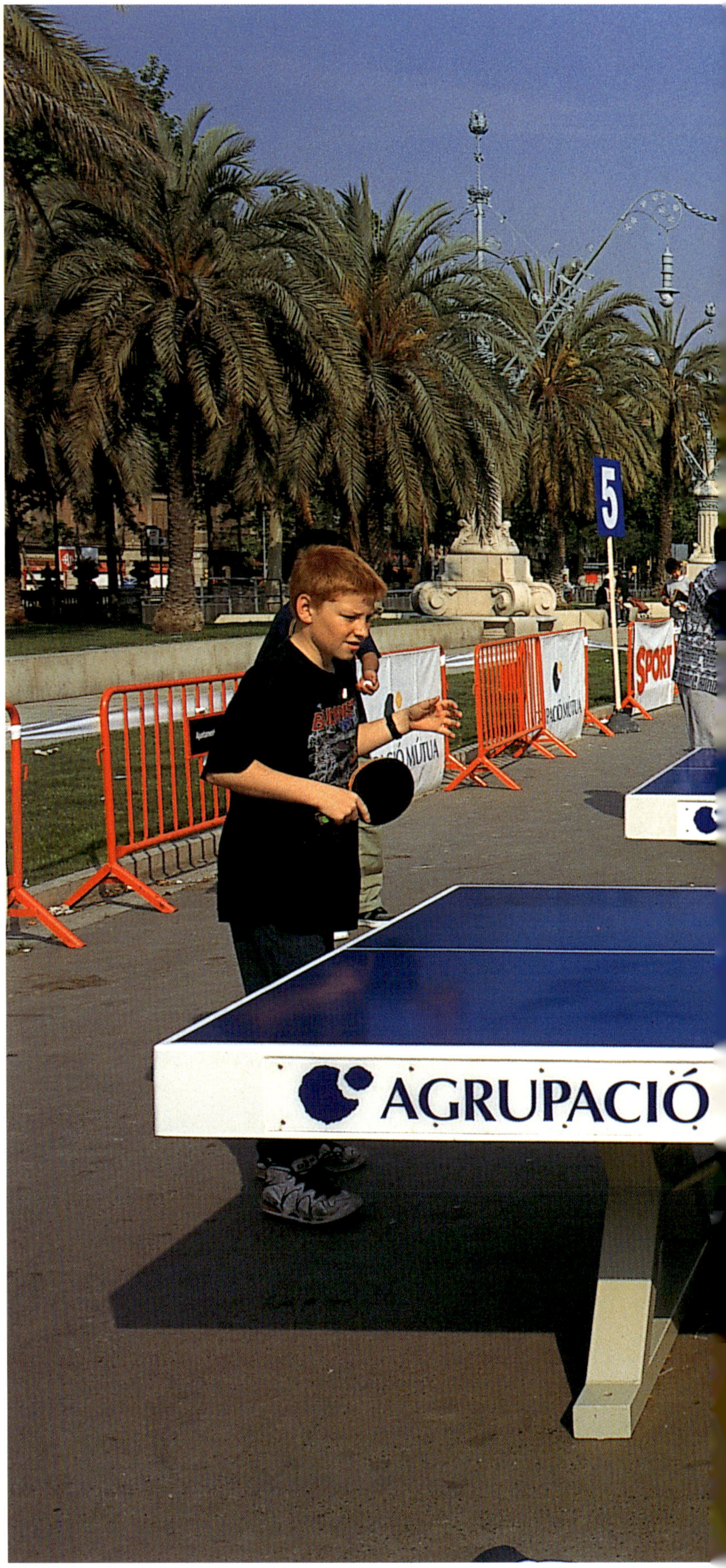

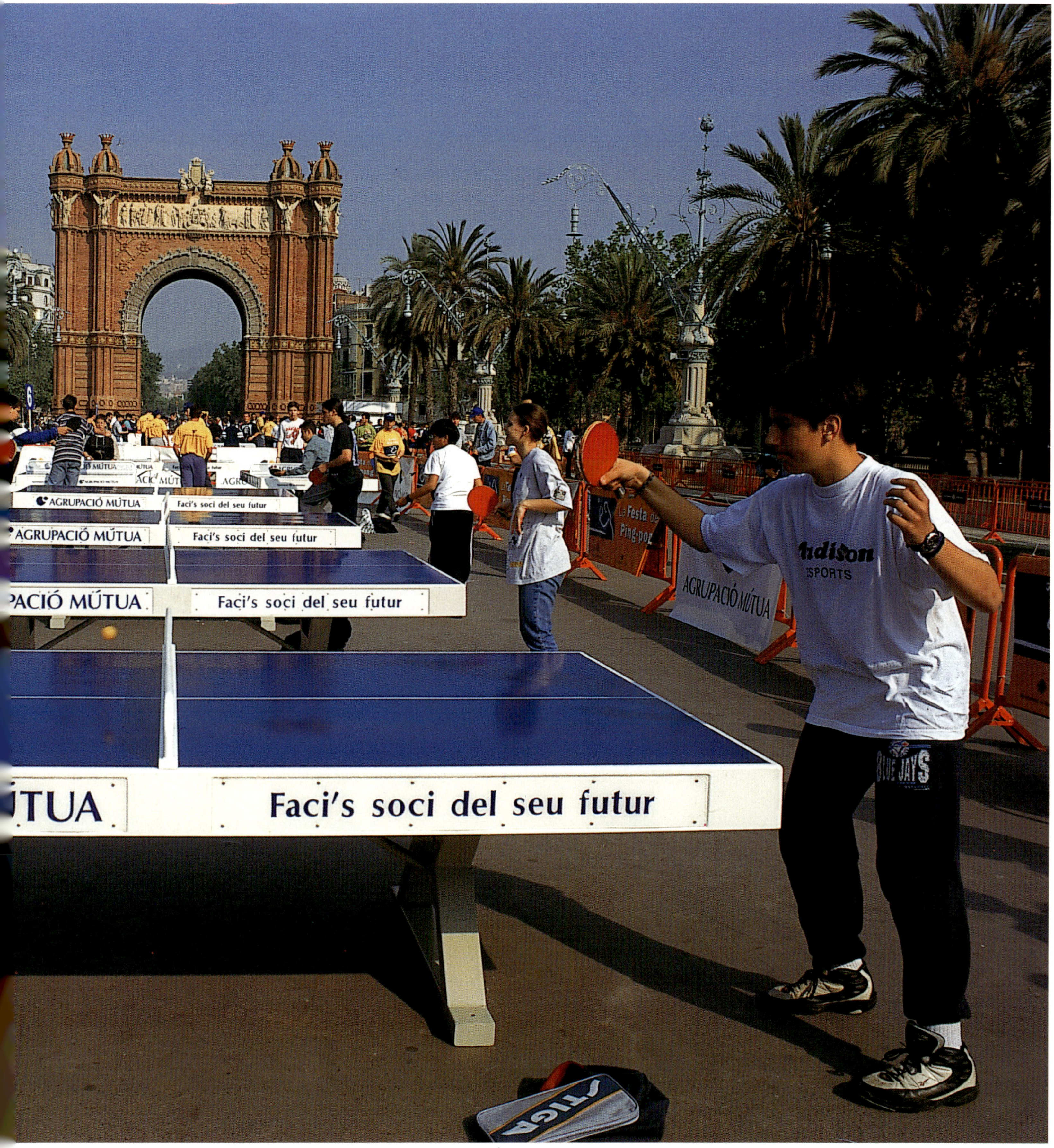
TUA
Faci's soci del seu futur
PACIÓ MÚTUA
Faci's soci del seu futur
AGRUPACIÓ MÚTUA
Faci's soci del seu futur
AGRUPACIÓ MÚTUA
Faci's soci del seu futur
AGRUPACIÓ MÚTUA
ESPORTS
BLUE JAYS
STIGA

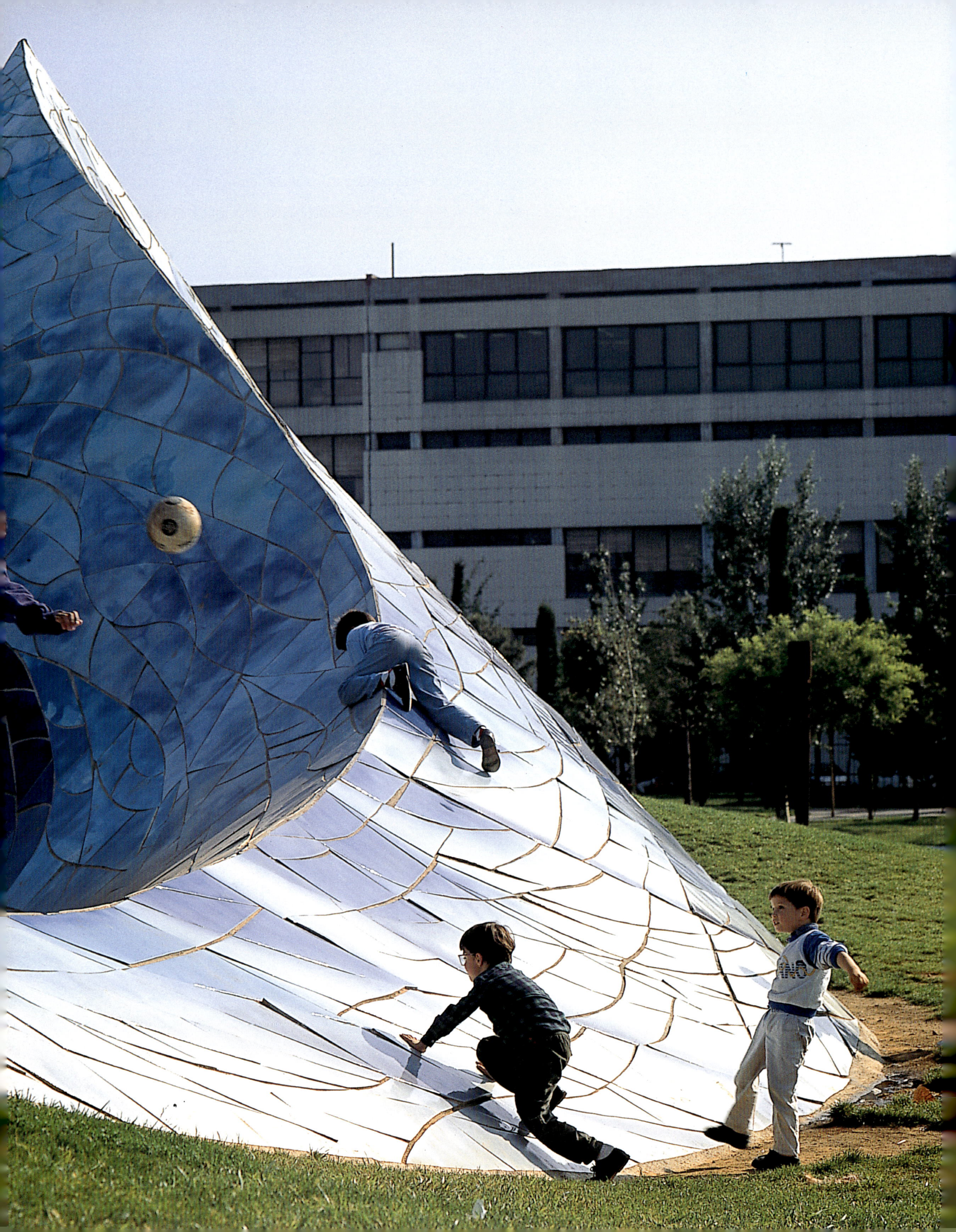

A ratos, mossèn Cinto debía de ser una persona bastante optimista. Ante la silueta dominadora, prepotente de Montjuïc enfrentada a la llanura sumisa de la ciudad, mossèn Cinto imagina una relación paterno-filial:

> *Cuando te miro sentada en la falda de Montjuic,*
> *me parece verte en brazos de un Alcides gigantesco*
> *que para guardar a su hija nacida de su costado*
> *transformándose en sierra se hubiera quedado aquí.*

El perfil de Barcelona, desde cualquier lugar, desde el mar, desde toda la costa, es esta montaña que vigila la ciudad, maciza. ¿Padre e hija? Según cómo entendamos la paternidad. A la manera antigua, quizá sí. La paternidad como alarma, como freno, como vigilancia. «Guardar a la hija» como el guardián de una cárcel. Montjuic es un castillo contra Barcelona. Recordando el bombardeo de Espartero de 1842, escribía Pere Calders, desde su experiencia en el ramo: «Imagino que los artilleros no necesitaban ser tiradores de primera, porque el castillo está mejor situado para disparar contra Barcelona que no para defenderla». Padre, ¿este castillo de Montjuic? ¡Padrastro! Amigo y aliado de aquella persona «del conocimiento» de Manuel Azaña que recetaba una dosis de jarabe de palo cada cincuenta años para esta ciudad-hija, pero en cualquier caso hija disoluta, rebelde, anárquica, que necesitaría la tutoría militar y maléfica de la montaña de perfil siniestro que ejerce de *Sky-line*.

Hacia los años ochenta, en el inicio de la nueva Barcelona, alguien debió designar los alrededores de la estación de Sants como zona de experimentación urbanística. El experimento de hacer plazas útiles a pesar de que no parecieran plazas. El experimento de reaprovechar los terrenos de las antiguas fábricas para hacer espacios verdes reclamados por los vecinos, pero sin olvidar que habían sido fábricas. El experimento de hacer esculturas para jugar, para monumentalizar la ciudad. El experimento de casar cosas antiguas y nuevas. La plaza de Els Països Catalans, hierro y asfalto estrictos. El Parque de La España Industrial, agua y verdor entre restos de fábricas pintadas de rosa. El Drac de Nagel, a la vez escultura y tobogán. En conjunto todo tiene la emoción de la novedad, la vibración del experimento. Ciertamente, quizás ahora parecen un poco retóricos, inflexibles. El riesgo de los pioneros. Y la plaza quizá no hacía falta que fuera tan dura, sin ningún tipo de amenidad. Y quizá las torres alrededor del parque son demasiado ampulosas, demasiado vigilantes. Tienen un regusto excesivamente carcelario. Y quizá la memoria de ciento veinticinco años de industria ha quedado demasiado desvaída. Quizá, después, otros lo han hecho mejor, han dado mejores soluciones a los mismos problemas, más eclécticos, más paradójicos, más suaves, más integradores. Pero han podido hacerlo porque alguien, aquí, empezó, hizo el experimento. Y encima los niños juegan en el Drac, los *skaters* en la plaza, los modelos navales en el lago del parque.

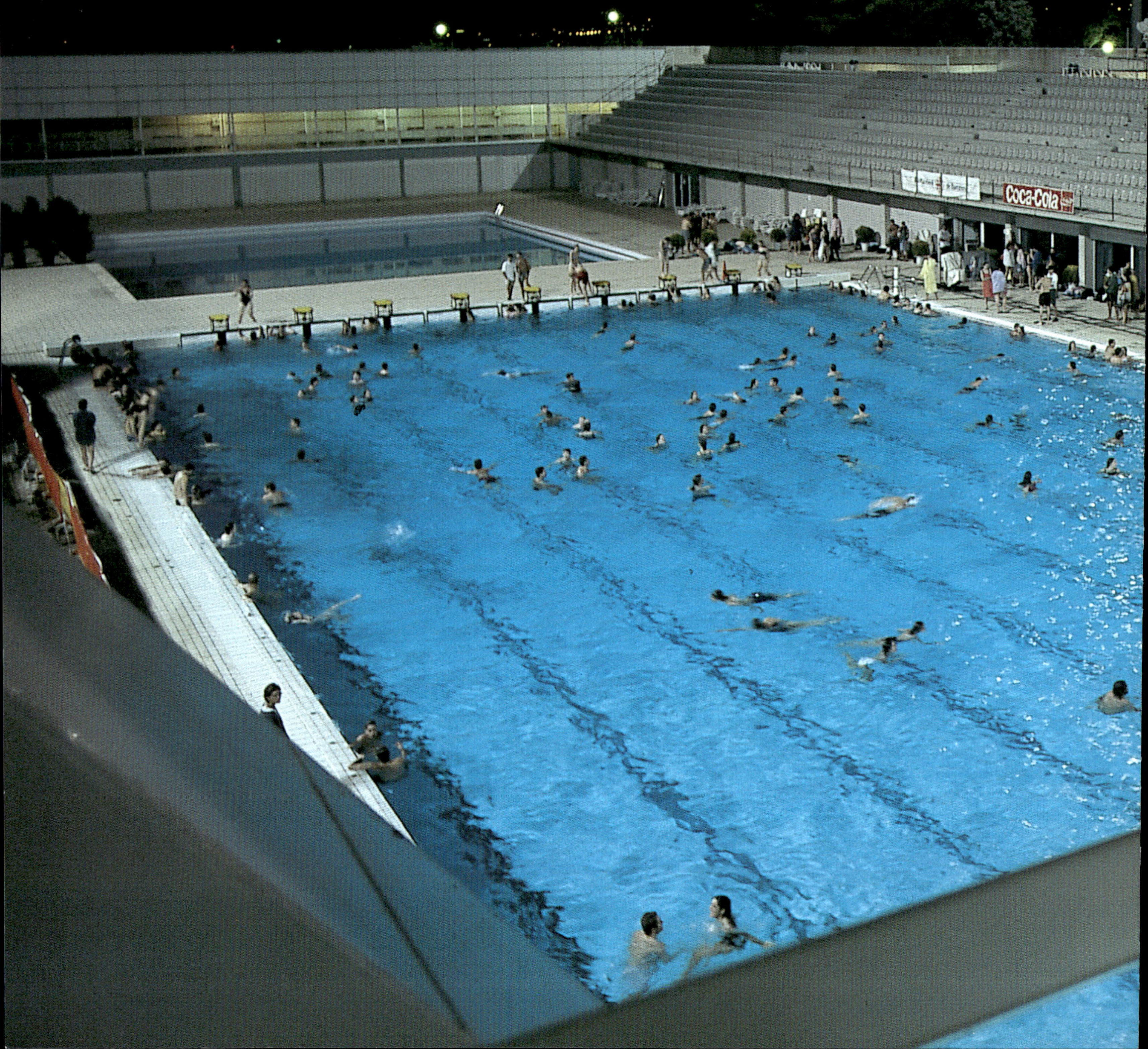
Coca-Cola

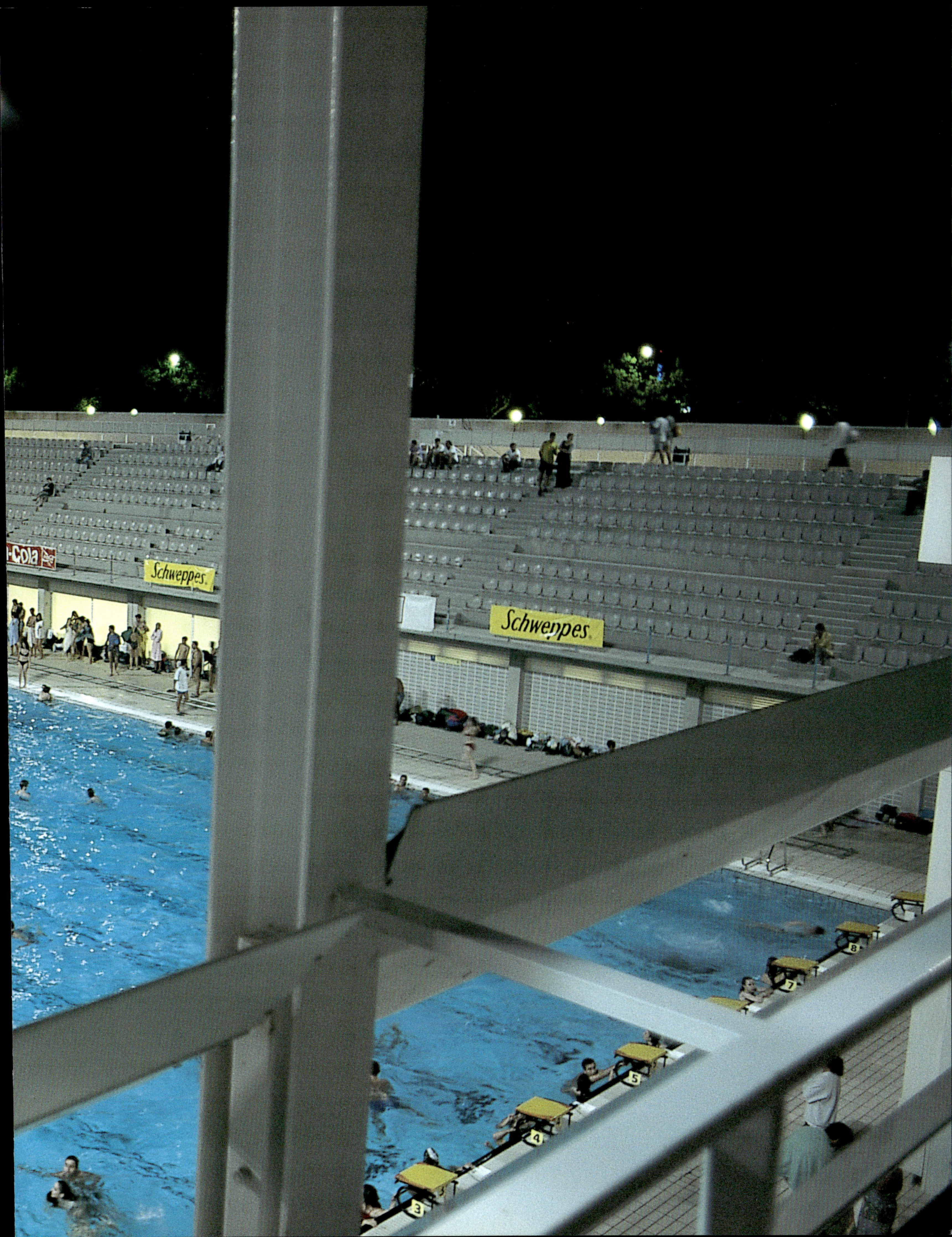
Schweppes
Schweppes

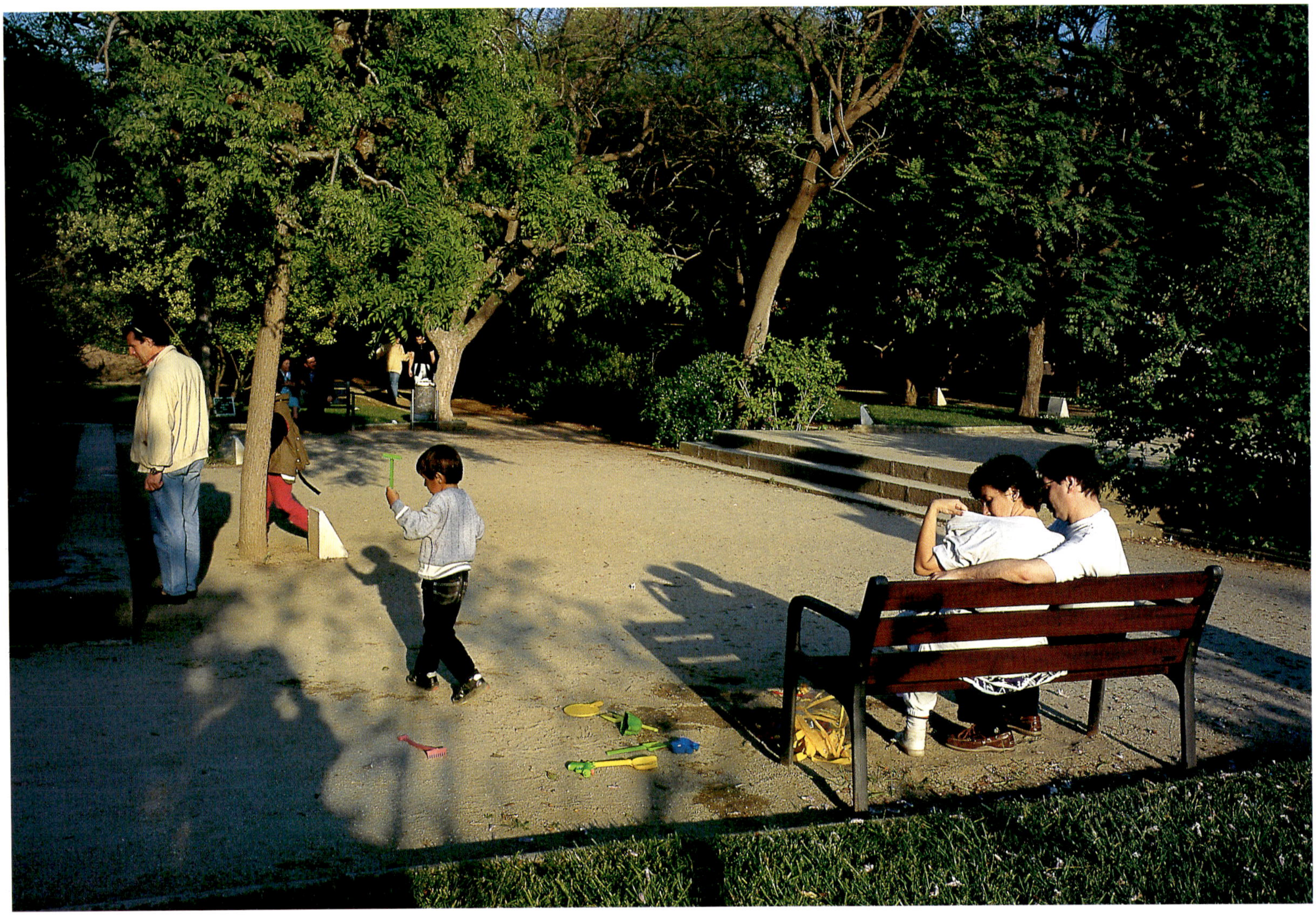

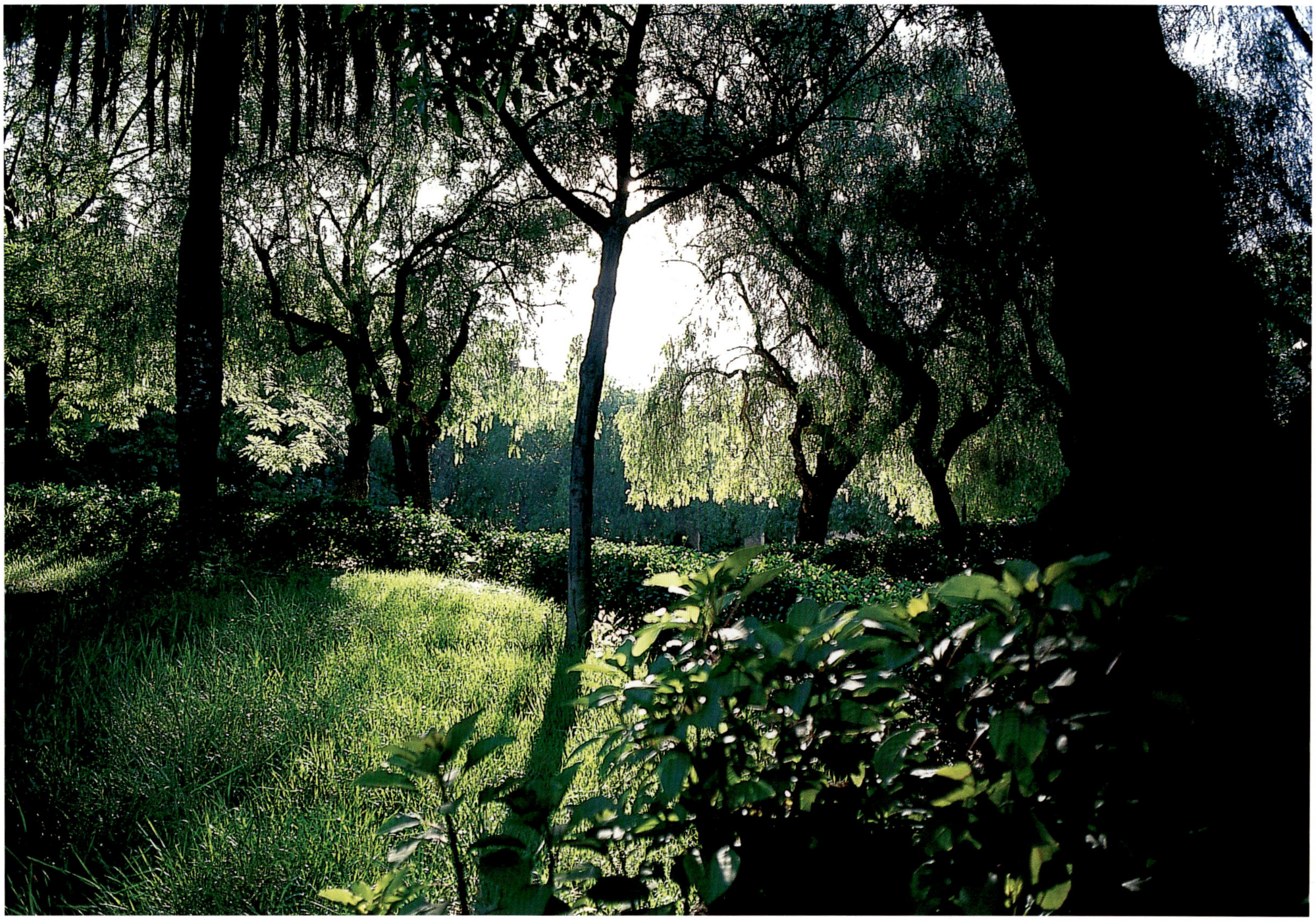

«Cuando los barceloneses dicen "el Parque" hasta hace bien poco solían referirse al de la Ciudadela.» En esta constatación de Josep Maria Huertas se suman constataciones diversas. La primera, que una ciudad avara con el suelo —lo dice también Huertas— durante muchos años no tuvo otro parque. Hizo falta una revolución entera y derribar una ignominiosa fortaleza militar para dejarle espacio. Pero la Ciudadela tiene más valores, además de la antigüedad y la larga exclusividad, para apropiarse de la palabra «parque», para ser el Parque por excelencia. Existe la polisemia de la palabra. El zoo es el parque zoológico, y por tanto el parque del zoo es el parque al cuadrado. Por otra parte, la Ciudadela es el parque modélico, de manual, con todos los detalles del siglo XIX: botánica y zoología, lagos y fuentes versallescamente monumentales, el templete para los conciertos de los domingos por la mañana, las barcas y las esculturas... Todas las convenciones sobre el parque, toda esa clase de poética blanda y un poco empalagosa que se asocia a la palabra, como se asocia a la palabra «circo». Y como es un parque simbólicamente arrancado a la milicia, donde los antiguos arsenales se convierten en museos de la belleza y en parlamento democrático, la gente lo utiliza como parque. Se pasea por él, se hacen fotos en él, los institutos y los *scouts* van con la fiambrera. Los parques son así. Y ya no se sabe si el de la Ciudadela es el modelo o la más aplicada y disciplinada encarnación.

Hay una Barcelona ochocentista que parece un sueño ilustrado y parisino. Lector de novelas de Jaume Cabré, me parece adivinar aquella mezcla de ciencia y masonería, siempre con su fondo musical, experimentadora, coleccionista, entomóloga. La sede de este sueño es la larga fachada de la Ciudadela al paseo Picasso, desde el Museo de Zoología hasta el invernadero, la cara científica, ilustrada, ordenada y ordenadora de la Barcelona ochocentista. Todo el parque es un poco así, desde la geometría de los parterres al mamut pedagógico de piedra. Pero sobre todo lo es este juego de contrastes recuperado entre el invernadero y el umbráculo, estas dos arquitecturas de la fragilidad, estos dos territorios fronterizos entre la Barcelona edificada y la Barcelona al aire libre. La fragilidad nórdica, luminosa, del invernadero, donde la luz se multiplica, arquitectura vienesa, centroeuropea, para el aprovechamiento máximo de cada rayo de sol en el invierno del norte. La fragilidad mágica tropical, del umbráculo, territorio de la humedad selvática, del exceso vegetal que hace falta proteger de un sol calcinador. Y en ambos, el hierro de fábrica, la idea de colección, La Exposición de los exotismos del Universo. En el invernadero y en el umbráculo, el XIX parece un siglo optimista. Frágil, pero optimista.

Junto al Parque de la Ciutadella, el monumento a Picasso. Es un punto de contraste en esta ciudad ochocentista que es el barrio de la Ribera, la puesta al día de un viejo sueño ilustrado.

The Picasso monument right beside the Ciutadella park. A contrast between the city of the eighteen-hundreds in the Ribera district – an old enlightened dream brought up to date.

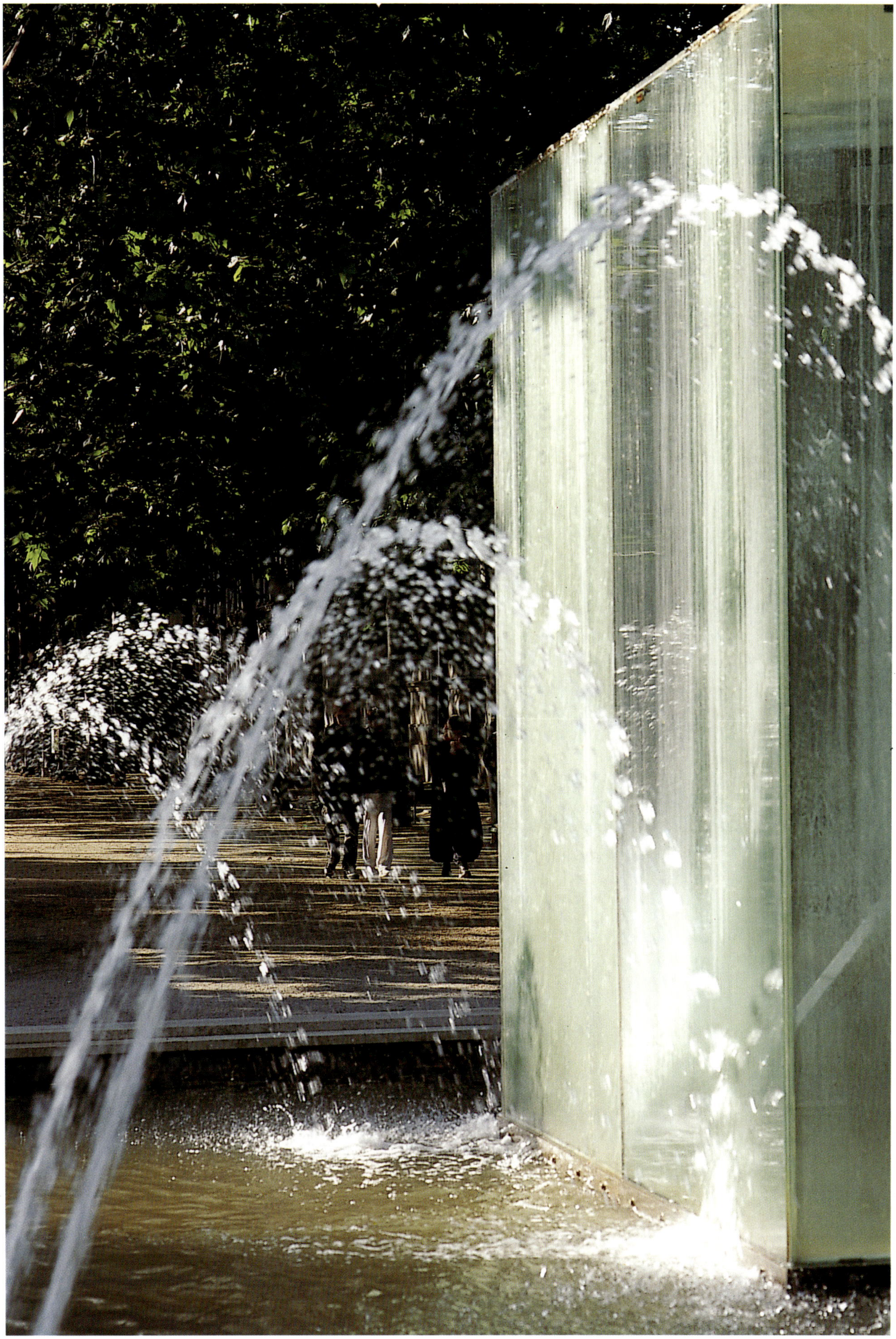

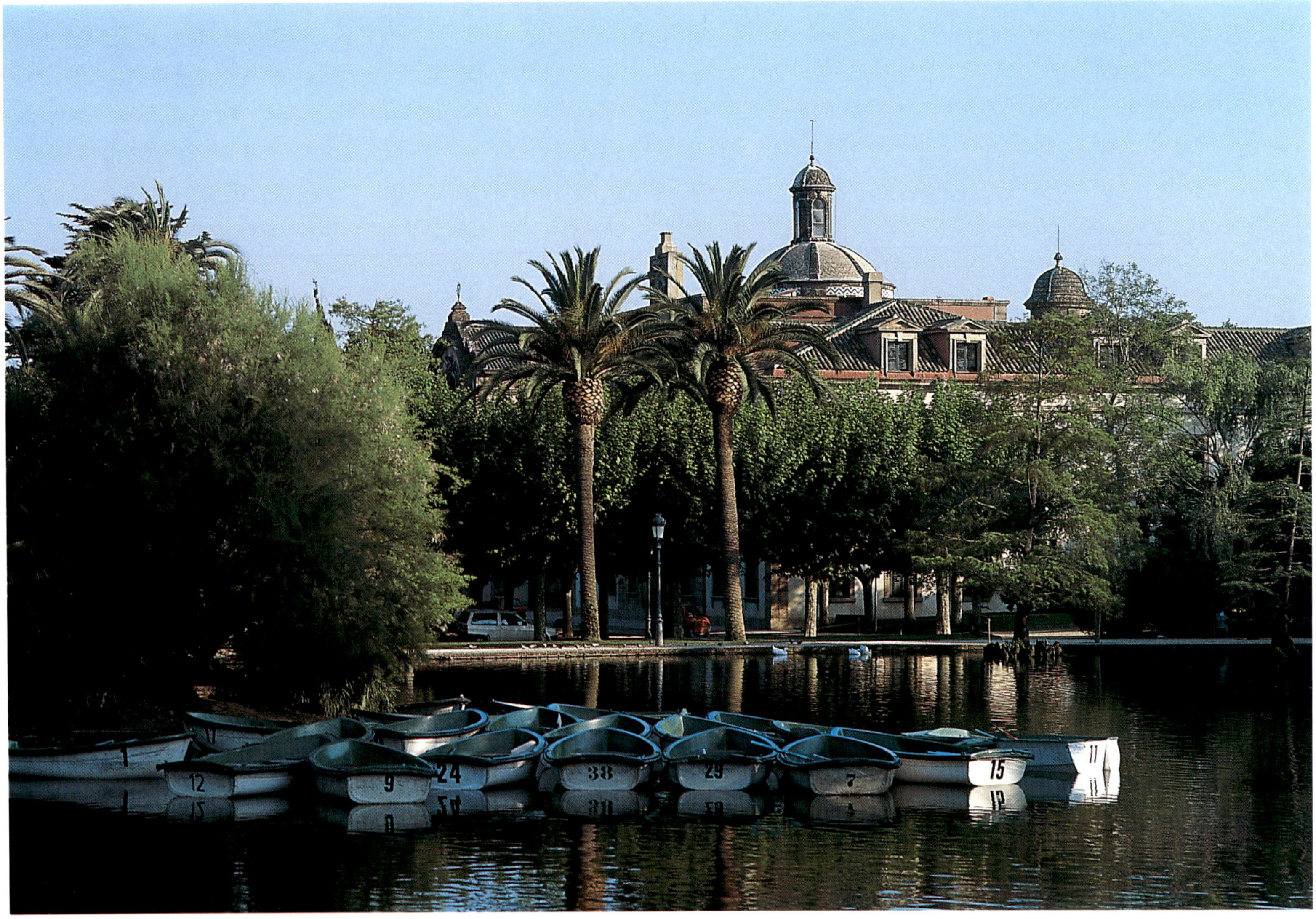
1
12
9
24
38
29
7
15
11

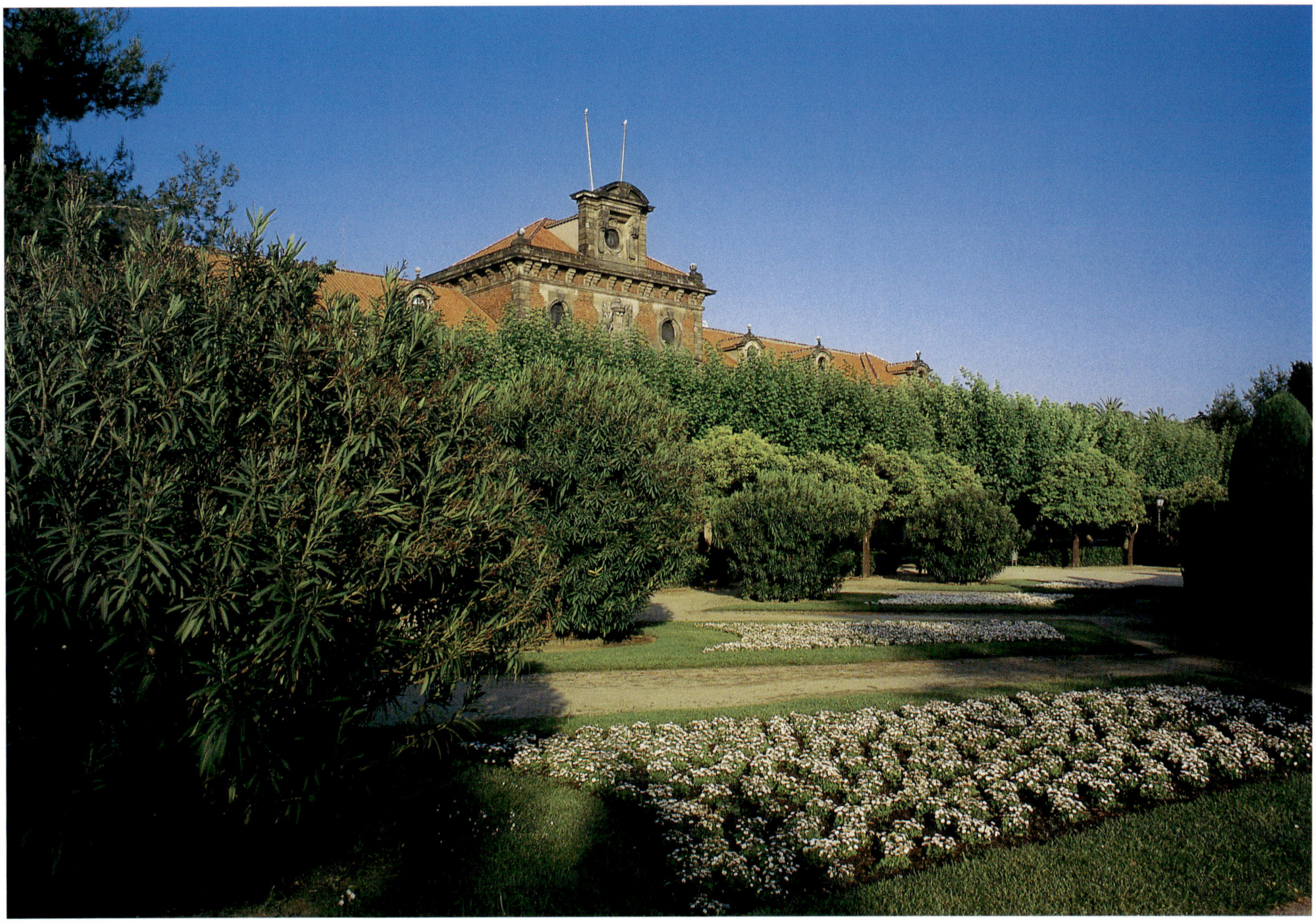

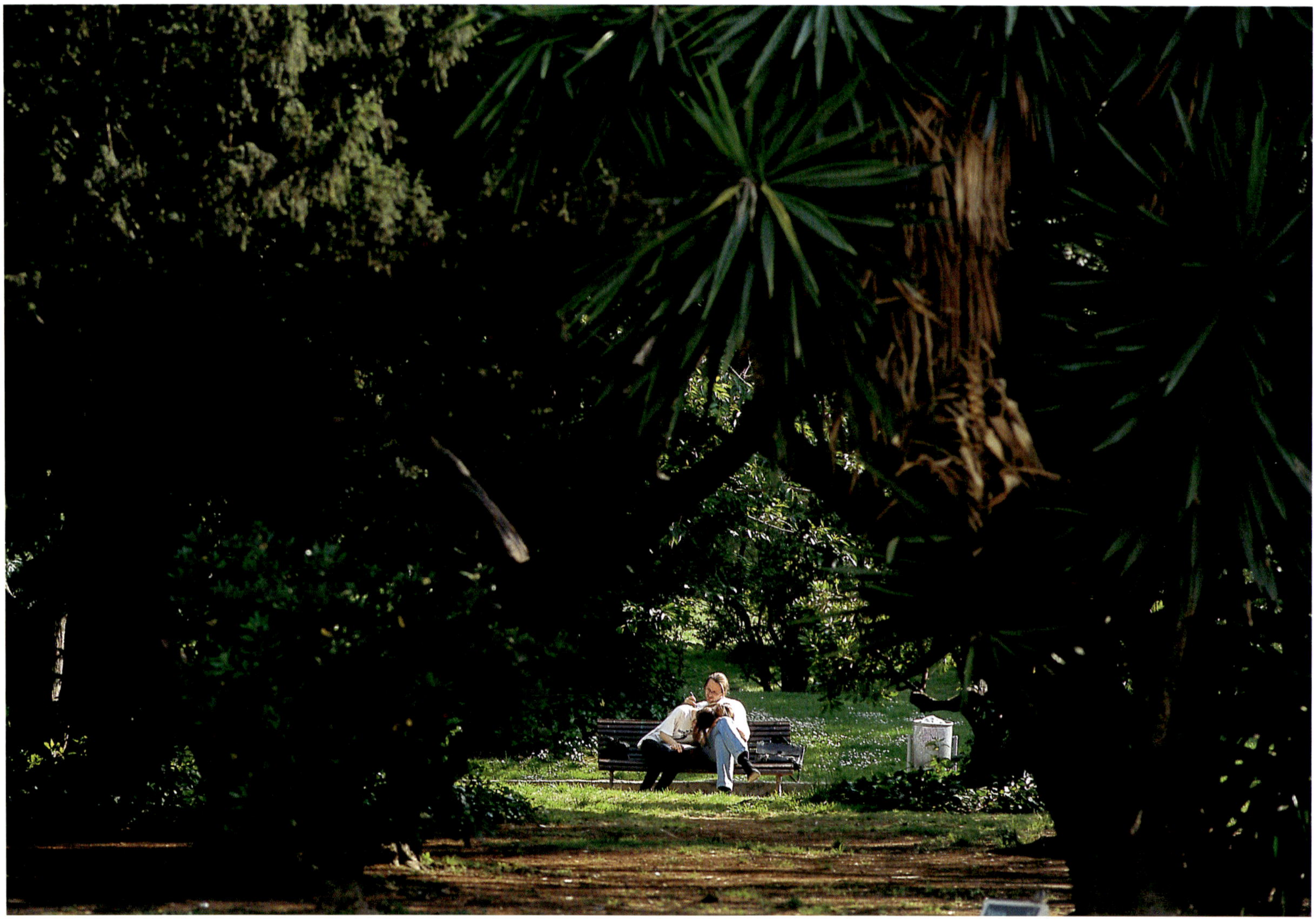

Una antigua fortaleza alzada contra la ciudad convertida en parque. Un antiguo arsenal convertido en Parlamento democrático del país. Este trozo de Barcelona mejora si alguien te explica su historia.

An old fortress built to dominate the city that was later turned into a park. An old arsenal that became the country's democratic parliament. This part of Barcelona improves when you know its history.

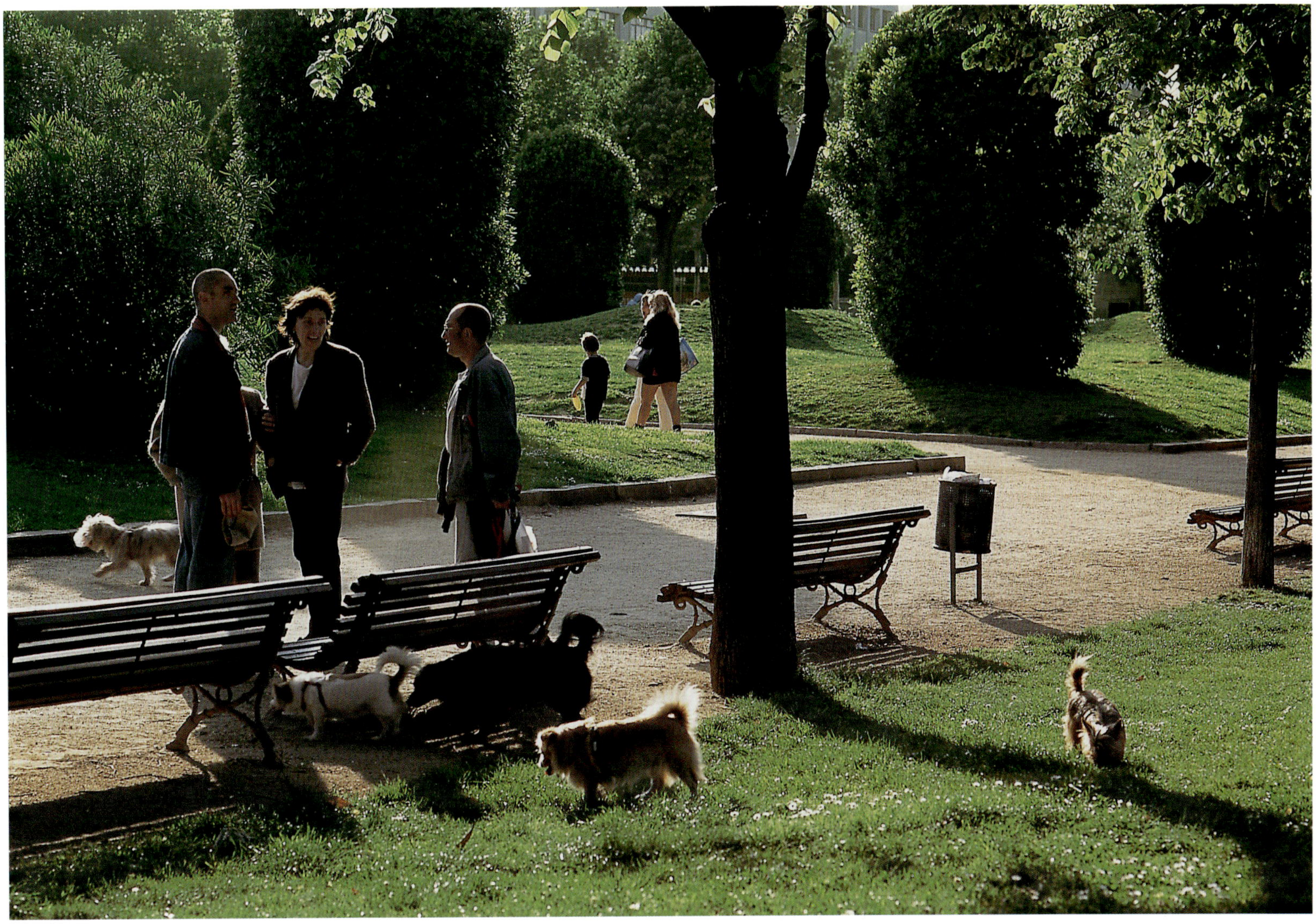

La Ciutadella es el parque barcelonés por excelencia. Porque es el más antiguo, pero también porque resume todos los significados de la palabra parque: desde el de paseo al de zoológico.

The Ciutadella is the epitome of a park in so far as Barcelona is concerned. It is the oldest of them, but it also contains everything that is included in the idea of a park, from an avenue to a zoo.

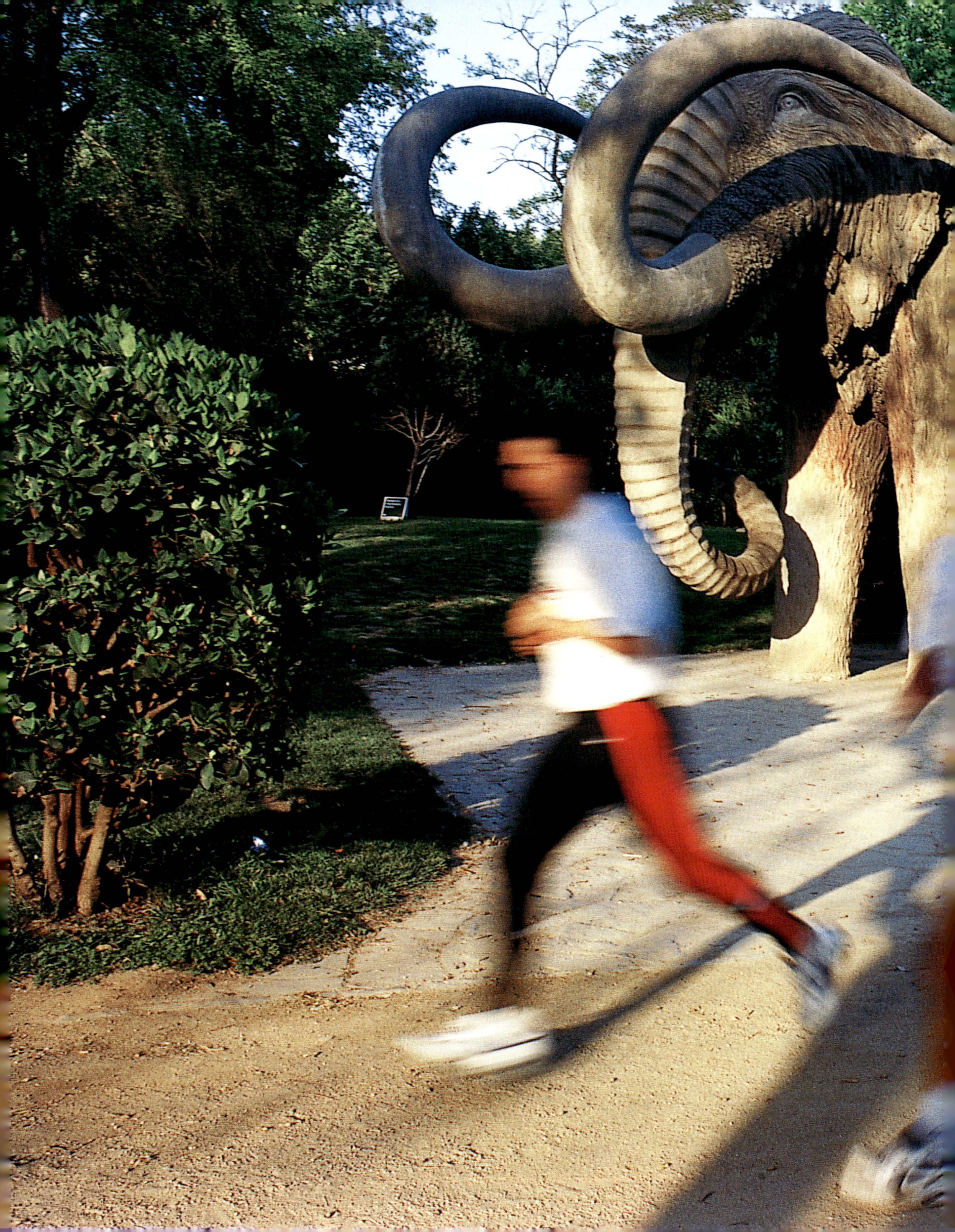

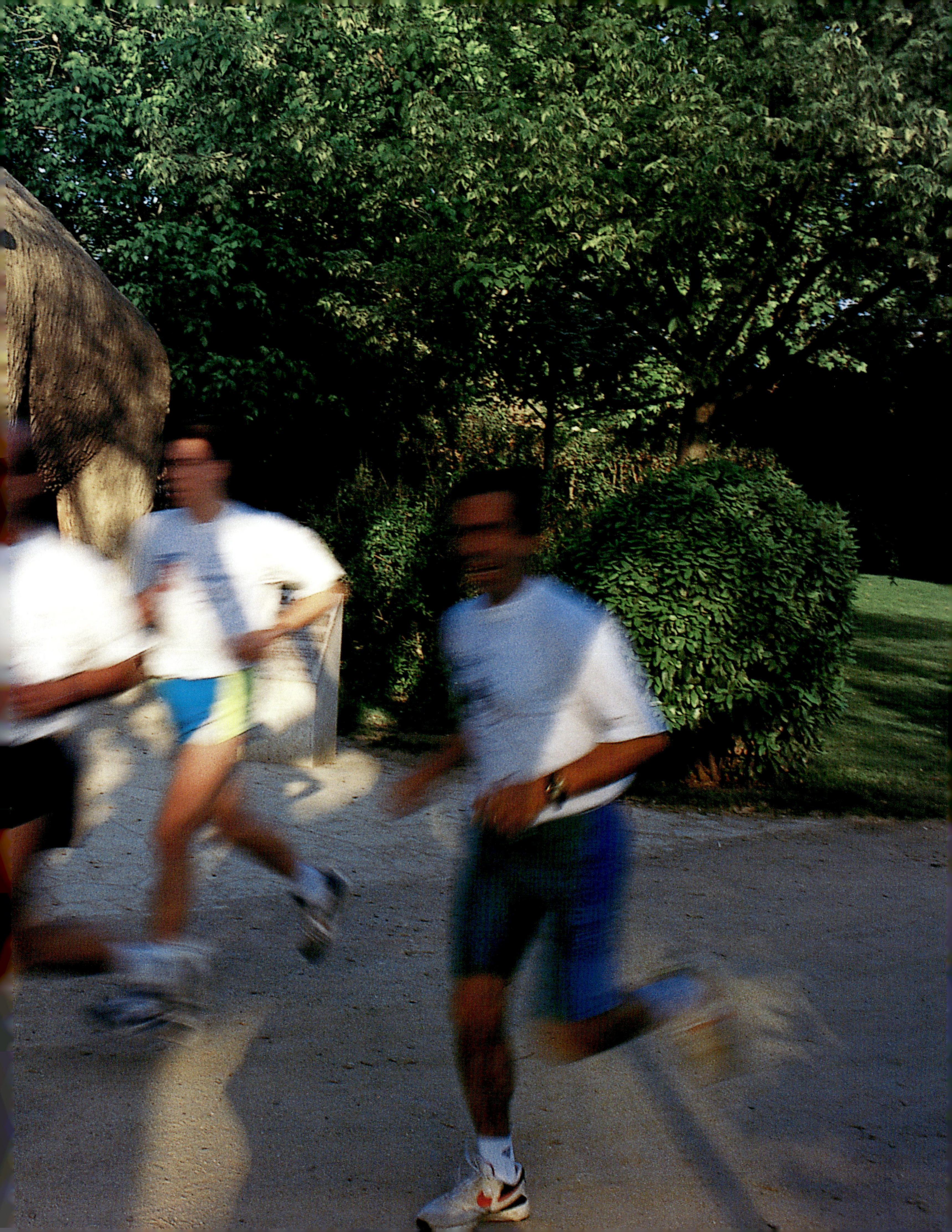

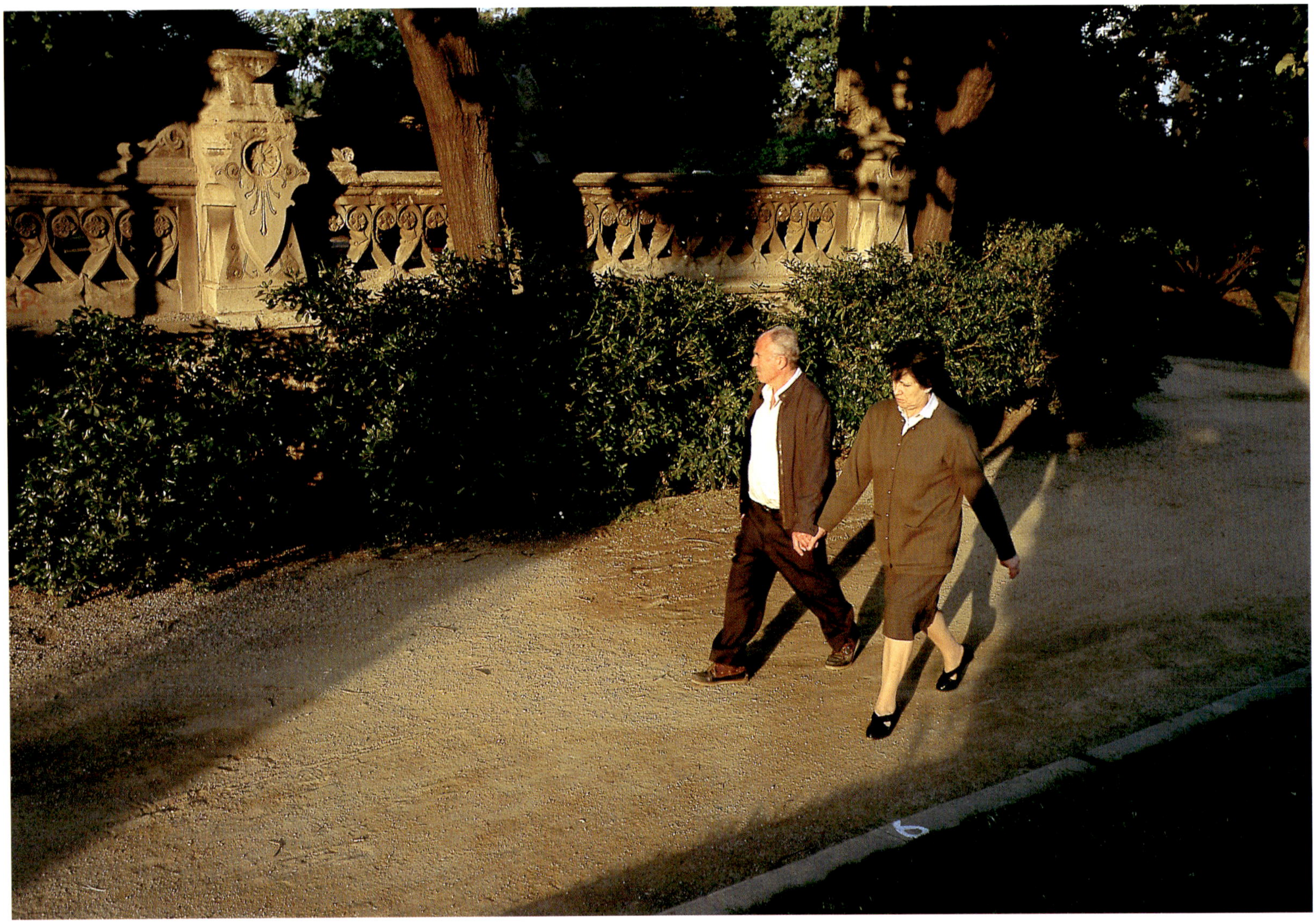

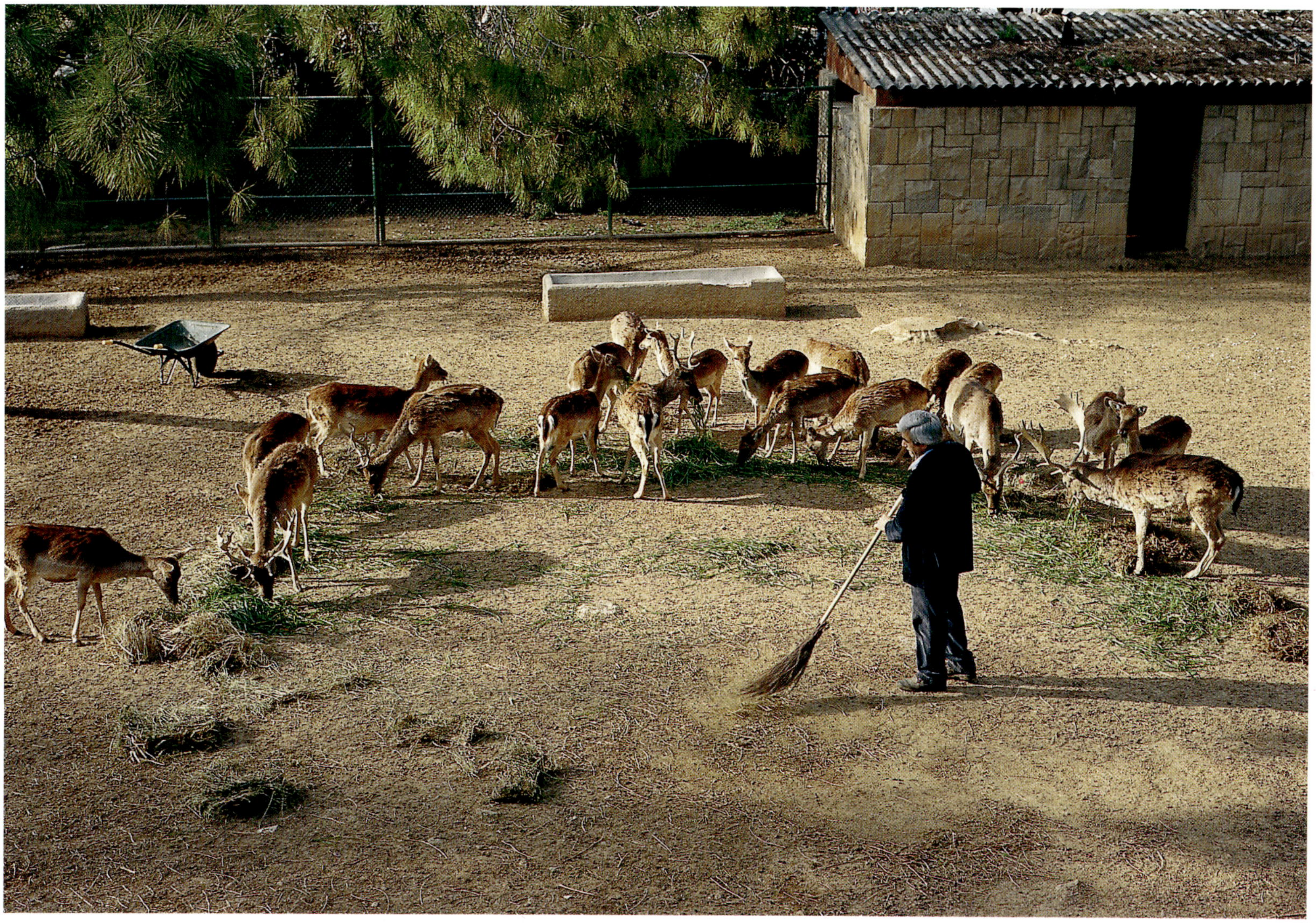

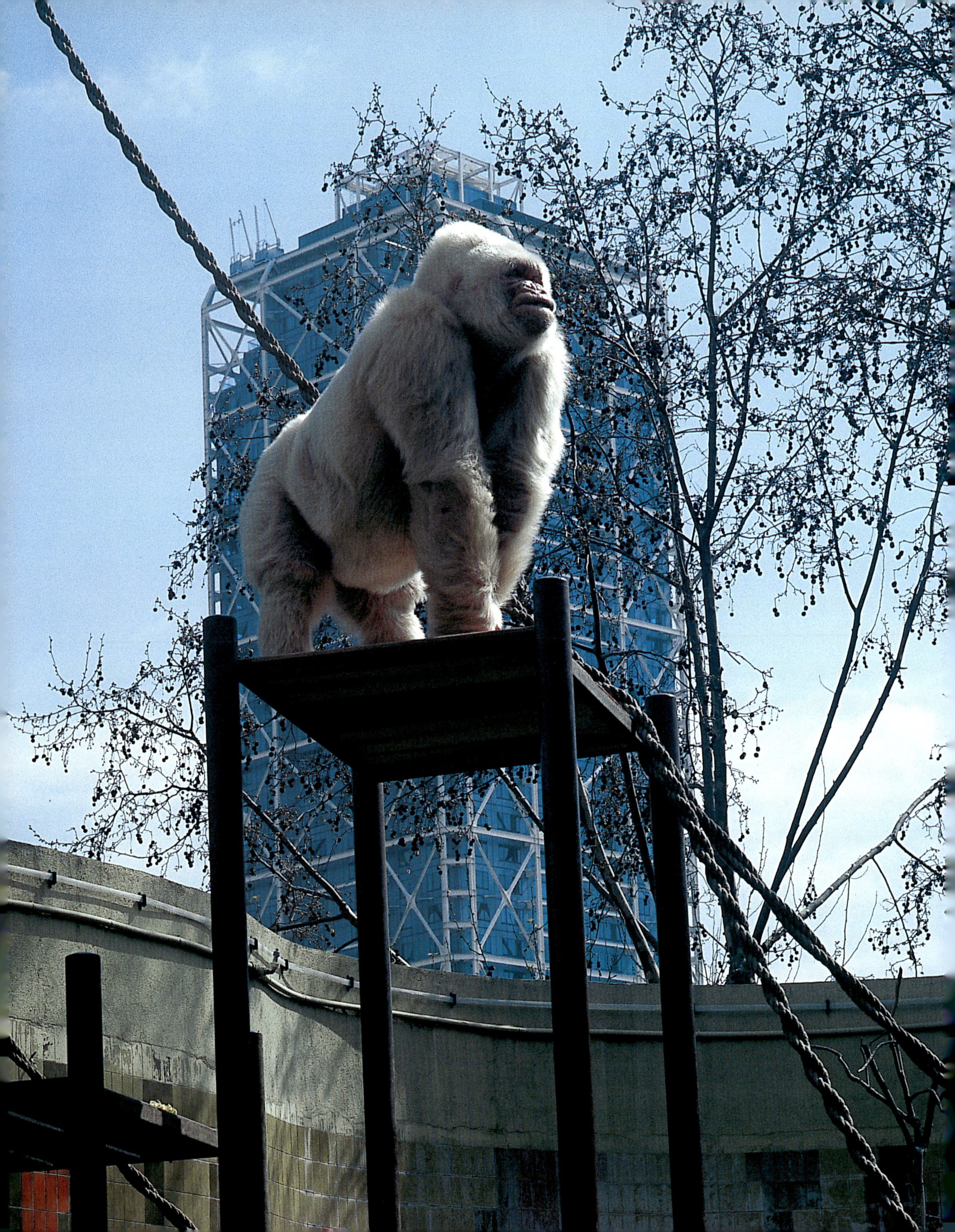

La montaña de las maravillas en la ciudad de las maravillas. Era necesario ir a Montjuic, niños asombrados de la mano orgullosa de sus padres, en la Feria de Muestras, durante muchos años Montjuic me parecía un mote de la Feria de Muestras. Era necesario ir a recoger prospectos y muestras, naturalmente, la etimología manda, en este tipo de exhibición de prodigios, mucha feria, muchas muestras, pasen y vean señores y señoras los últimos avances de la ciencia y de la técnica... Supongo que cada una de aquellas muestras feriadas del exotismo y de la inventiva eran fotocopias amarillentas de la Exposición Universal, cada Feria de Muestras heredera disminuida y periódica de su prestigio. Como ella, colección de maravillas. ¿Qué es sino el Pueblo Español, feria de piedras, exhibición de muestras? ¿Qué es sino la fuente mágica de Buigas, agua y luz, vean y admiren la última maravilla del universo? ¿Qué es sino la magnificencia un poco mantecosa del Palacio Nacional? La Exposición especializó a Montjuic en la maravilla y a la maravilla peregrinábamos cada año, y el estand del Japón —por ejemplo— era en cierta forma el continuador y heredero de las fuentes luminosas. Después descubrimos otras maravillas. La magia infantil de Miró. Los prodigios rectos de Mies van der Rohe, cuando resucitaron. La explosión olímpica. Pero todo remite a aquella excursión boquiabierta para recoger papeles y ver prodigios en la Feria de Muestras, en la montaña de las maravillas.

Hay un guiño, un gesto cómplice e irónico en la decisión de conservar la caja antigua del estadio de Montjuic y hacerlo, por dentro, totalmente nuevo. Hay respuestas que son interesantes, sobre todo porque confirman la existencia previa de preguntas interesantes. La caja del estadio viejo de Montjuic no era espectacularmente bonita, tampoco era fea. No habría sido escandaloso, ni imposible —ni más caro—, derribarlo y construirlo de nuevo. Pero decidieron conservar la caja, retocarla, reconstruir unas partes, contemplar otras con ojos nuevos, mantener y mezclar. Todo ello exigía que alguien, que mucha gente, se hubiera estado preguntando a lo largo de mucho tiempo preguntas sobre el pasado y el futuro, sobre las raíces y las ramas, sobre la tradición y la innovación. No son preguntas torturadas, obsesivas, pero son preguntas constatables. ¿Qué haremos con lo que tenemos? ¿Qué haremos con lo que somos? ¿En qué nos ayuda y en que nos limita para hacer aquello que queremos hacer? Entras en el estadio por una puerta de los años veinte, bajo un reloj antiguo y una estatua clasicista y encuentras un interior convencionalmente contemporáneo. Envoltorio antiguo para un contenido nuevo. Y sabes que alguien se ha hecho preguntas y que alguien se ha respondido que el pasado y la memoria no están completamente muertos ni son inútiles, pero que sería absurdo habitarlos para siempre. A partir de ahí, alguien se puso a construir.

Es curiosísimo que un gorila blanco se haya convertido en el símbolo de Barcelona. Quizá la blancura hace a Copito de Nieve un gorila de diseño, pero con aspecto bondadoso y pacífico, con el que se puede pactar.

Isn't it odd that a white gorilla came to symbolise Barcelona? Maybe Snowflake's whiteness makes a designer gorilla of him – but also a friendly, peaceful one. A negotiator.

Si Barcelona ha sido forzada cada tantos años por la violencia masculina y militar de Montjuic, también cada tantos años la ciudad, femeninamente, ha intentado seducir y suavizar la montaña, desencastillarla, hacerla suya, quitarle el aire de fortaleza para darle un aire familiar y benéfico de parque. Lo intentó con la Exposición Universal. Lo ha vuelto a hacer con los Juegos Olímpicos. ¿Padre e hija, en la metáfora de Verdaguer? Transformación pues del padrastro riguroso y malcarado en un padre amical y cómplice. Seducir urbanizando —haciendo *urbs*—, construyendo, escalando los muros, poniendo jardines donde había fosos.

> *Sólo montaña arriba, cerca ya del castillo,*
> *de sus fosos quemados por los fusilamientos...*

Lo escribía Gil de Biedma en su sueño de una ciudad redimida por el proletariado murciano, contra él mismo, contra sus padres, pero también contra la mesocracia sin épica ni exquisitez. Era la opción revolucionaria, quizá. Pero lo que la ciudad ha querido es sembrar Montjuic con estadios y pabellones y museos y montañas rusas, con ocio y deporte y cultura, cuando ha habido alguna esperanza de que la ciudad mandaría más que el castillo y el civismo más que los cañones. En 1929, cuando se intuía un final de la dictadura. En 1992, efervescencia de la ciudad democrática. Tiempos de seducciones. Cuando es el tiempo de la fuerza, cuando mandan los cañones, Montjuic —el viejo cementerio de nuestros judíos— se convierte en fortaleza y almacén de pobres. Símbolo del poder hostil, de la fuerza.

No ha envejecido el anillo olímpico. Ha pasado poco tiempo, claro, pero son las cosas nuevas las que envejecen más deprisa. La sordidez —pasado poco tiempo, cuando los blancos empiezan a dorarse, cuando todo empieza a tener un barniz de humedad y de pasos— de las cosas que no tenían otra virtud que la de ser nuevas. No han envejecido los edificios del anillo olímpico, pero ello no tiene nada de particular. No ha envejecido tampoco la explanada, las escaleras rosas, las columnas de luz, los juegos del agua entre las piedras. Y eso es ya más notable. La explanada continúa siendo un espacio magnífico, espléndido. Los naranjos domesticados, los árboles de hierro, un paisaje de un futuro ordenado, limpio, algo glacial. El anillo olímpico no ha envejecido, sobre todo, porque no ha sido abandonado. El deterioramiento acelerado de las obras de los hombres sin hombres. Pero también porque lo han sostenido sus diversos horizontes. El Palau Sant Jordi, que no puede envejecer porque es de siempre, esencial, de una simplicidad eterna, como las pirámides, aunque ya sé que exagero. El estadio, que ya era antiguo, era un seguro contra el envejecimiento porque ya lo había sobrevivido: formas ya asimiladas de las cuádrigas sobre la portada. Pero también otros horizontes. El verdor de Montjuic, el avión que se eleva más allá de las paredes que esconden el cementerio. Todo eso es para siempre.

El Tibidabo desde Montjuïc. Dos montañas, dos relaciones con la ciudad, dos mitologías urbanas. Y en ambas, para unificarlas, la ocupación festiva de un parque de atracciones.

Tibidabo seen from Montjuïc. Two mountains, two relationships with the city, two places in urban mythology. And the two are united in having funfairs.

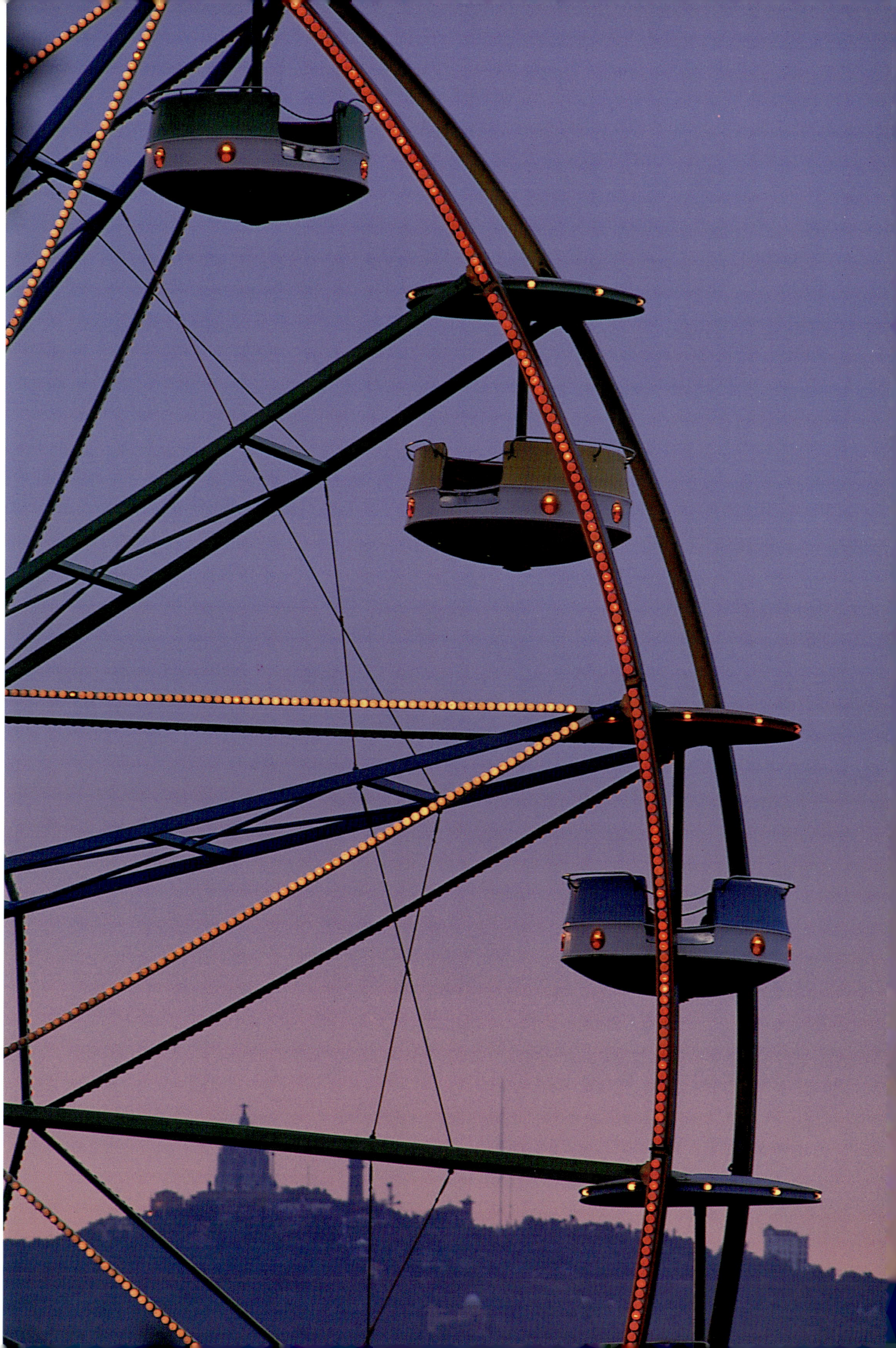

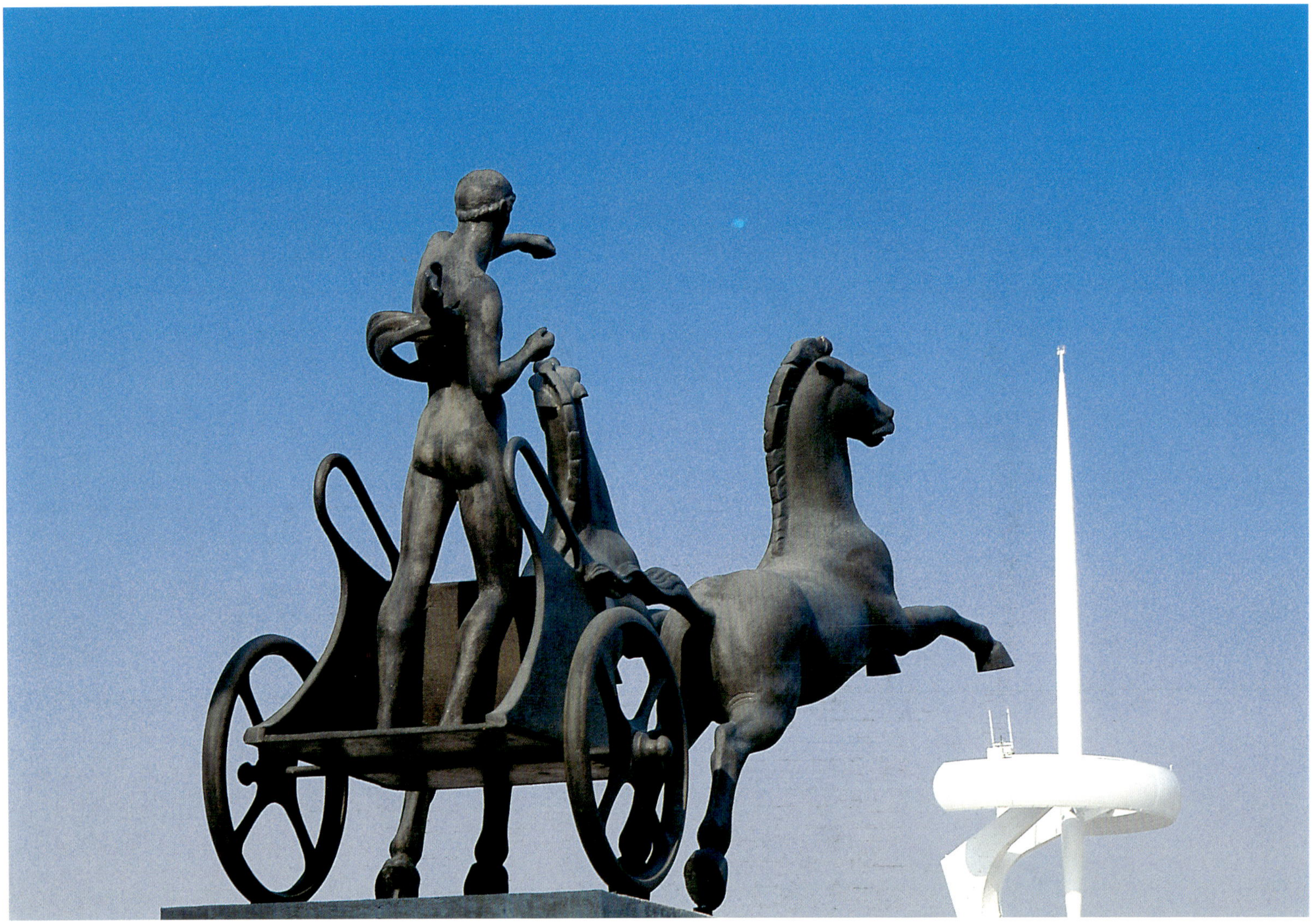

La doble estética olímpica. La recuperación de las esculturas neoclásicas del Estadio de los años veinte. Al fondo, la blancura atrevida de la torre de Calatrava. Tradición y modernidad, pero ambas de línea clara, novecentistas.

The two faces of the Olympic aesthetic. Maintaining the neo-Classical statues of the stadium built in the twenties, with of Calatrava's daring white tower in the background. Tradition and modernity, both with the clean lines of the nineteenth-century.

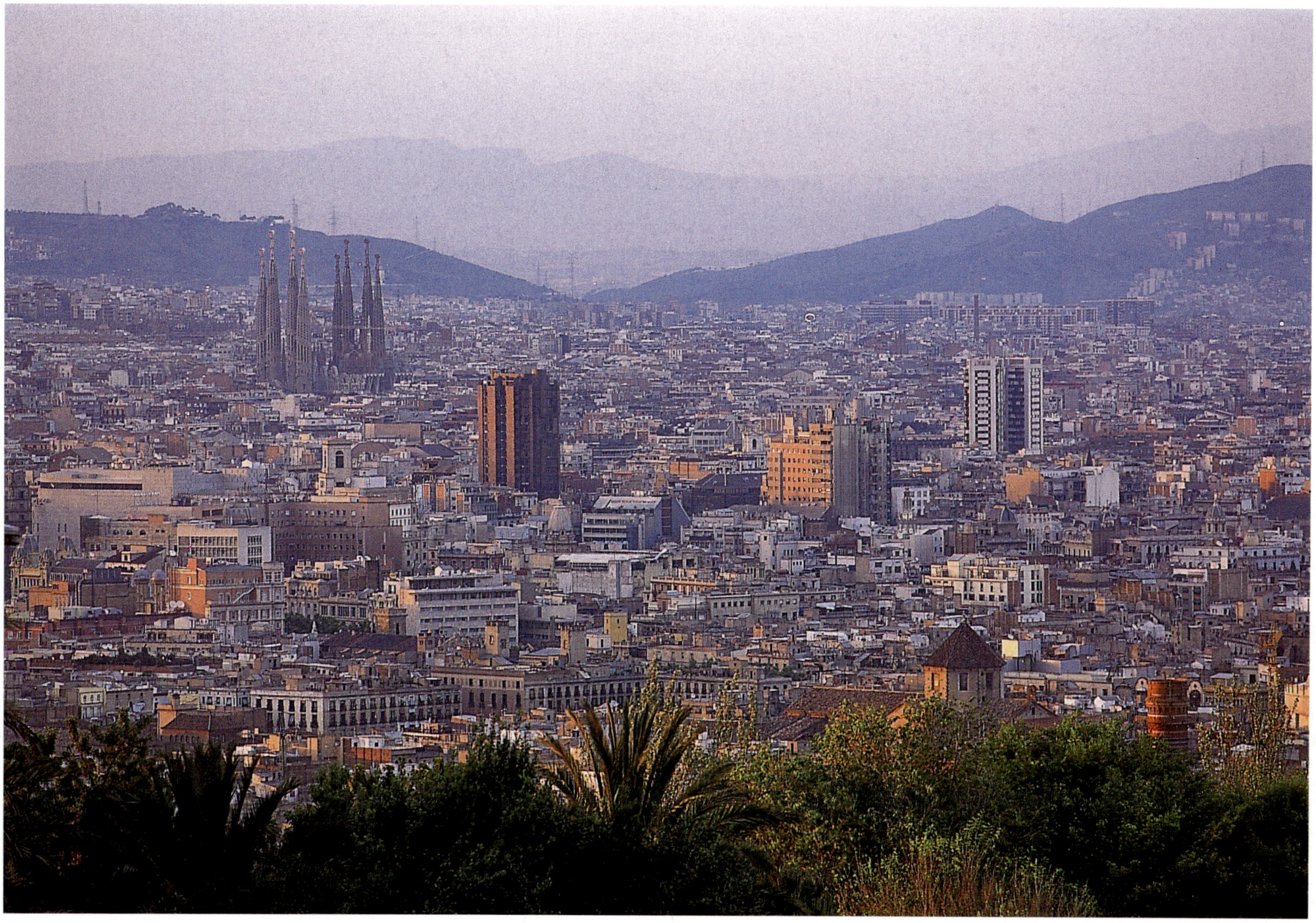

«Cuando te miro sentada en la falda de Montjuïc...». Verdaguer veía la ciudad como una hija de la montaña.
En las páginas siguientes, las ilustraciones —desde Sants hasta la plaza España—
de una relación ambigua entre el padre y la hija.

«When I see you sitting below me on Montjuïc's slope ...» Verdaguer saw the city as being Montjuïc's daughter.
The illustrations of the area between Sants and Plaça d'Espanya
on the following pages are of that uneasy relationship between father and daughter.

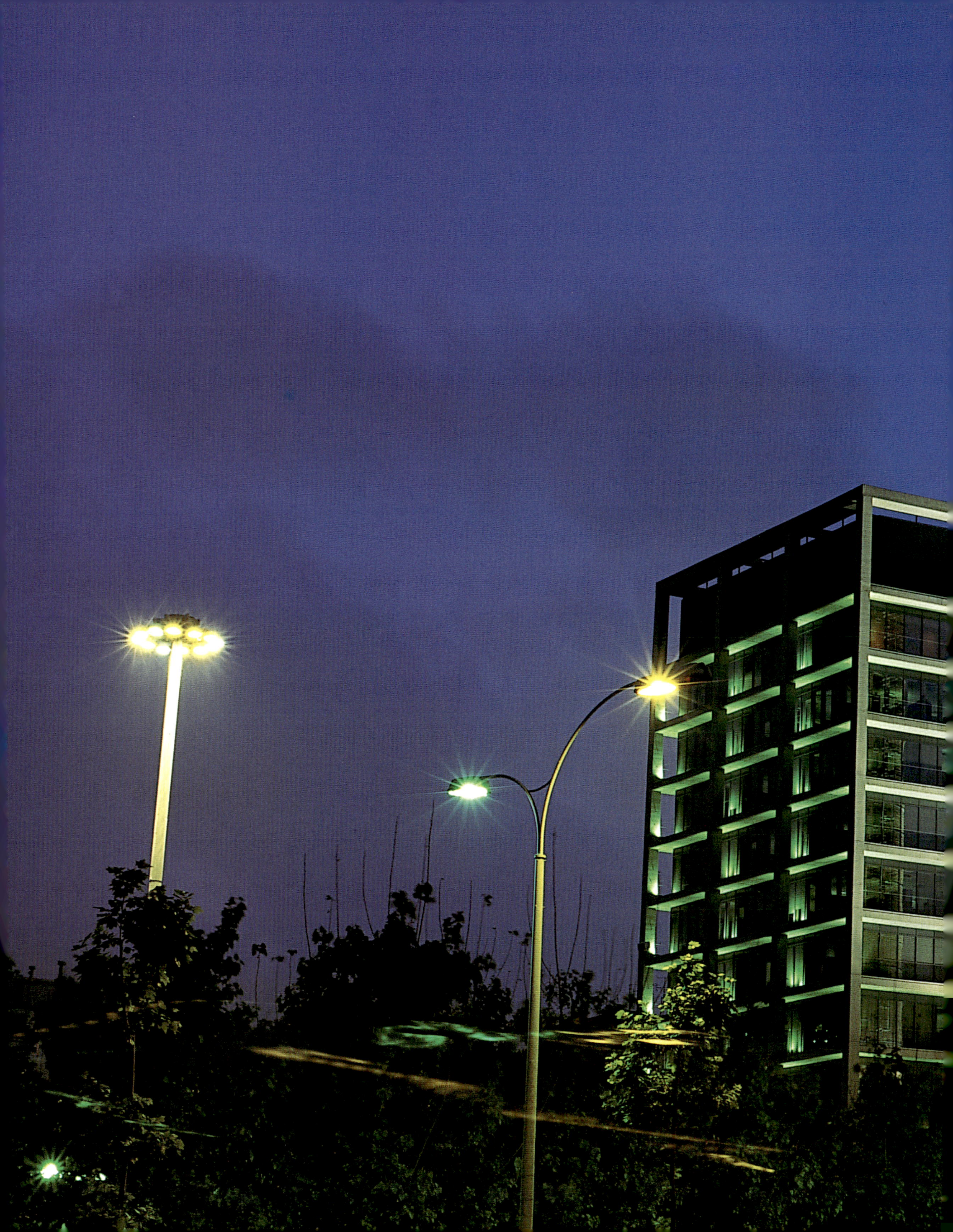

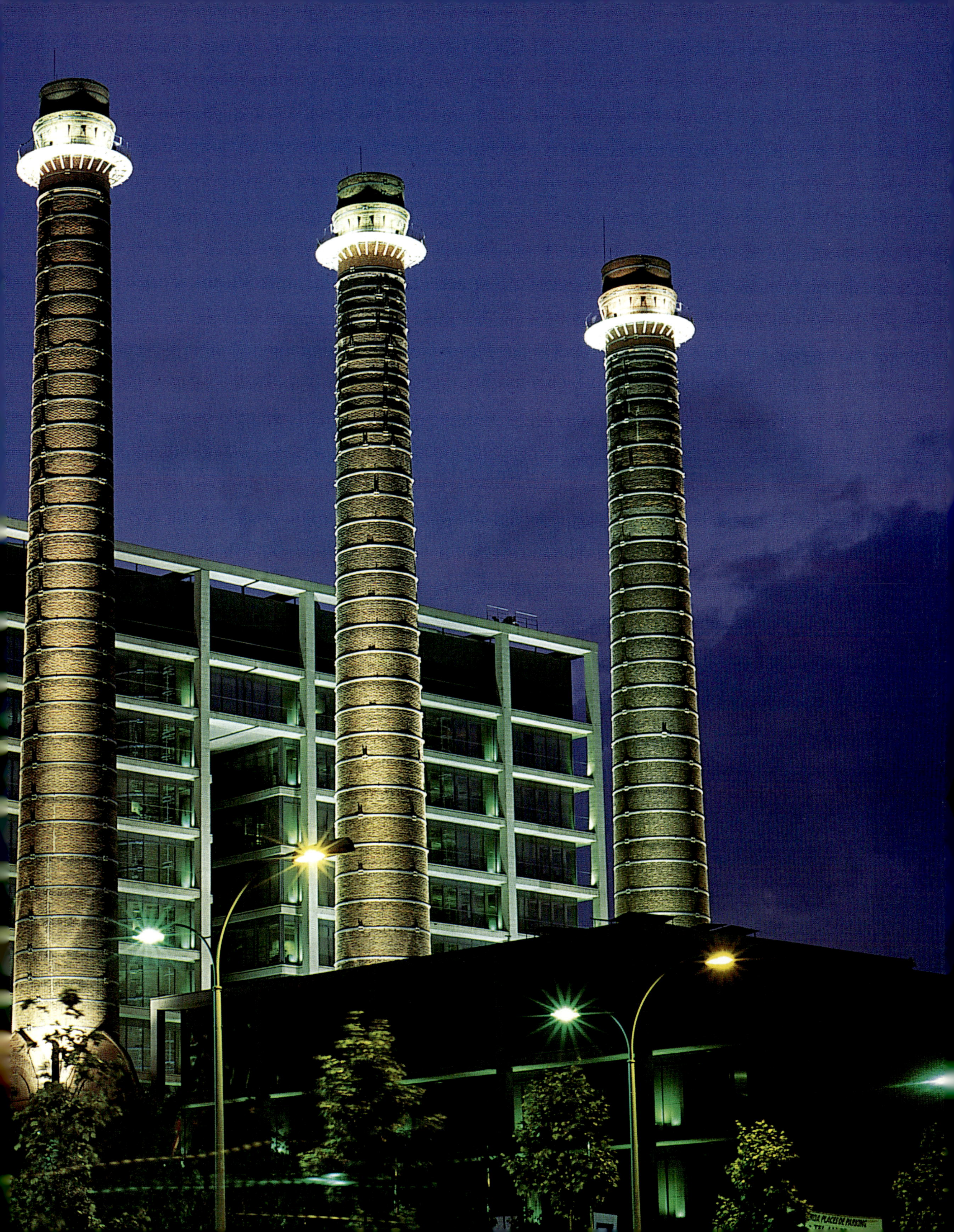
PLACES DE PARKING

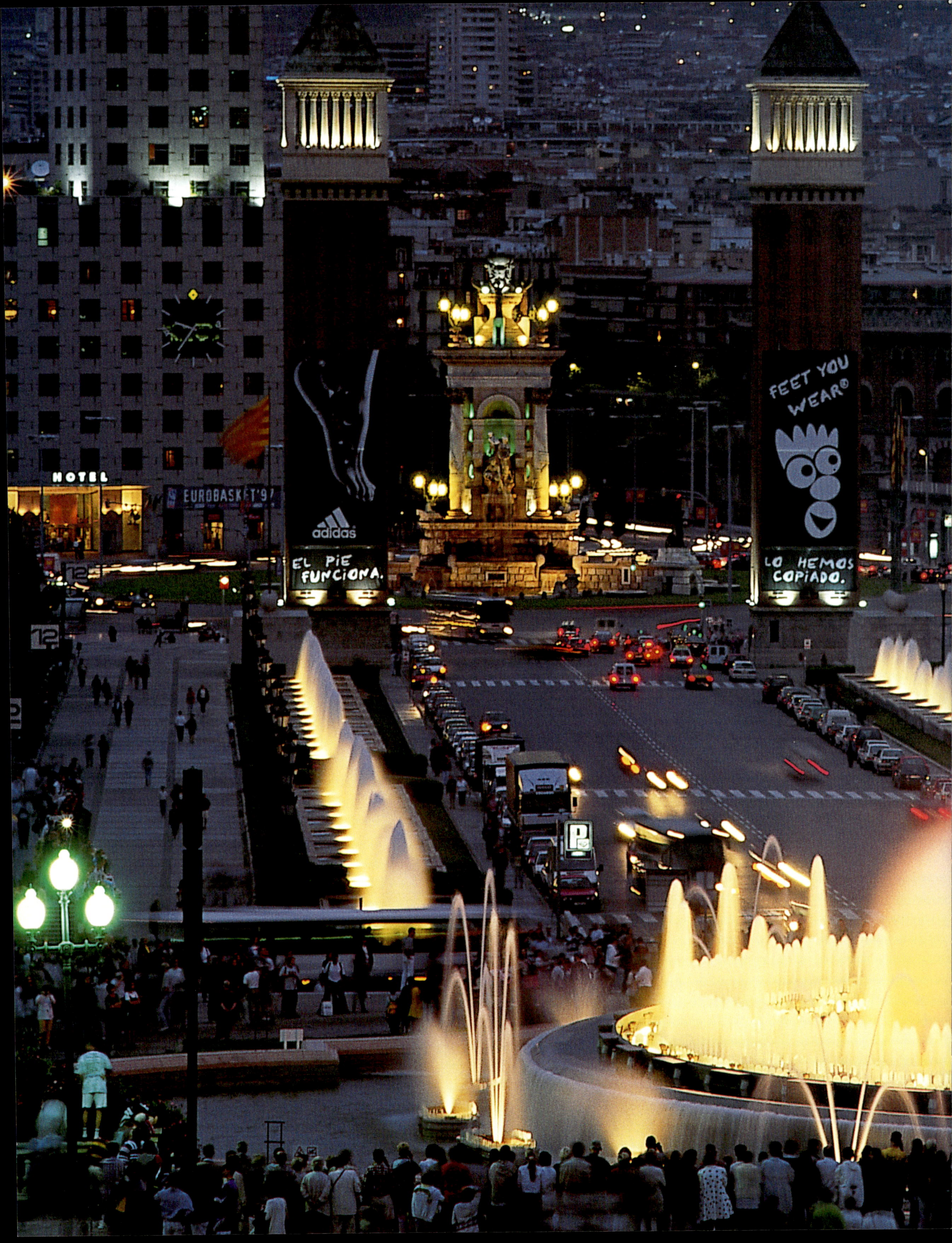
HOTEL
EUROBASKET'97
adidas
EL PIE FUNCIONA.
FEET YOU WEAR®
LO HEMOS COPIADO.

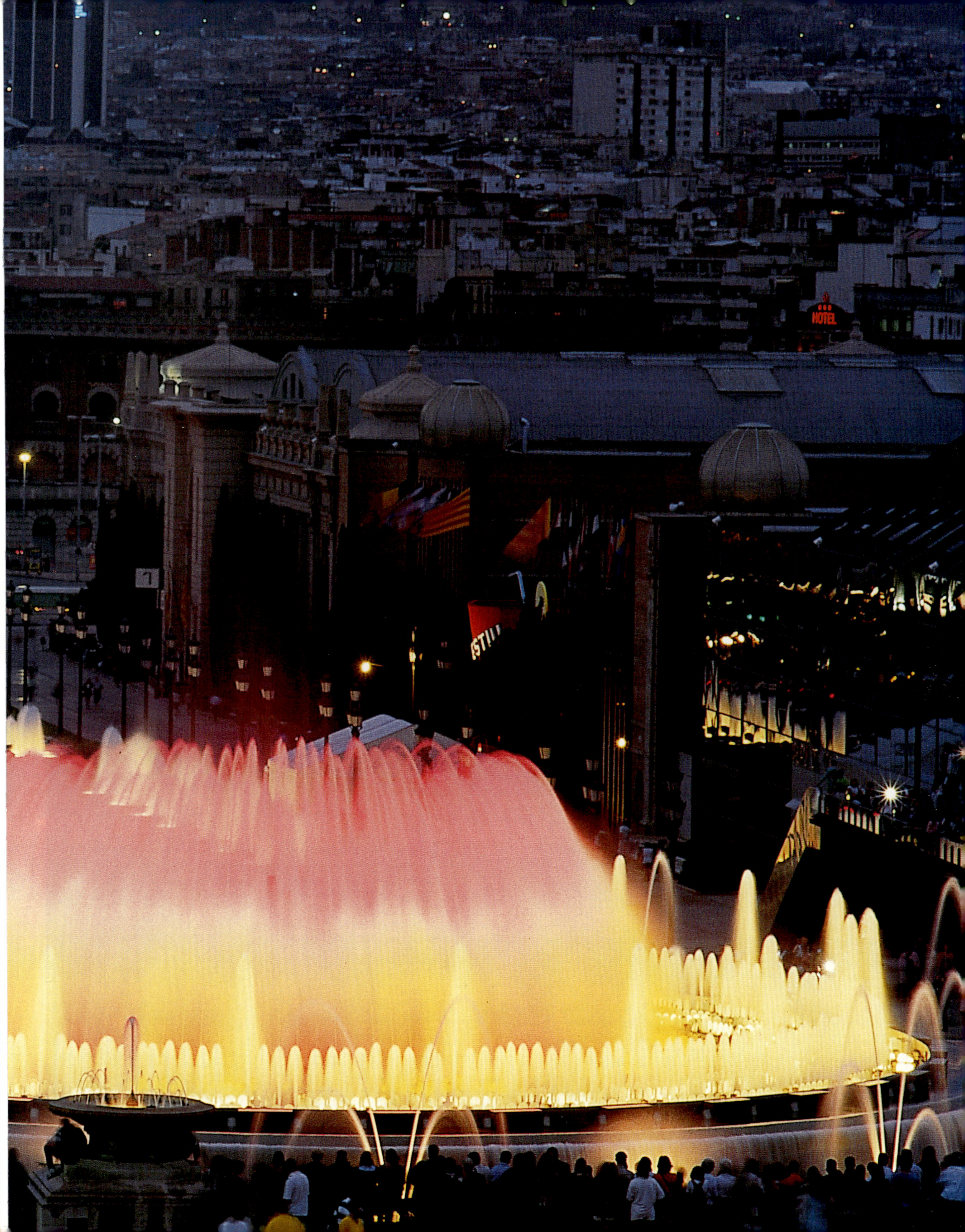
HOTEL

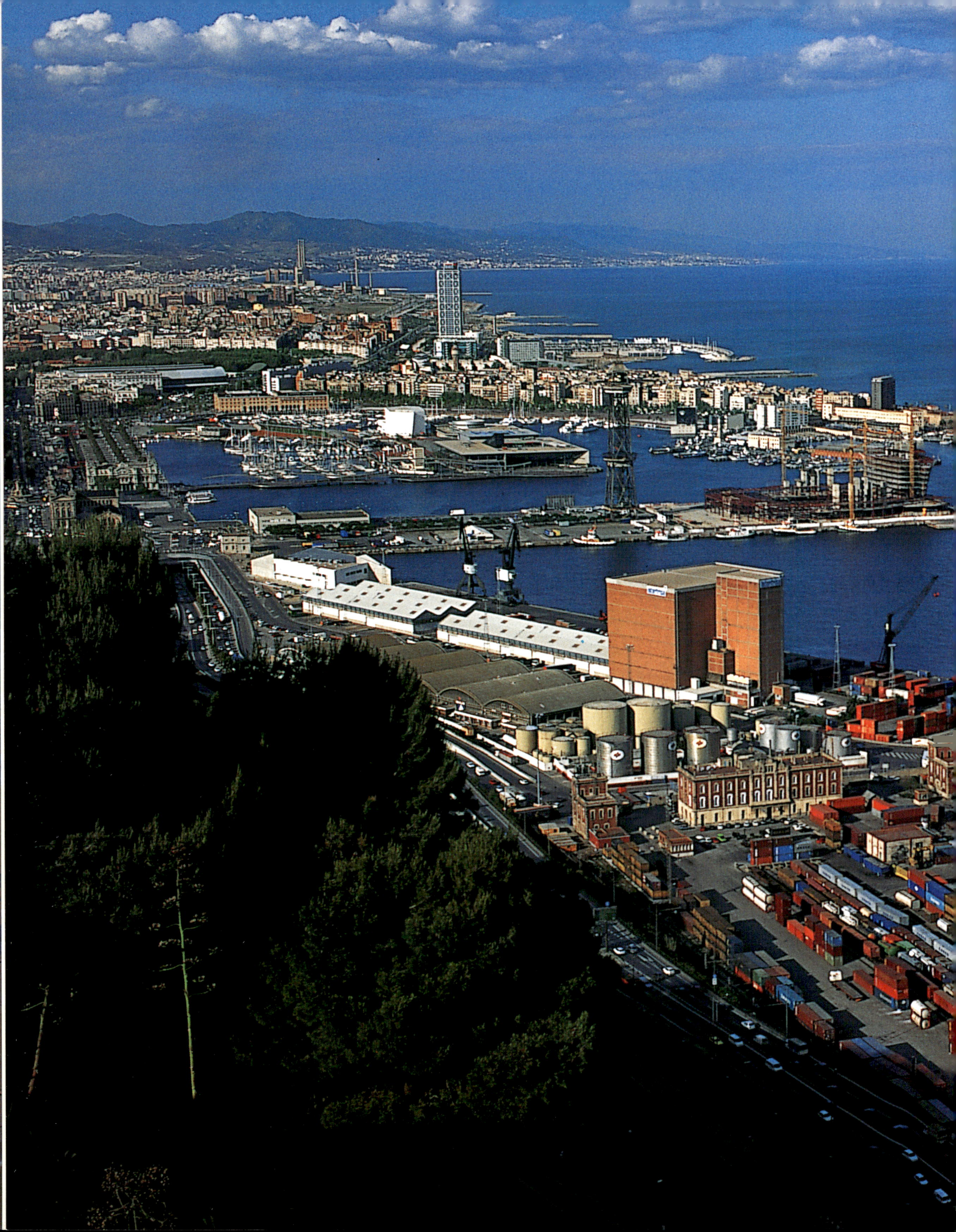

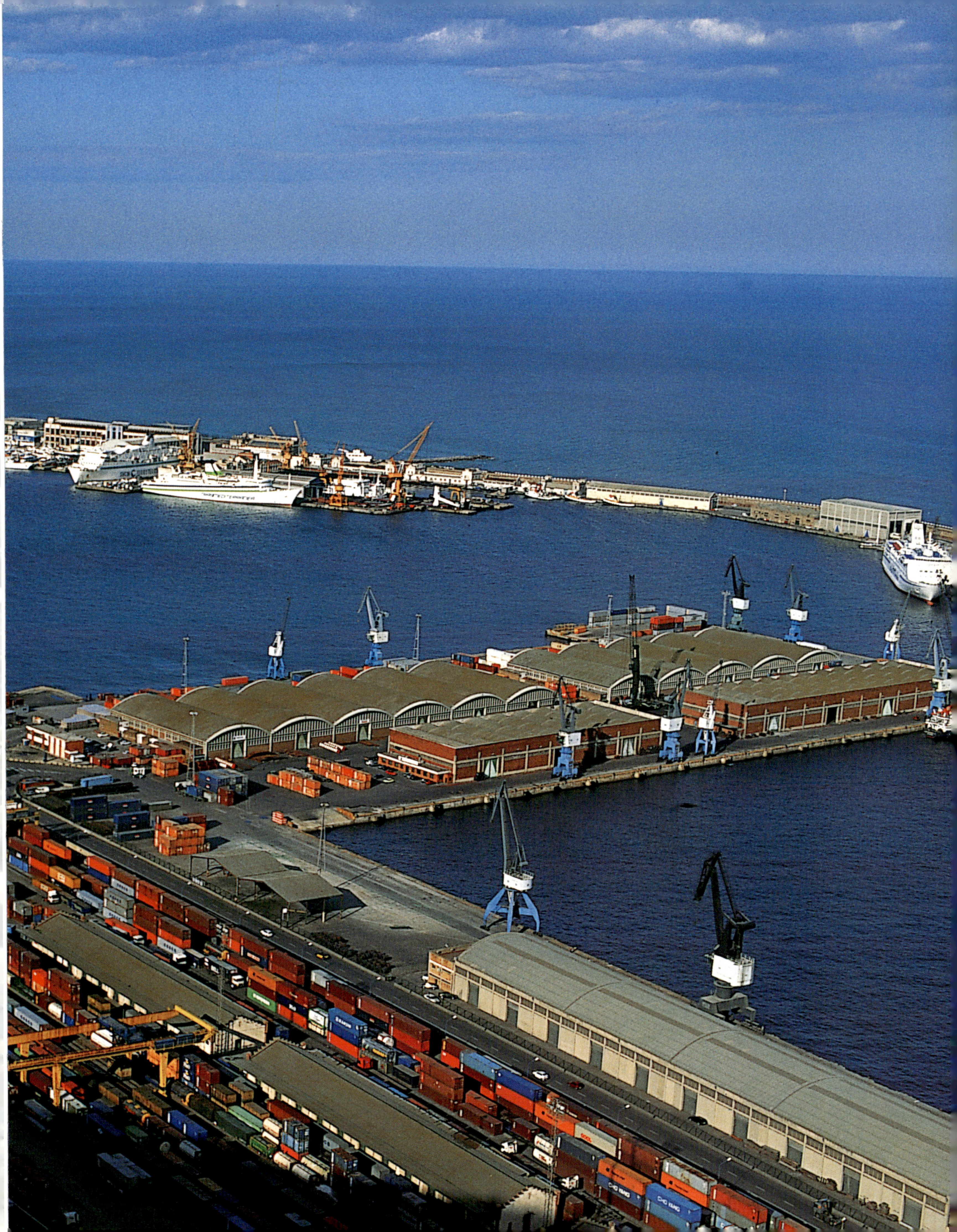

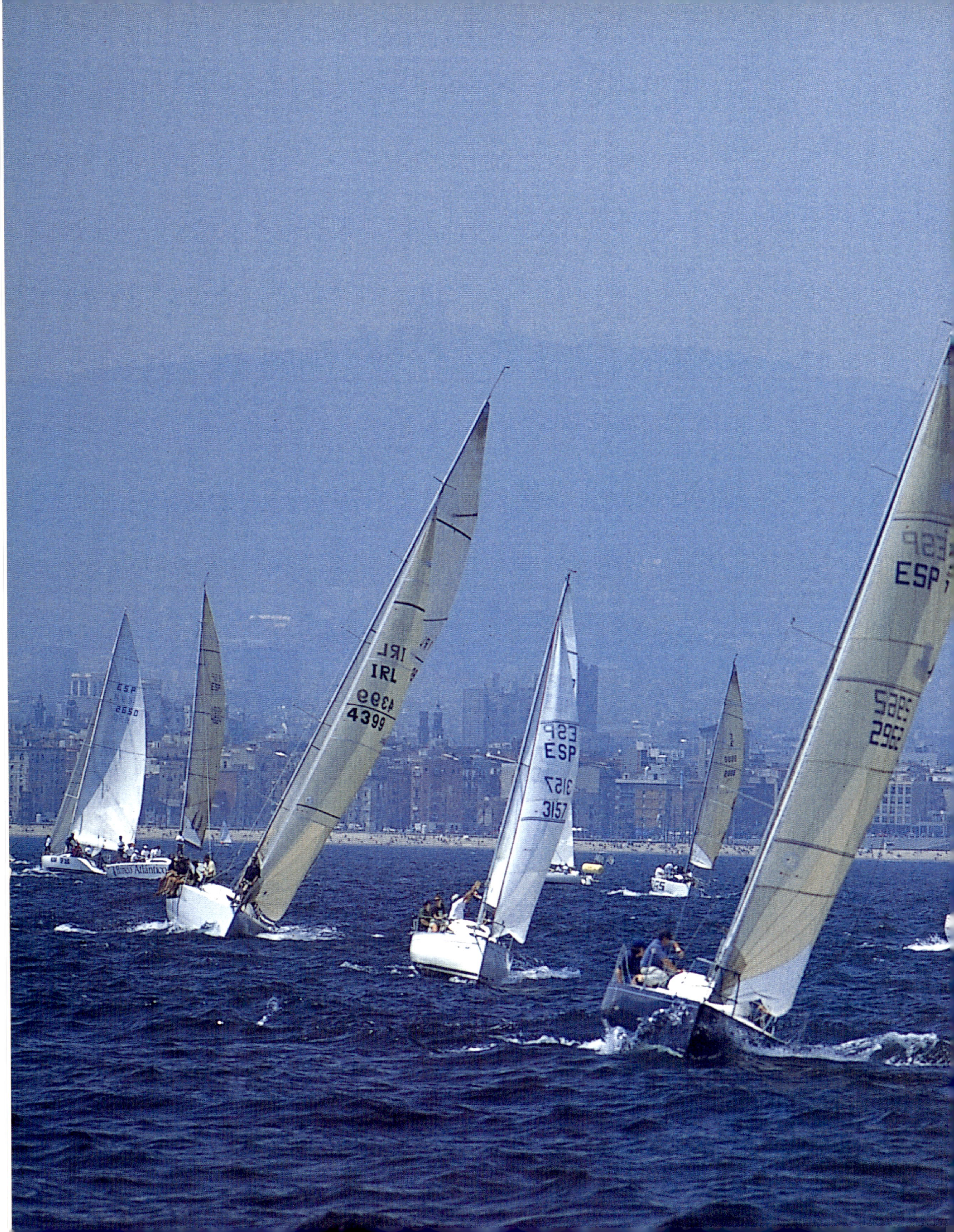
ESP
2650
IRL
4399
ESP
3157
ESP

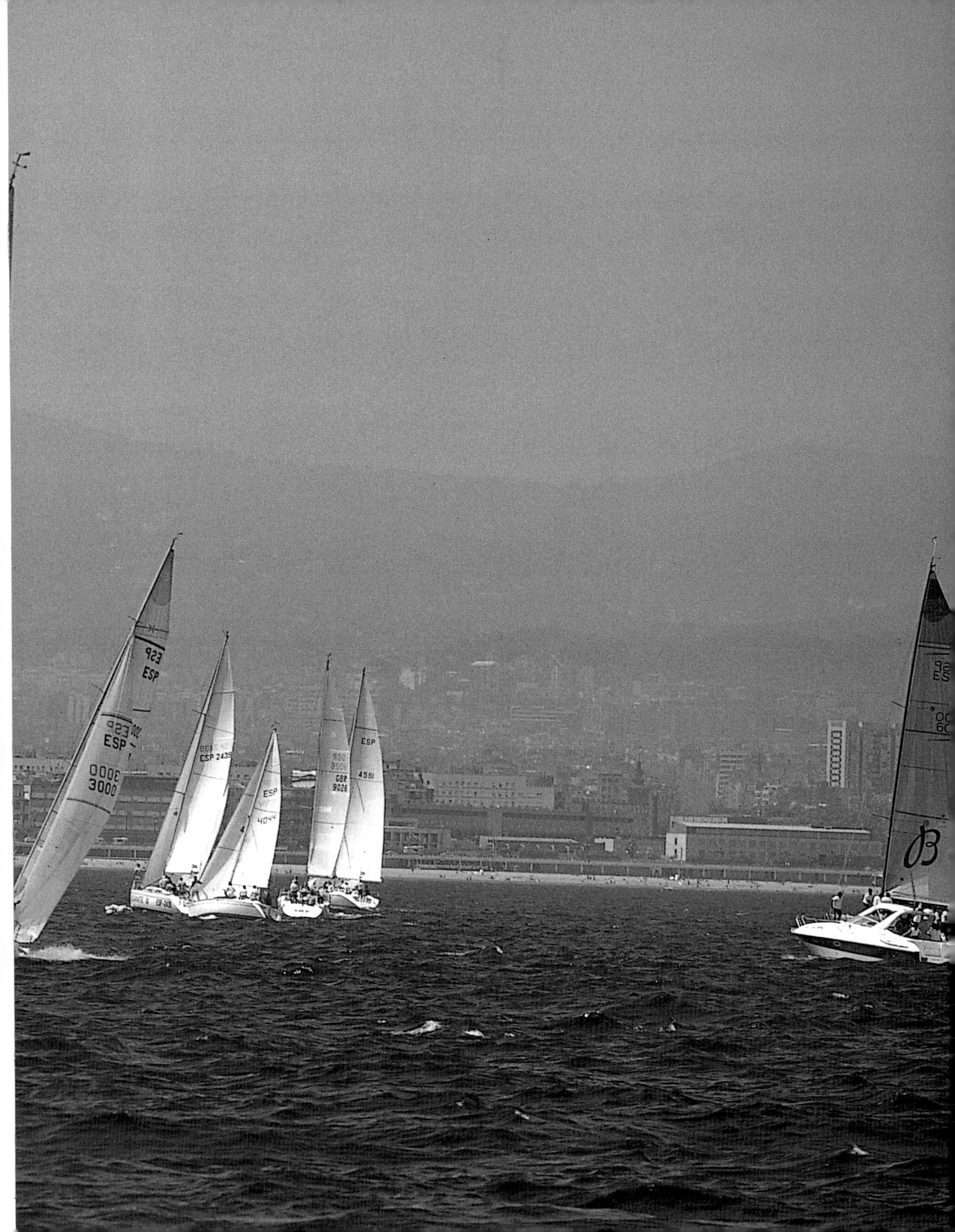

ESP
ESP
3000
ESP 2435
ESP
4044
GBR
9026
ESP
4581

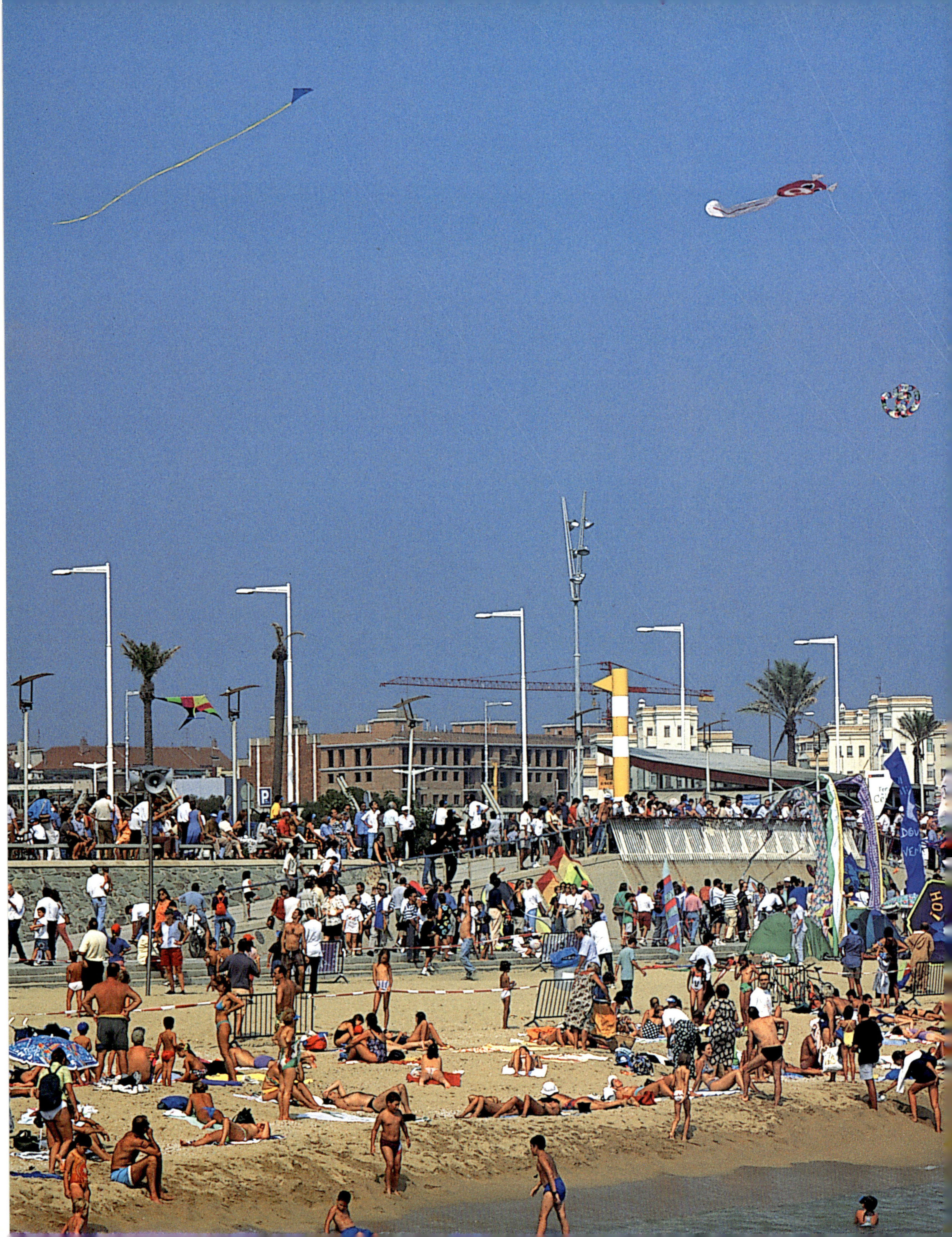

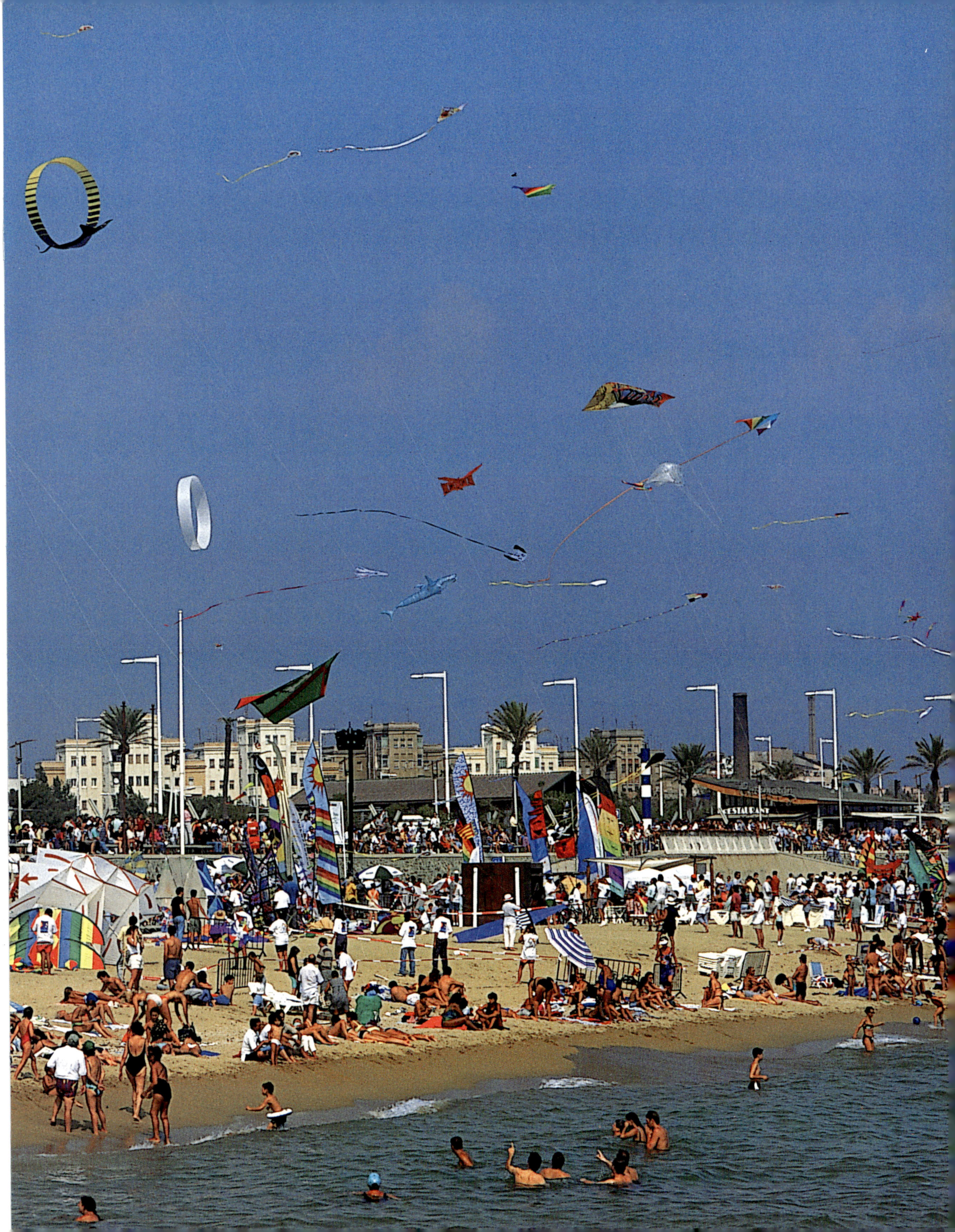
RESTAURANT

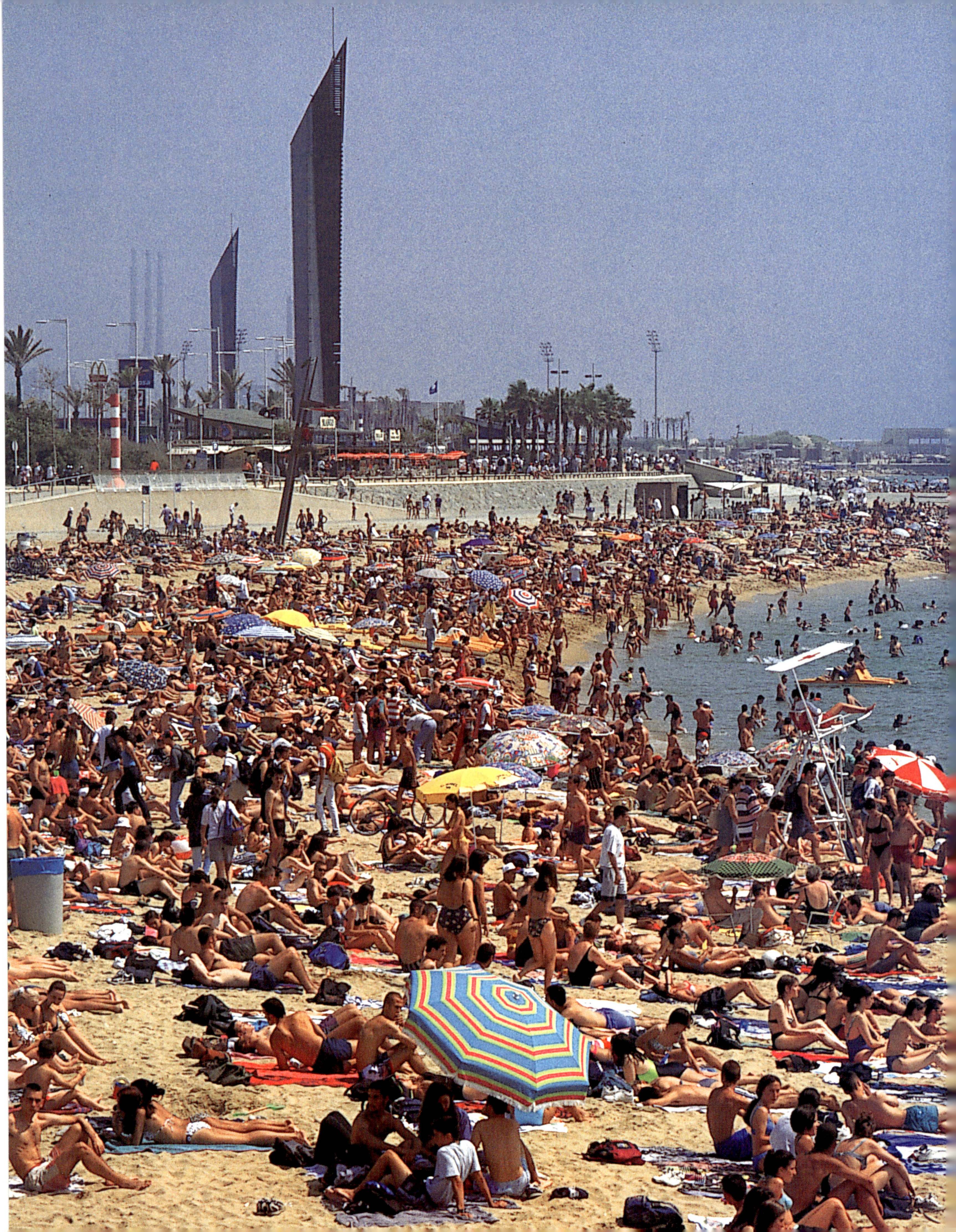

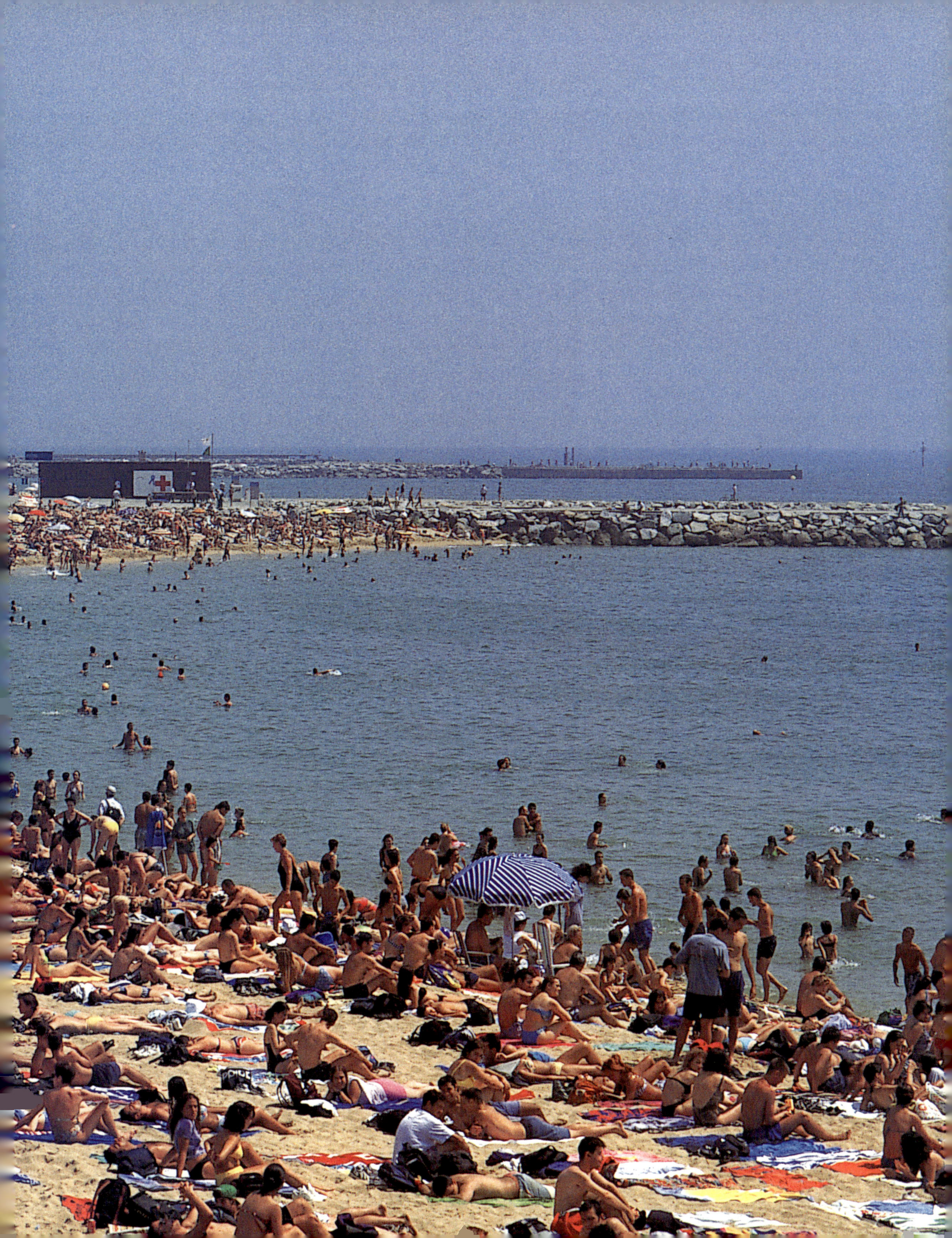

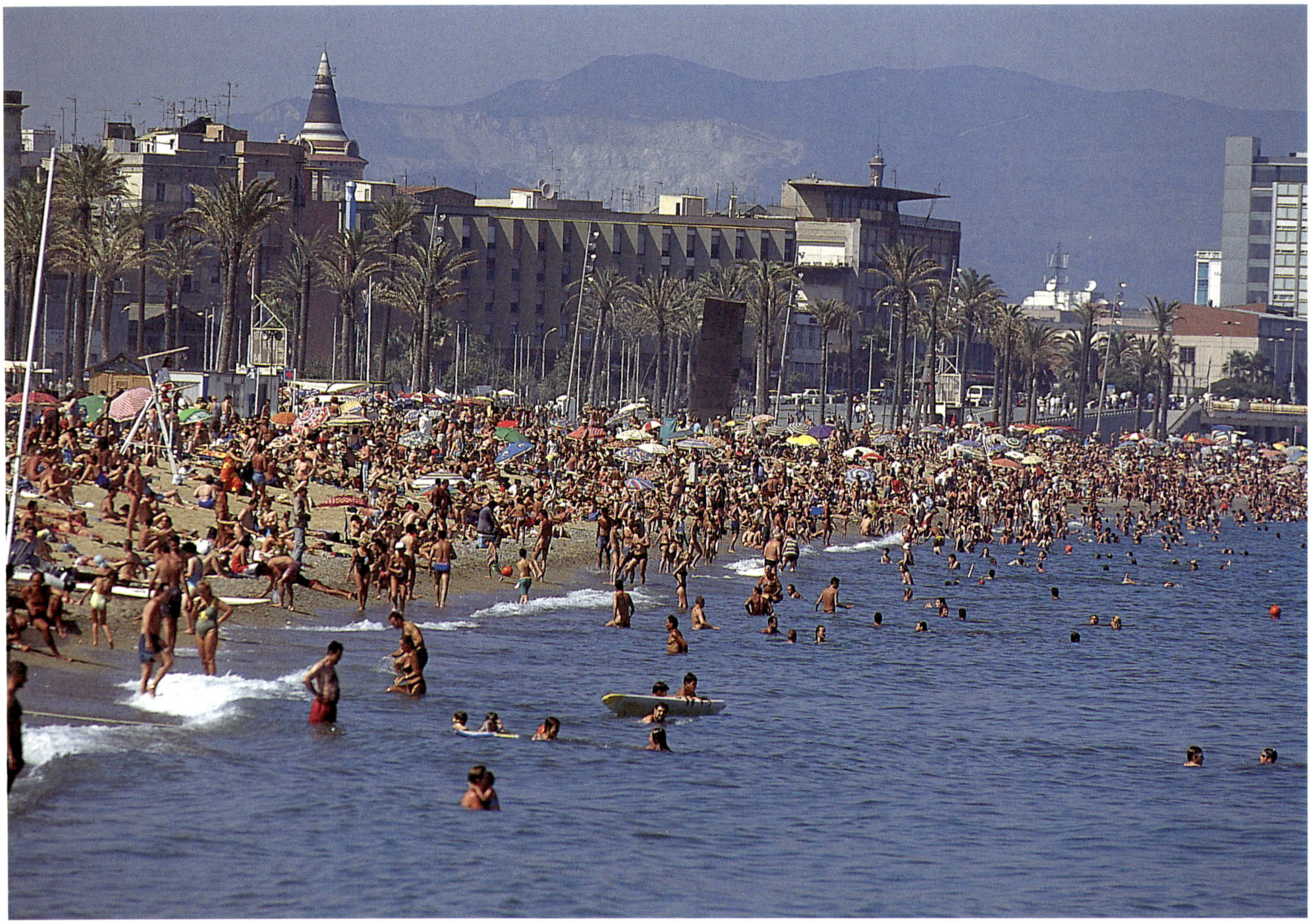

Barcelona se ha inventado unas playas urbanas, ciudadanas, donde no molesta saber que detrás tienes fachadas de edificios. En medio, alejándolos, el florecer inevitable de las palmeras.

Barcelona has provided itself with beaches right in the city. They belong to its inhabitants, and nobody worries about the backdrop of buildings. Before you reach them, there is an oasis of palm-trees.

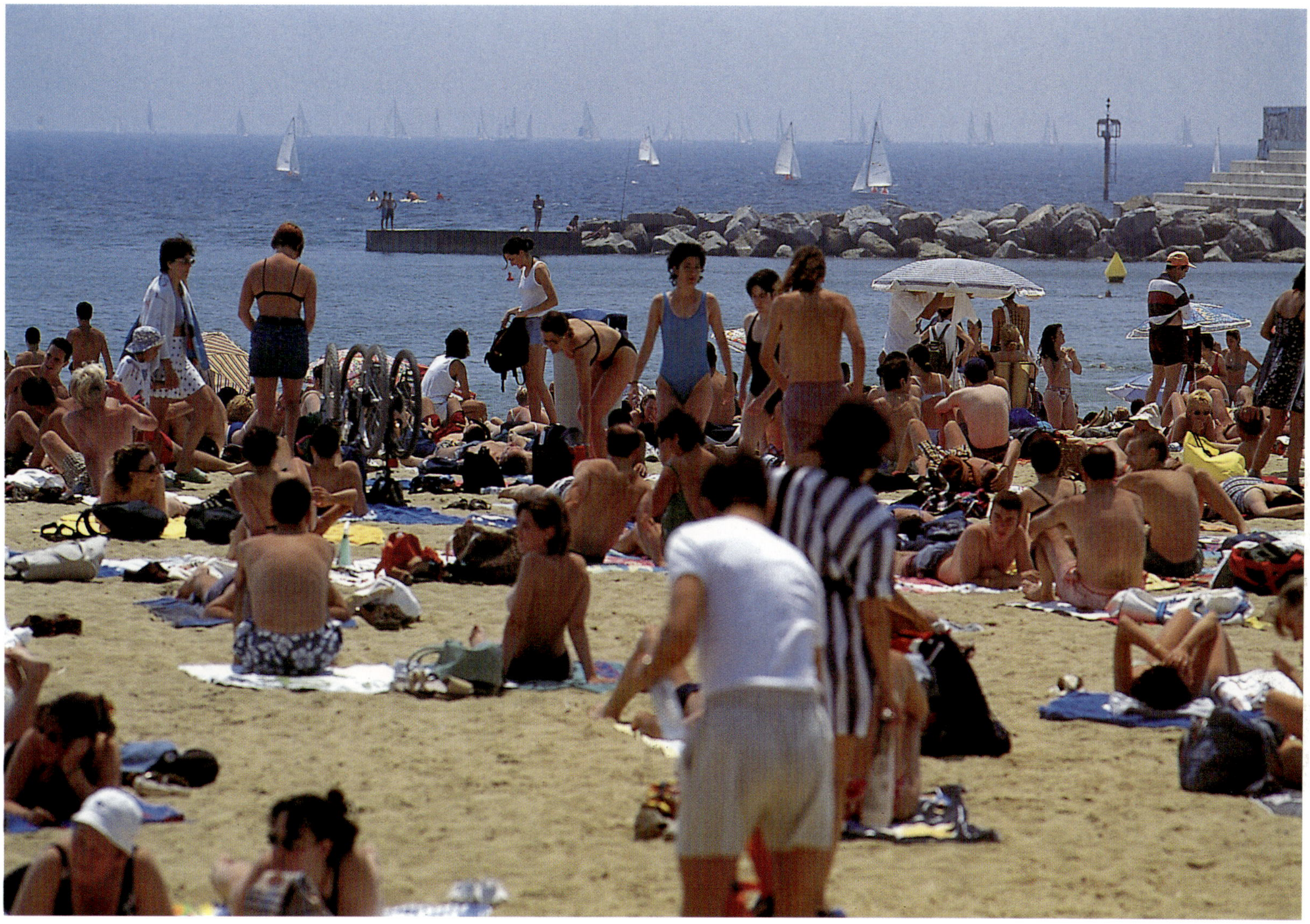

Junto a la ciudad, las playas son densas, sociales. Lugar de sol y de conversaciones, más un preludio que un escenario de intimidades. Una especie de club o de terraza.

Forming part of the city, the beaches are full of life. A place to enjoy the sun and to have a chat, for the preliminaries to intimacy rather than for intimacy itself.

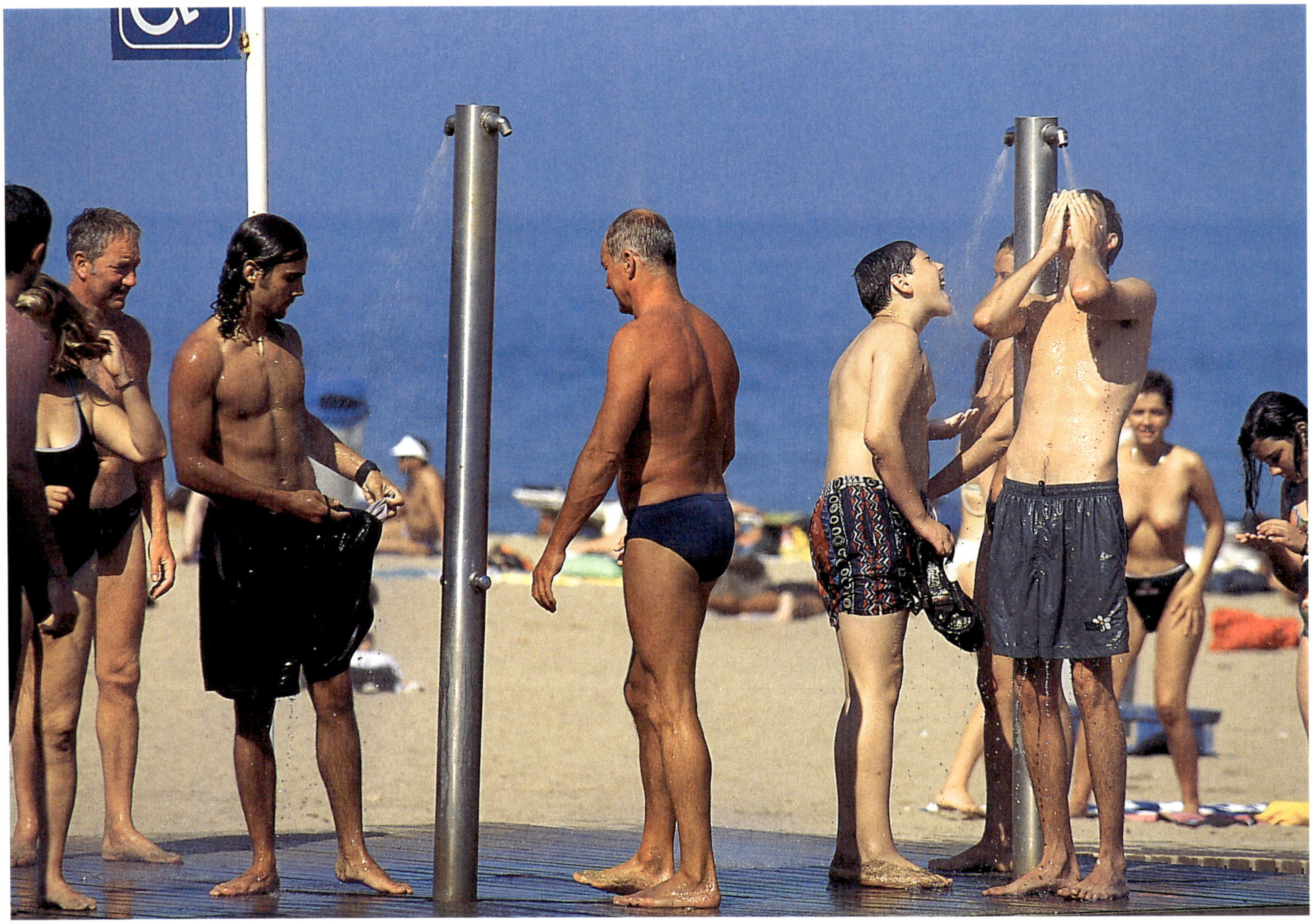

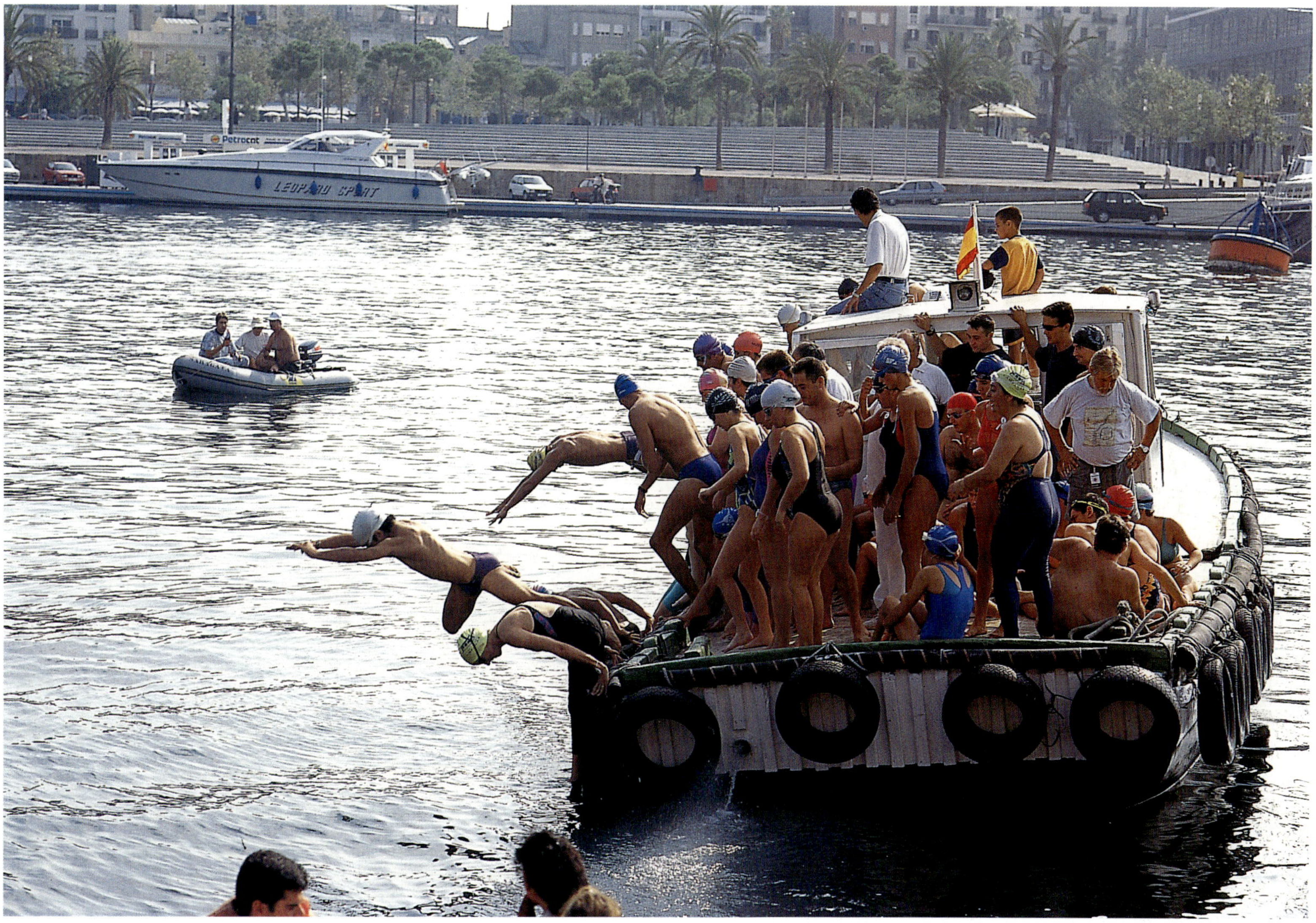

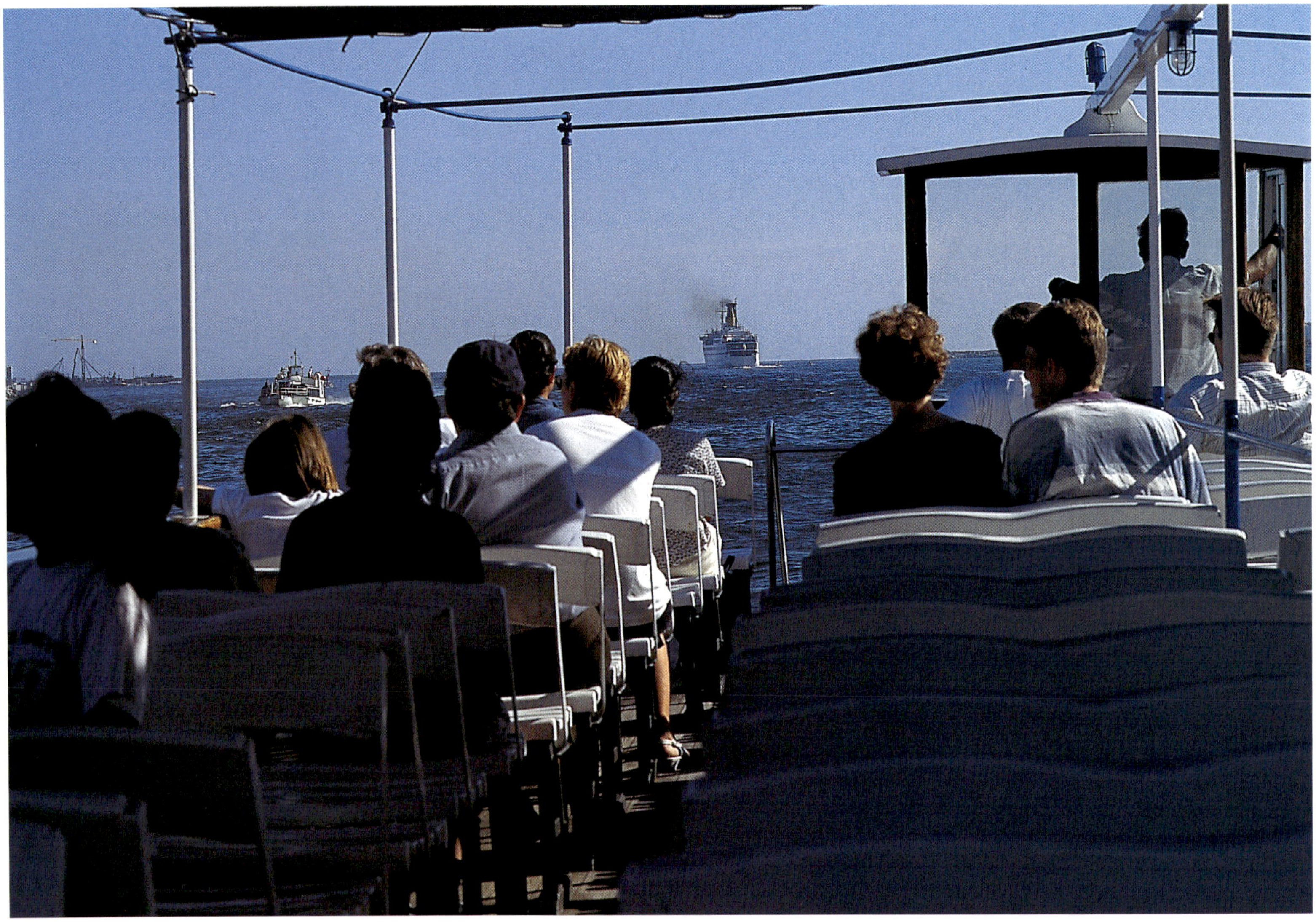

Las «golondrinas» del puerto han sido el cordón umbilical que une la ciudad al mar, la gran aventura marinera de los niños barceloneses y de los que vienen de visita. Algo que se suele denominar como «entrañable».

The tourist boats in the port have long been a lifeline connecting the city to the sea, a great maritime adventure for the children of Barcelona as well as for those on a visit. What is usually called «most enjoyable».

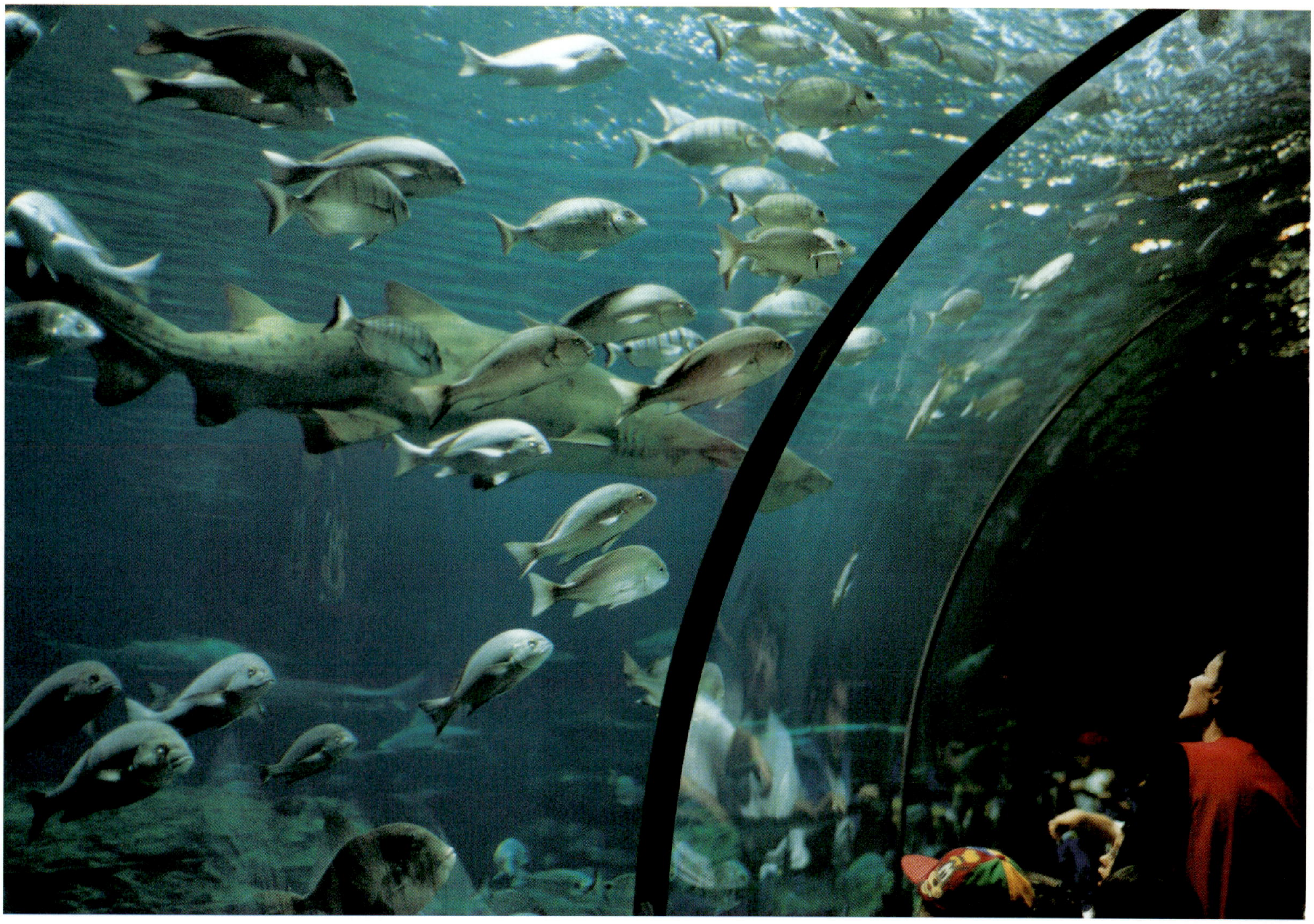

El Acuario, en el mismo centro del puerto, forma parte de un nuevo polo de atracción que la ciudad se ha construido más allá de la línea de la costa. Un espectacular emblema de la ciudad novísima.

The Aquarium right in the centre of the port is located within a new centre of attraction that the city built out beyond the coastline. A spectacular symbol of newest Barcelona.

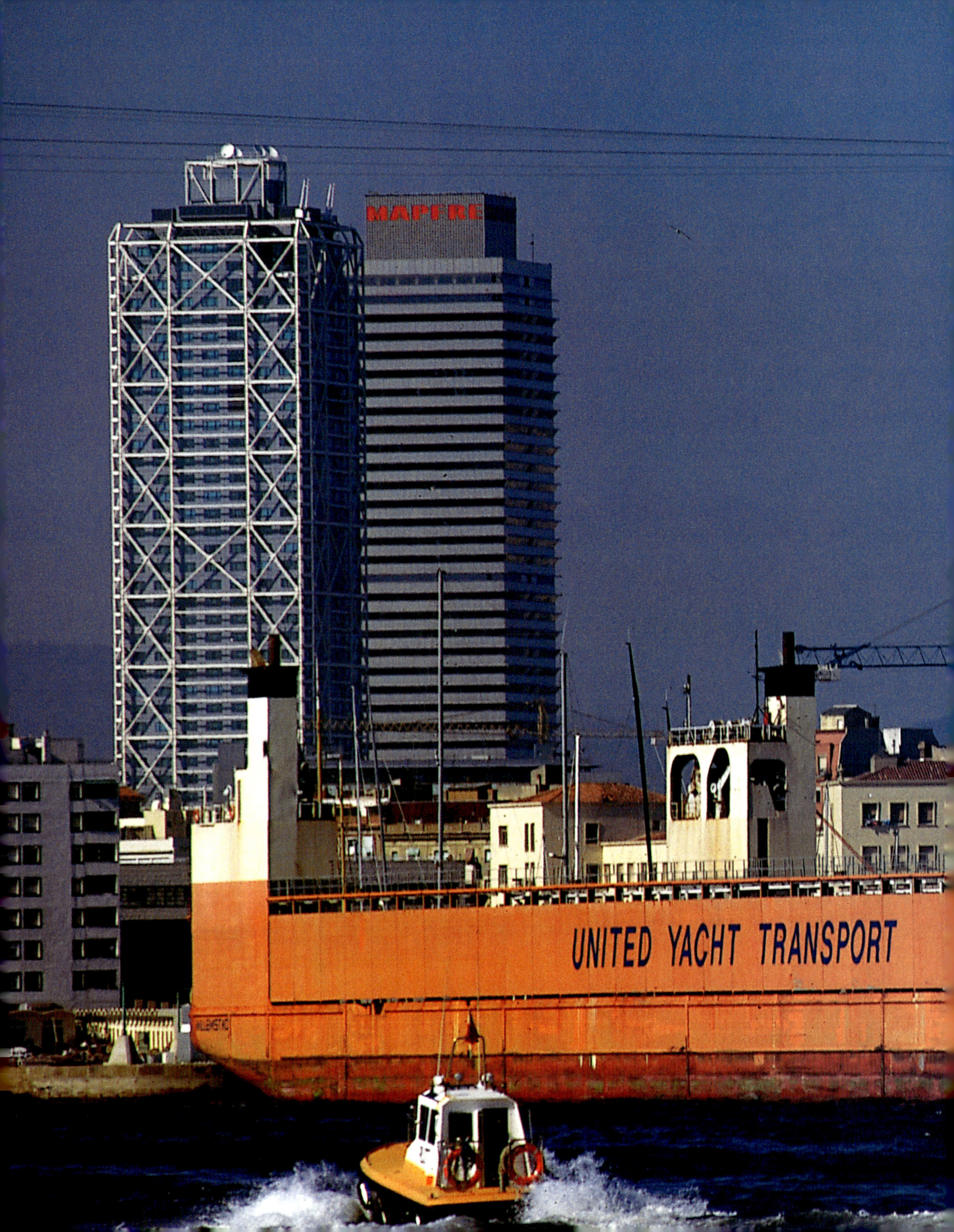

MAPFRE
UNITED YACHT TRANSPORT

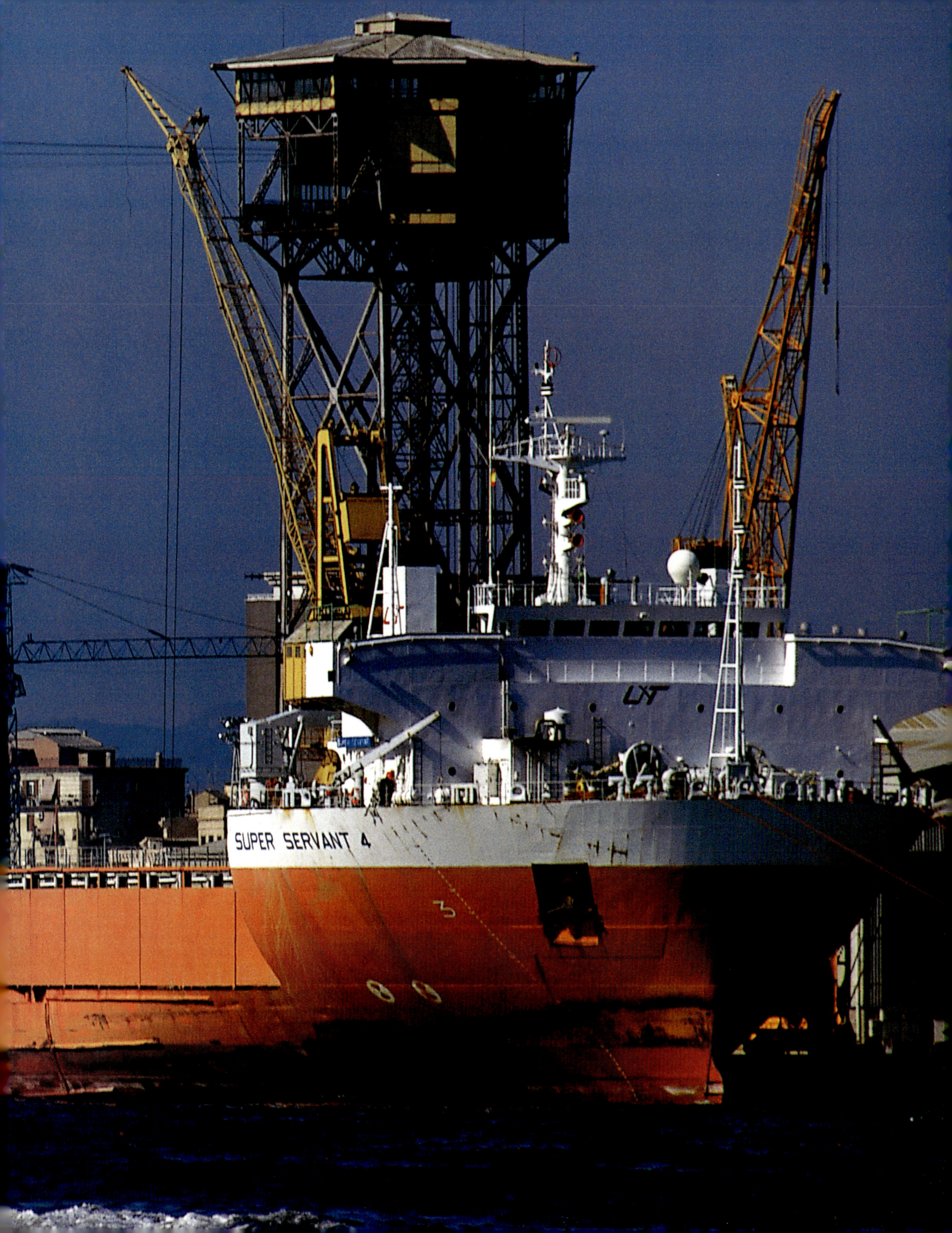
SUPER SERVANT 4

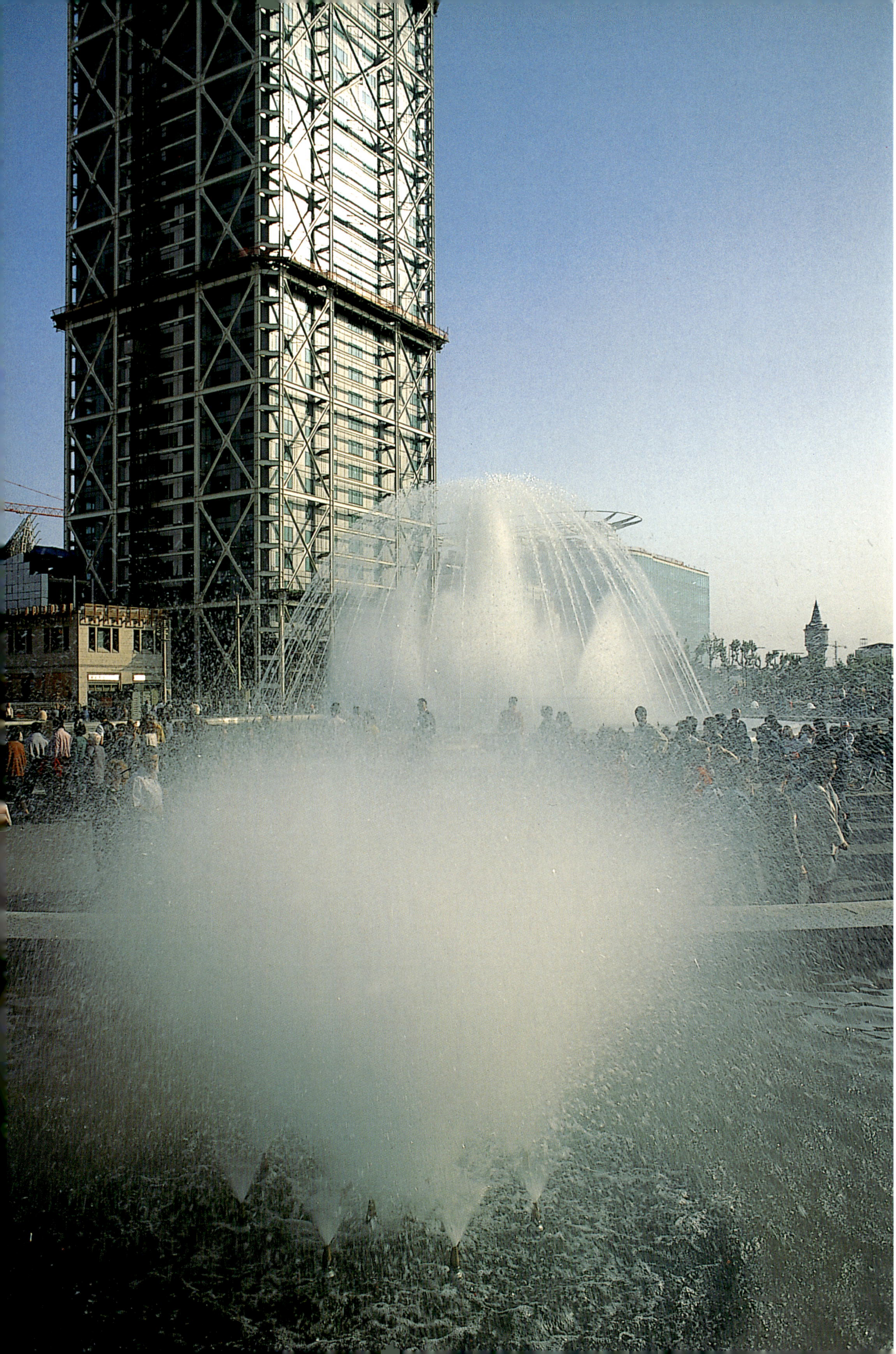

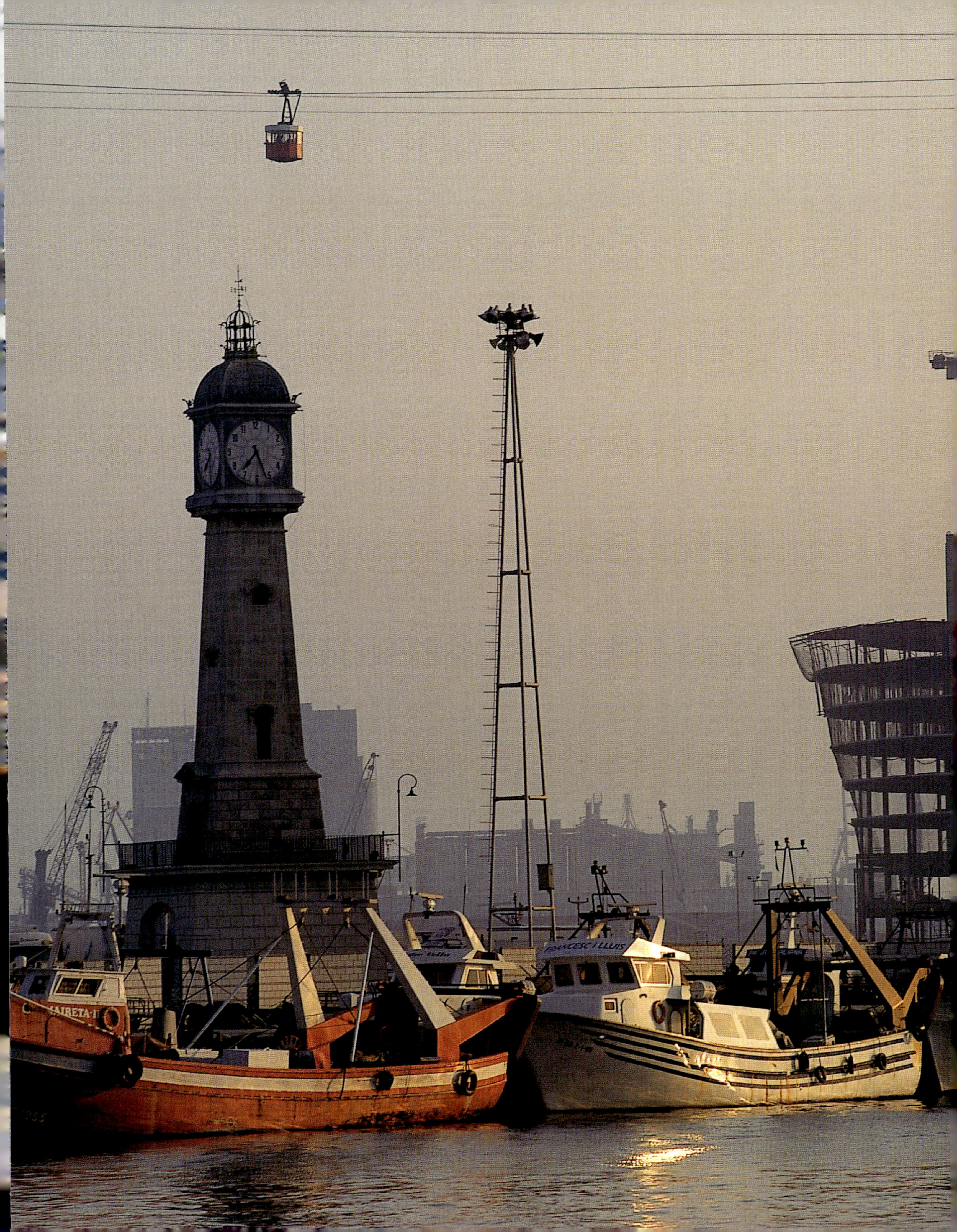
FRANCESC I LLUIS

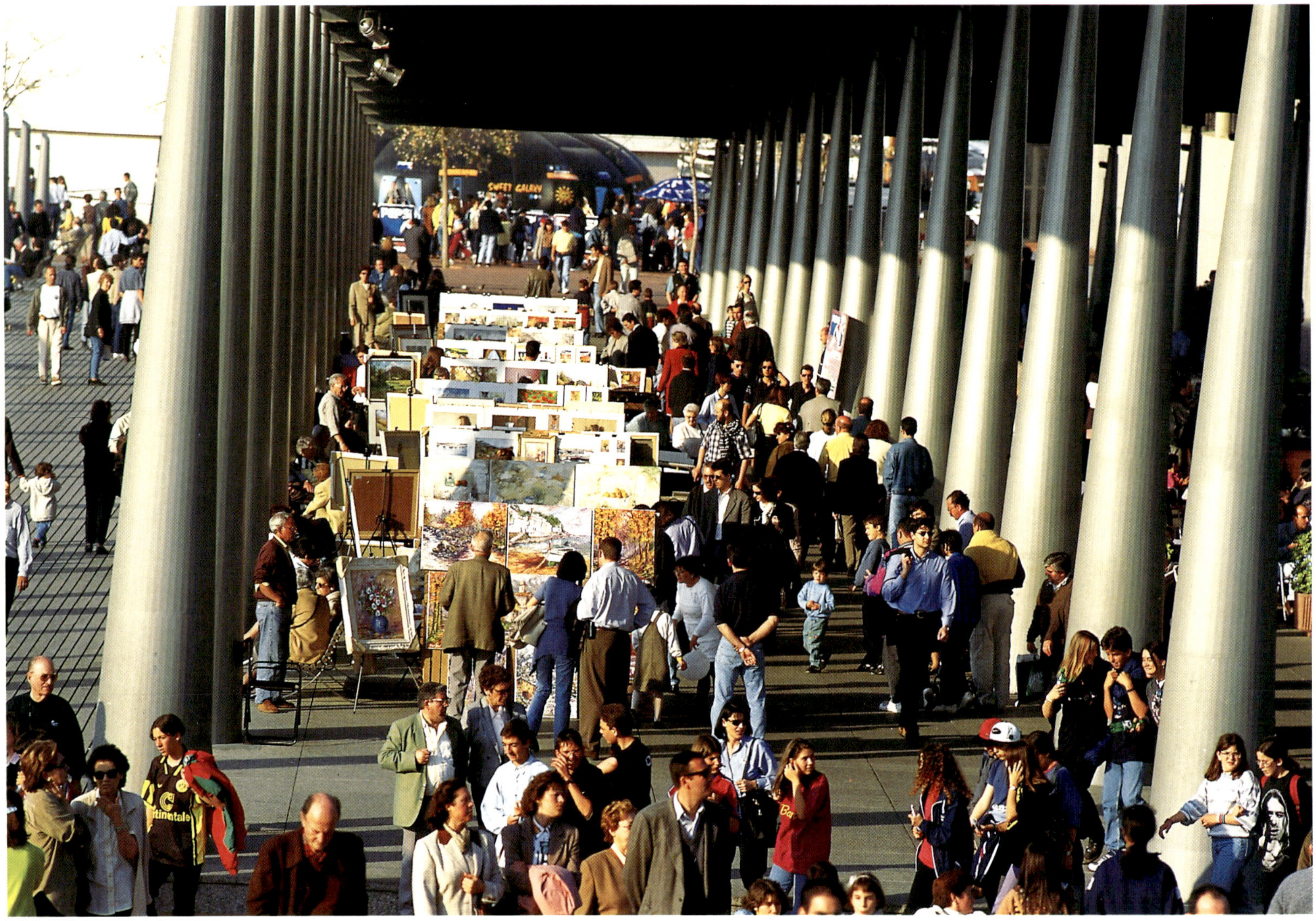

A partir del Moll de la Fusta, con las pasarelas que se adentran en el puerto, Barcelona ha desplazado hacia el mar el centro de gravedad. Espacios nuevos para pasear e ir de compras.

The footbridges that lead from Moll de la Fusta to the port have shifted Barcelona's centre of gravity in the direction of the sea. New places for strolling and for selling.

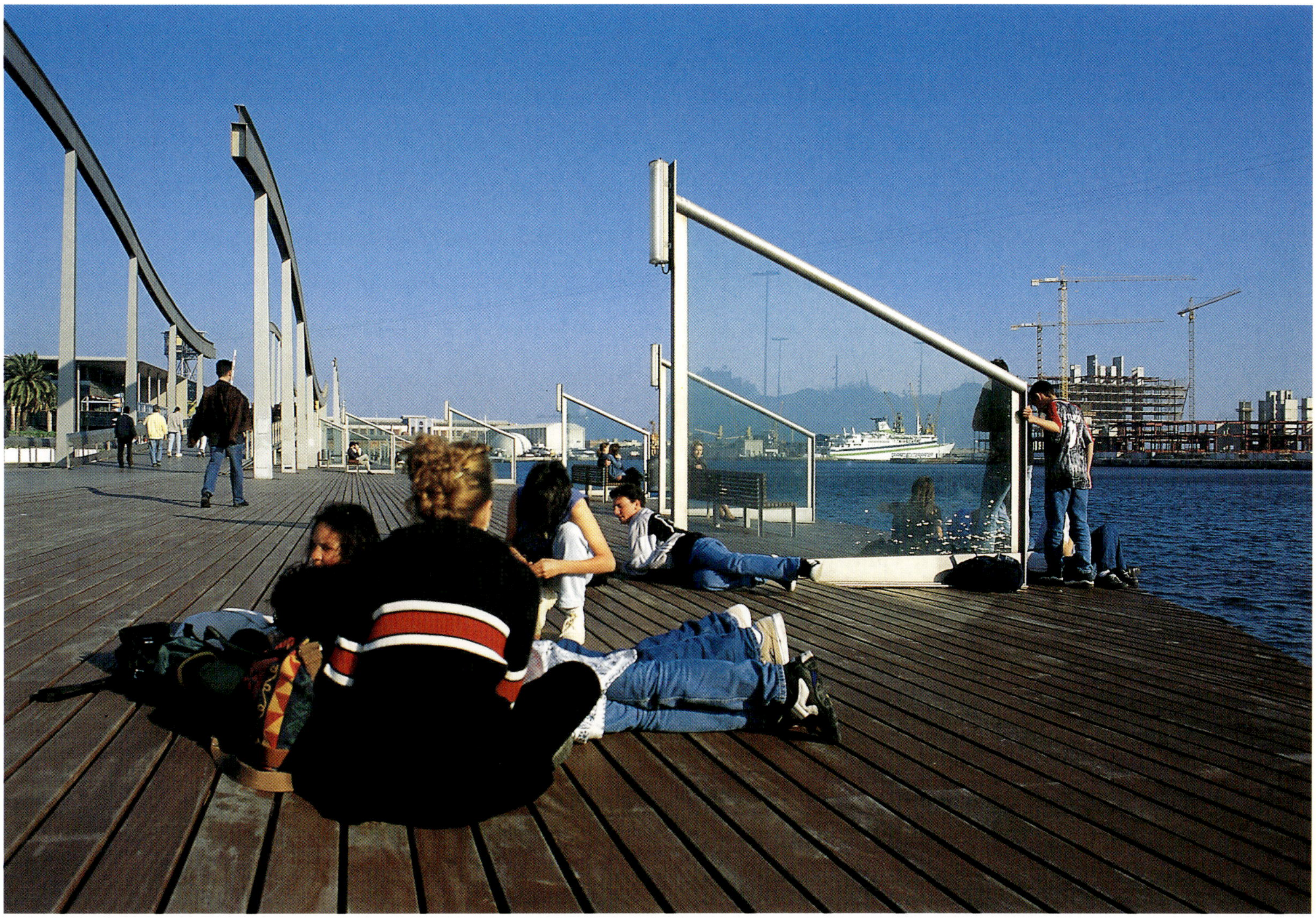

Los espacios abiertos del puerto, con horizonte, sin corsés, quizás acabarán haciendo real el verso de Maragall que ve a Barcelona risueña, porque sobre ella «se extiende un gran cielo». Ahora ya es posible verlo.

The port's open spaces have a horizon, they are not enclosed, and perhaps they will end up proving Maragall's line about Barcelona being a smiling city because it had «a huge sky above». Here, it can be seen.

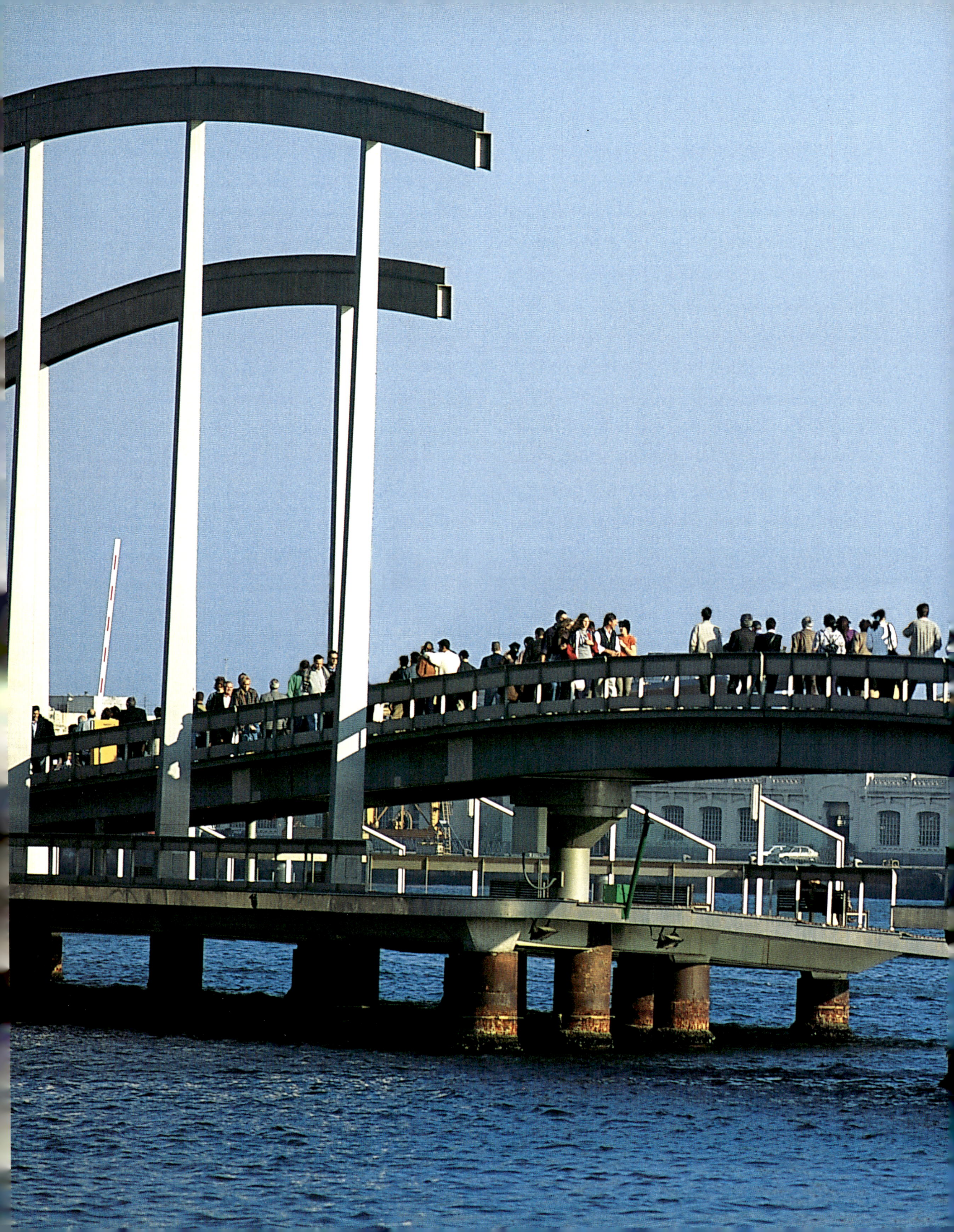

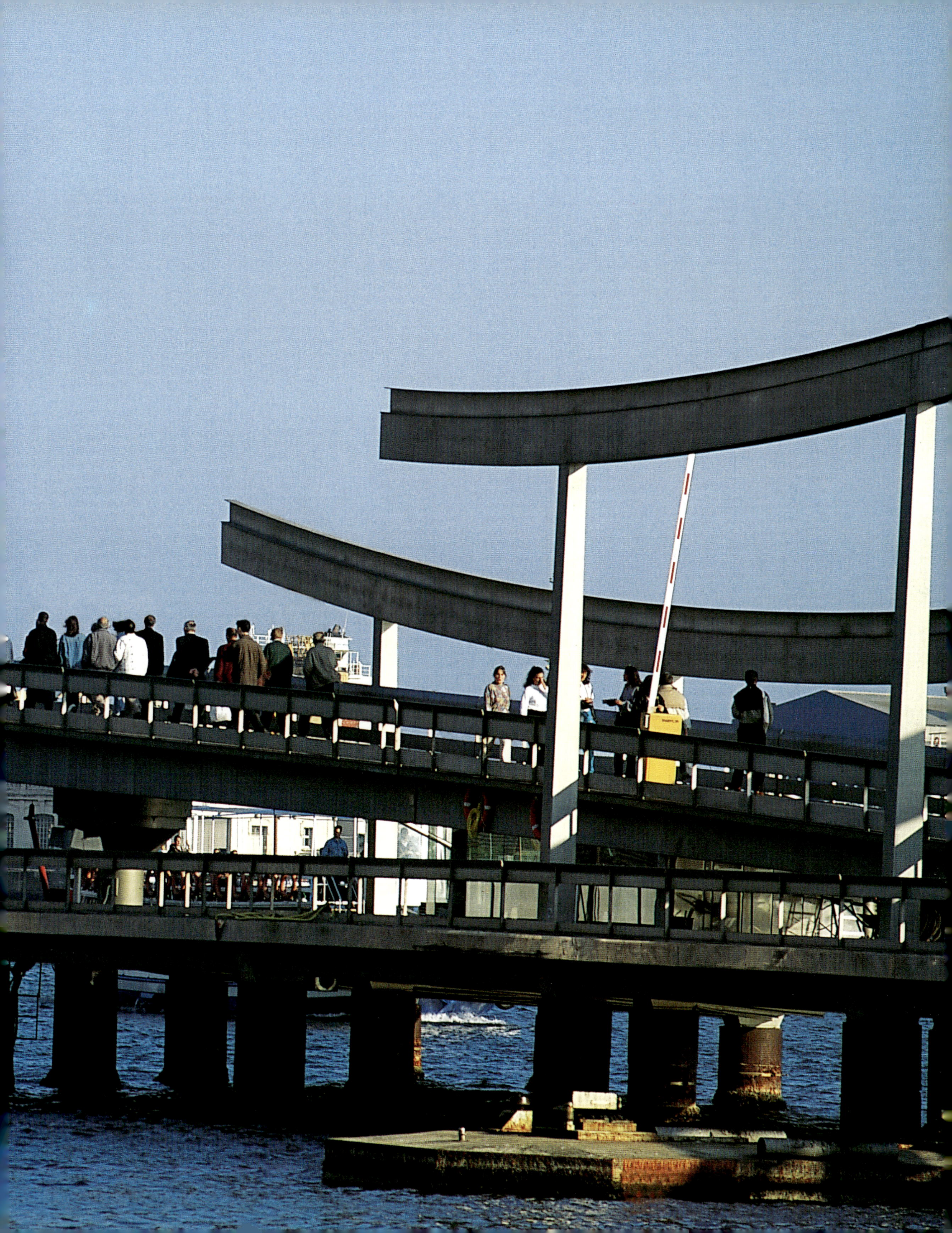

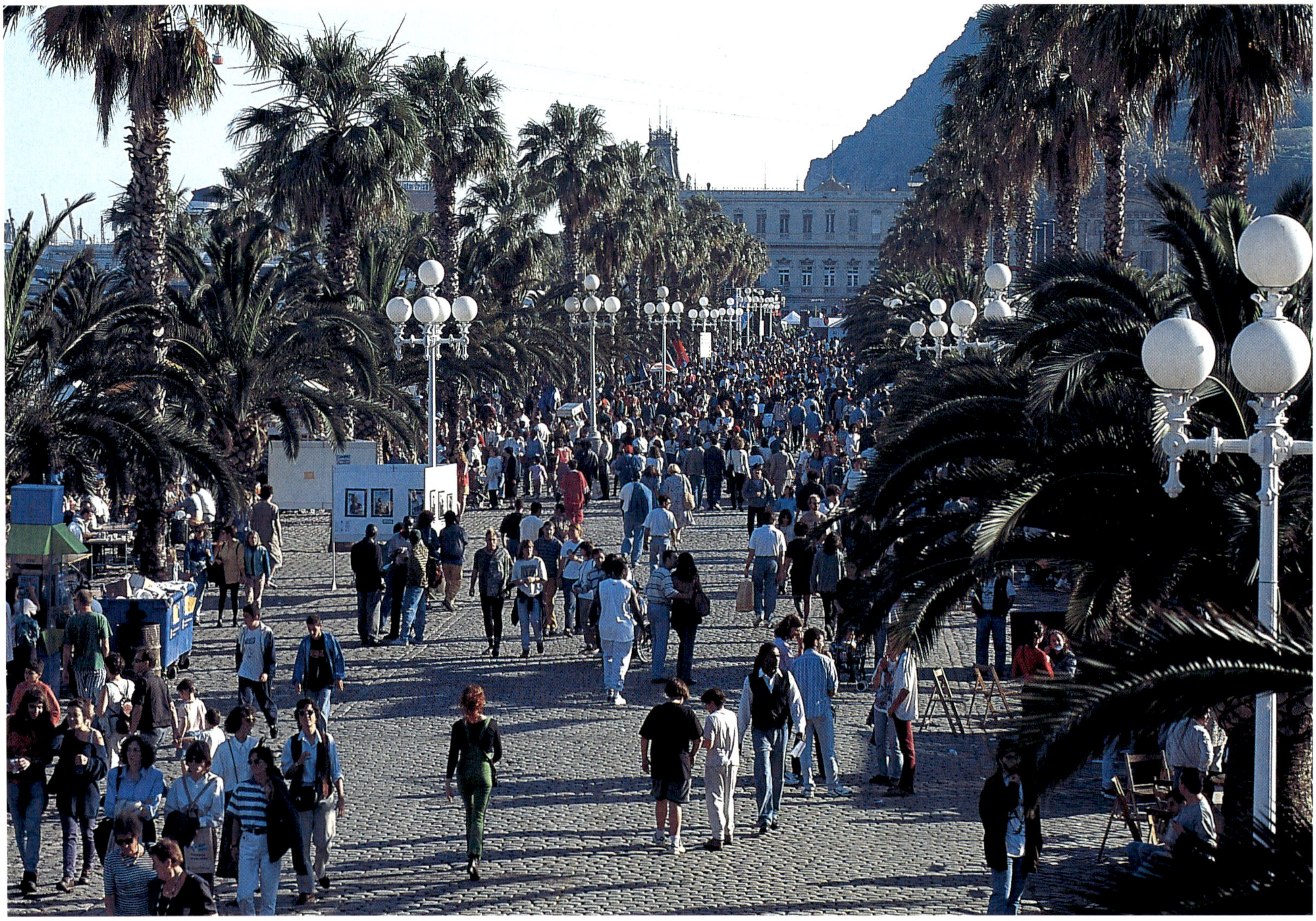

«He ahí: yo he guardado la madera en el muelle...» Los versos de Salvat Papasseit hacen mitología de un Moll de la Fusta familiar y plácido, donde cuesta imaginar «la lluvia a cántaros sobre los mares».

«There you have it: I have guarded wood on the wharf...» Salvat Papasseit's lines form a legend where we see the prosaic, placid Moll de la Fusta, where we can hardly imagine «buckets of rain on the barrels».

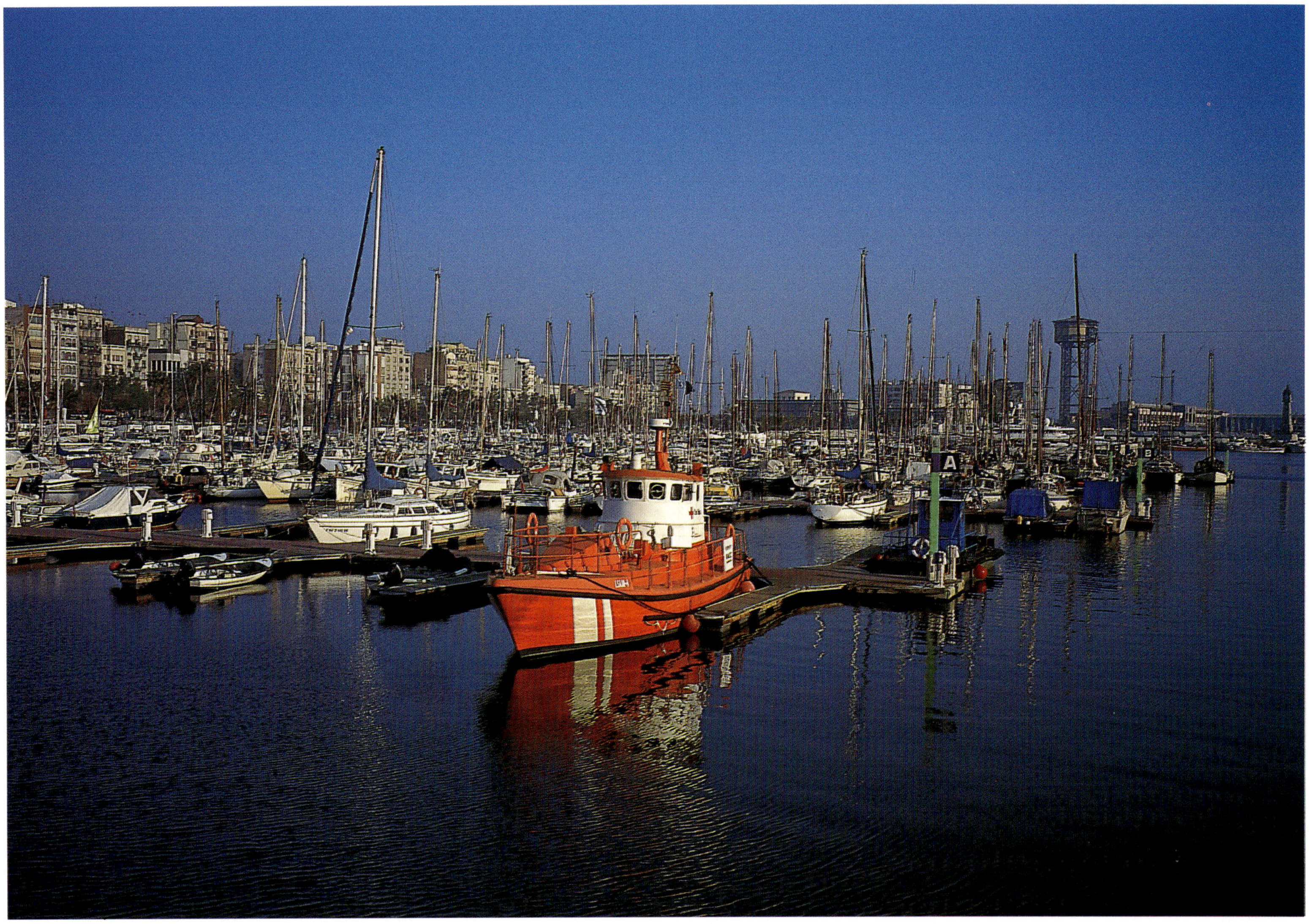

En medio del apabullante exhibicionismo de los yates en el Port Vell, aún es imaginable ver de vez en cuando una barca de pesca, quizá pura atracción turística para nostálgicos.

In spite of the startling exhibitionism of the Port Vell's yachts, you can still see the occasional fishing trawler, maybe just as a tourist attraction for the sentimental.

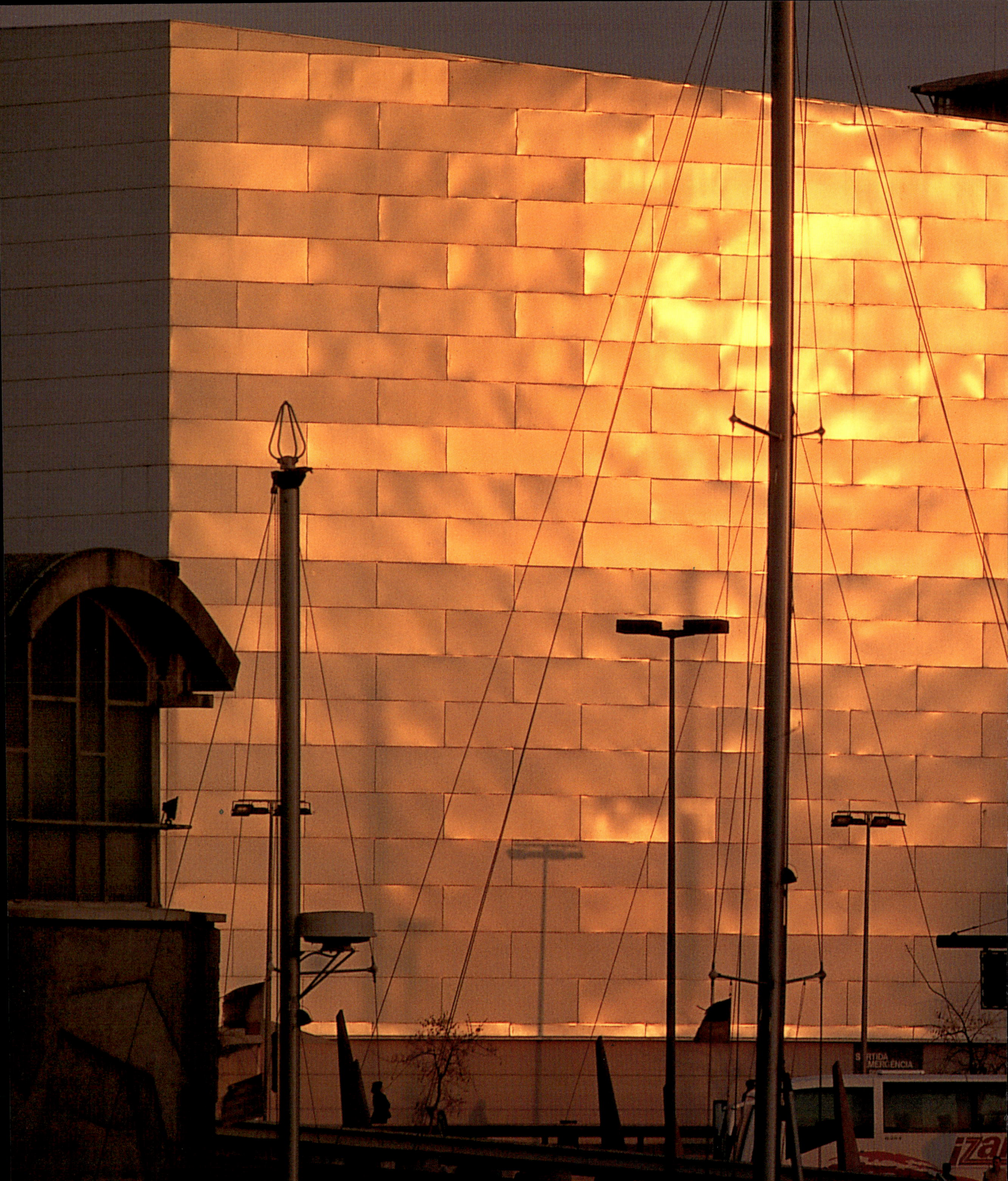

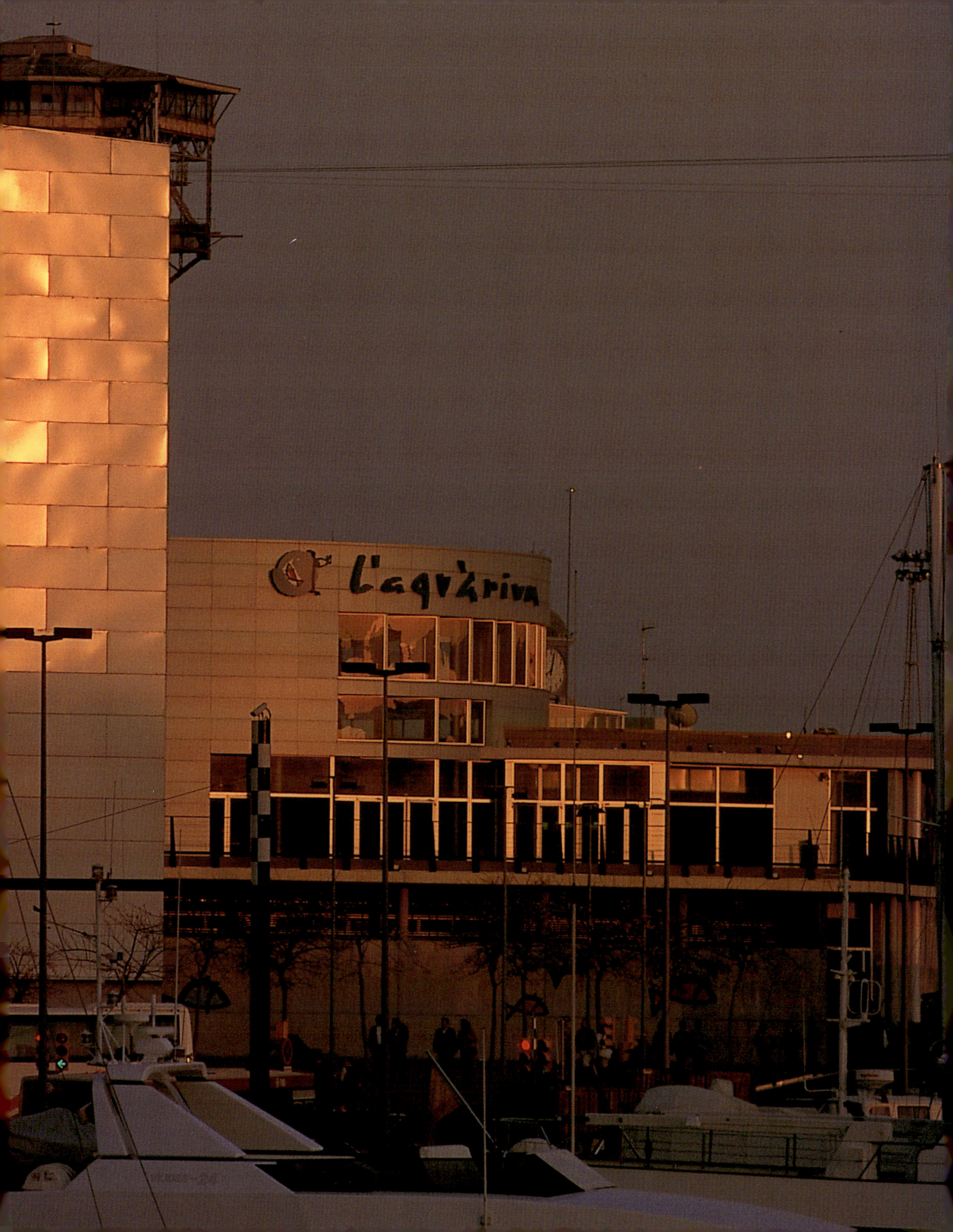
l'aquàrium

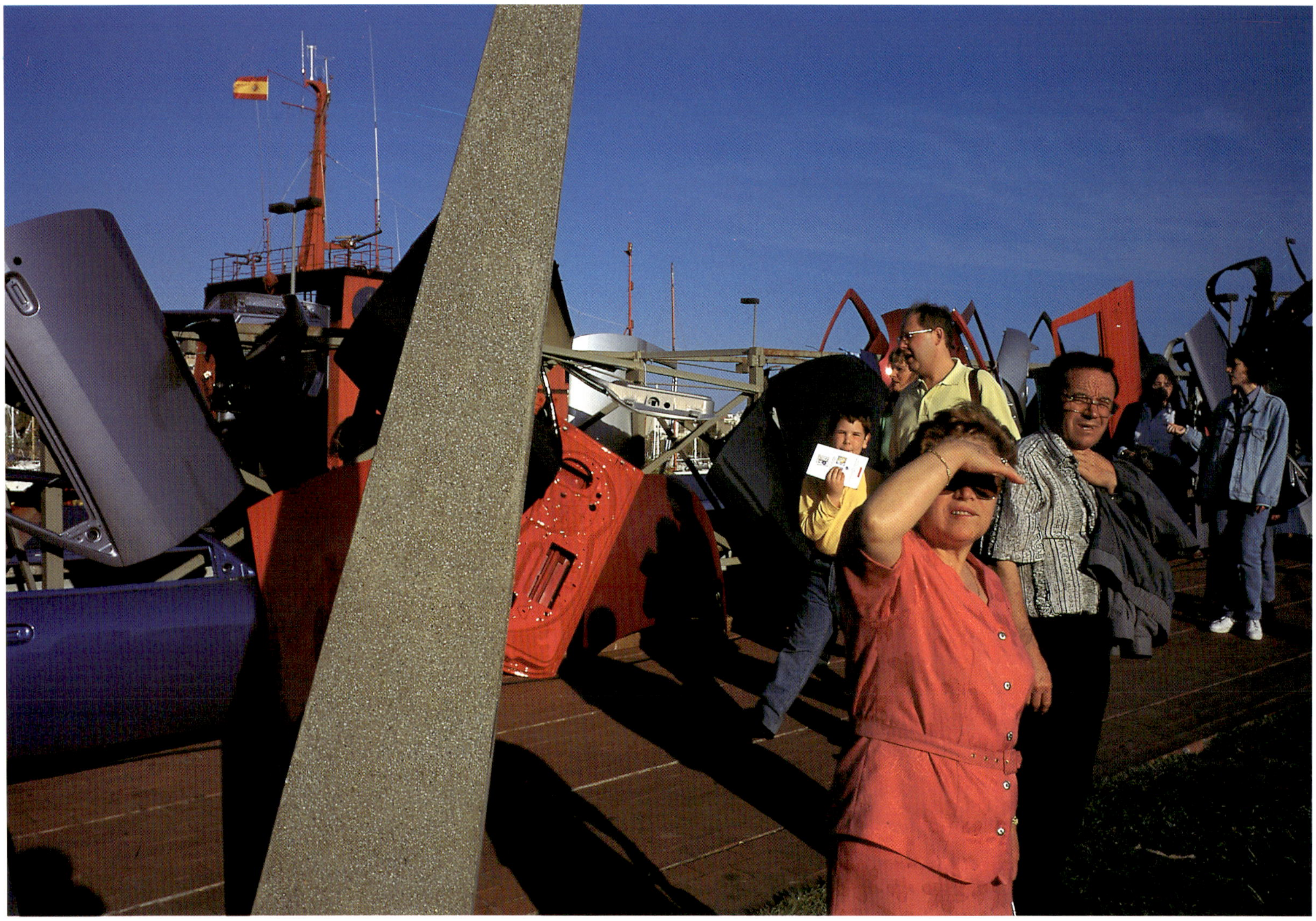

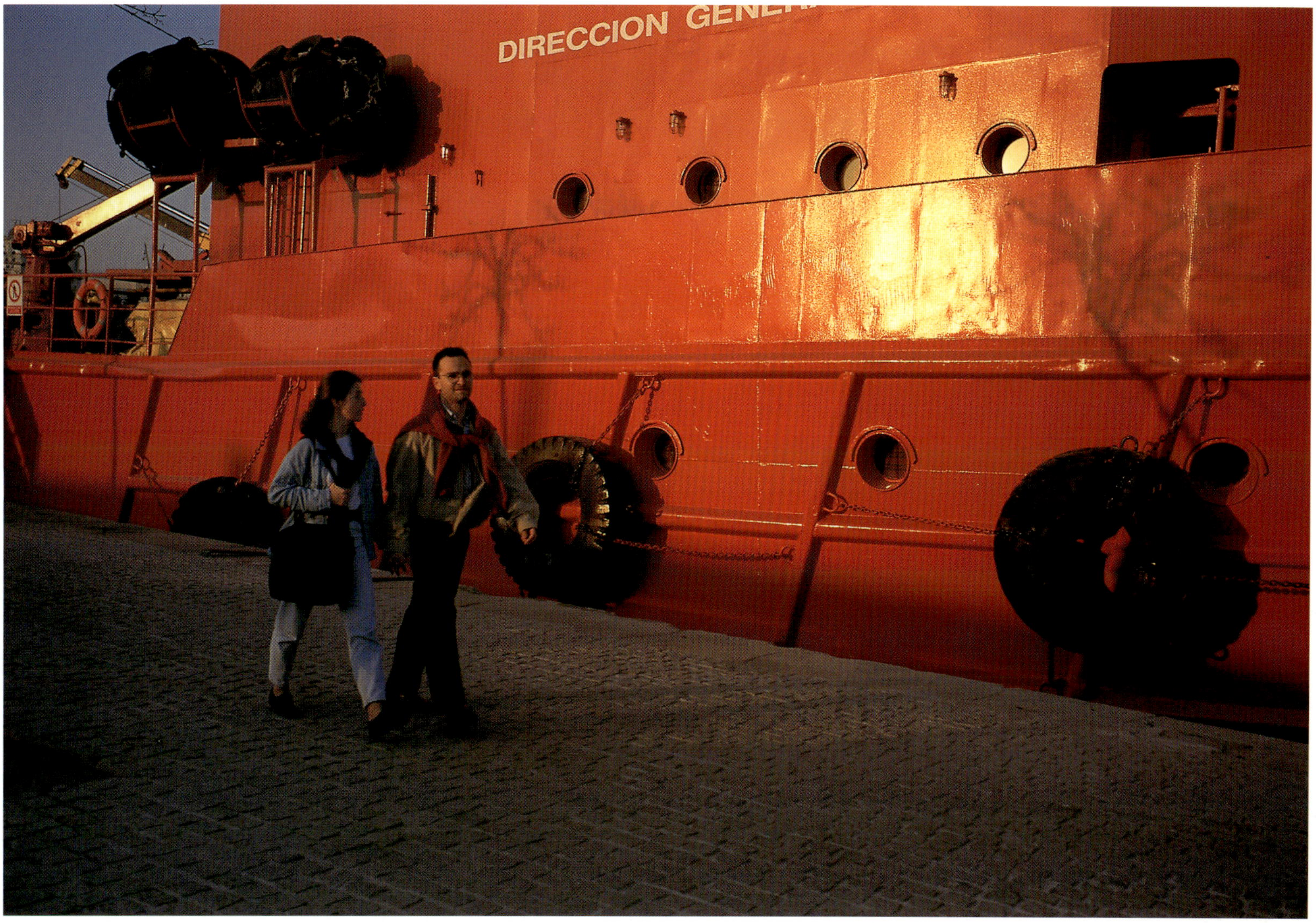
DIRECCION

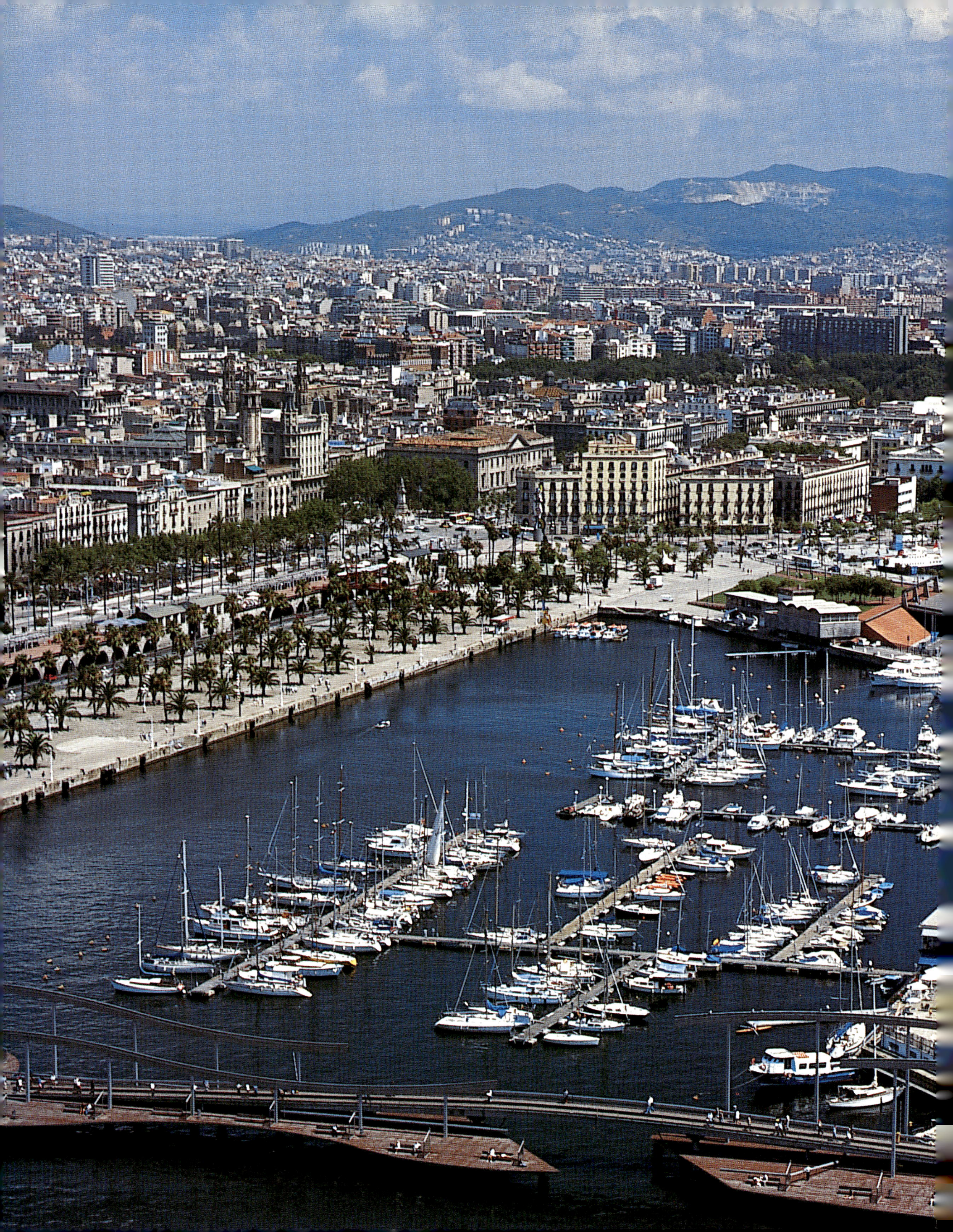

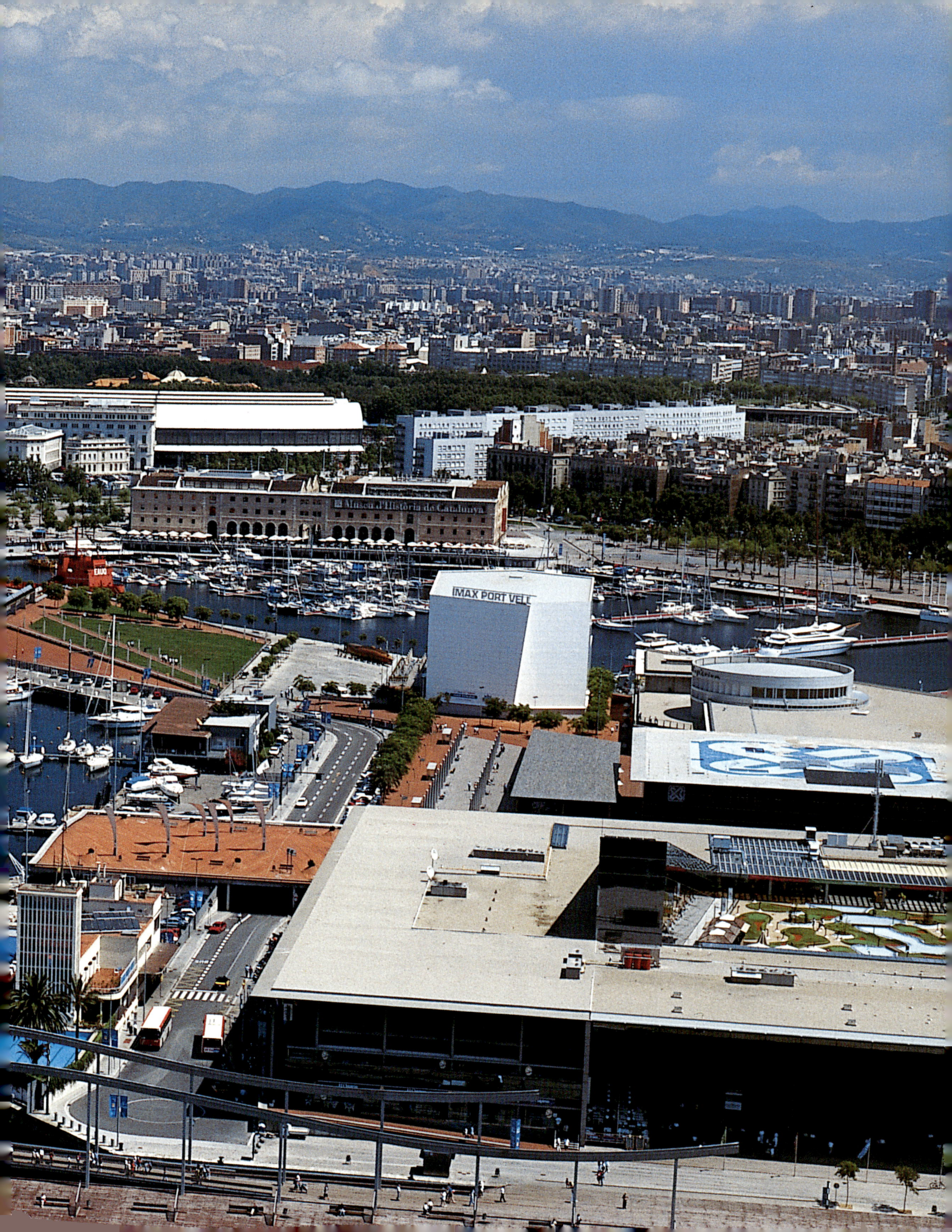
Museu d'Història de Catalunya
IMAX PORT VELL

He aquí: ahora las maderas del muelle están en las pasarelas como caracoles sobre los coches o sobre el mar. O las palmeras verticales que acompañan el paseo por esta amplitud nueva, conquisada frente al mar. Un mar invisible, tapado por los tinglados y el gris, descubierto y vuelto a tapar: mar sin horizonte, cerrado, portuario, pero también trae aquello que va y viene, viejas maderas exóticas, el mundo entero. He ahí: en las fotografías antiguas esta explanada era un almacén, cubierto y descubierto, las maderas amontonadas, un lugar de misterio, con la épica del trabajo, de las noches solitarias de vigilia con música de acordeón, bajo la lluvia:

Pero yo he visto la lluvia
a cántaros
sobre los mares,
y bajo los tablones acurrucarse el destajo de la angustia;
bajo los flandis
y los melis
bajo los cedros sagrados...

El moll de la fusta no es nada, tan sólo una explanada frente al mar, un bellísimo paseo inteligente, una fachada soleada con sabor de vermut y domingo. Pero es también la memoria de las fotos antiguas, de los trabajos y los días, de las lluvias sobre los flandis y los melis, de las historias acumuladas. Y eso es un nombre sugerente, Moll de la Fusta. Pero es sobre todo el eco de un poema, el «Nocturn» de Salvat, la fuerza de la memoria:

He ahí: yo he guardado la madera en el muelle.
Vosotros no sabéis qué es guardar madera en el muelle...

Nova Icària es un nombre de utopía. Ya lo es Icaria, aún más si es nueva. Lo que fue la Villa Olímpica fue imaginado para después del 92 y no es exactamente un barrio, es un paradigma. Barcelona sólo se puede reconstruir, no hay lugar para construir sin derribar. Con la excusa de los Juegos, la Icaria envejecida —y quizá entrañable, no lo sé— de las fábricas inútiles dejó lugar a una fábula urbanística. Tenía que ser aquí: bordea el mar y se llama Icaria. Y la Nova Icària es, más que un experimento, una propuesta. No es la Defense a la catalana. En la utopía urbanística de la nueva Barcelona hay rastros de la Barcelona de siempre. Como corresponde a su nombre, la Nova Icària es una utopía mesocrática y anarcoide. No es una utopía de Estado, no es una utopía solemne, como la francesa. Sus monumentos no son edificios públicos, catedrales, museos, símbolos directos o indirectos del poder. Nova Icària es una utopía mediterránea, y por ello tenía que estar junto al mar y por ello desemboca en un puerto de ocio y de calma, un puerto para poner yates y restaurantes. Es también una utopía horizontal, extendida, de parques de césped y avenidas con pérgolas, aunque las pérgolas atrevidas de metal no sean nostálgicas. Es tan horizontal que necesita dos rascacielos gemelos para cristalizar, pero rascacielos aislados, singulares. La Nova Icària es una utopía de casas y de tiendas, amena, fría -¿todavía?, pero nada nórdica. La Nova Icària es lo que quiere ser Barcelona cuando sea mayor.

Gemelas, pero no iguales, las dos torres junto al Puerto Olímpico son una especie de guiño irónico es su soledad, en los límites de una ciudad que ha preferido condensarse a mirar hacia arriba.

Twins, although not identical ones: I mean the two skyscrapers next to the Olympic Port are a sort of a nod and a wink, there on their own, at the edge of a city that has chosen wall-to-wall buildings rather than to climb up towards the sky.

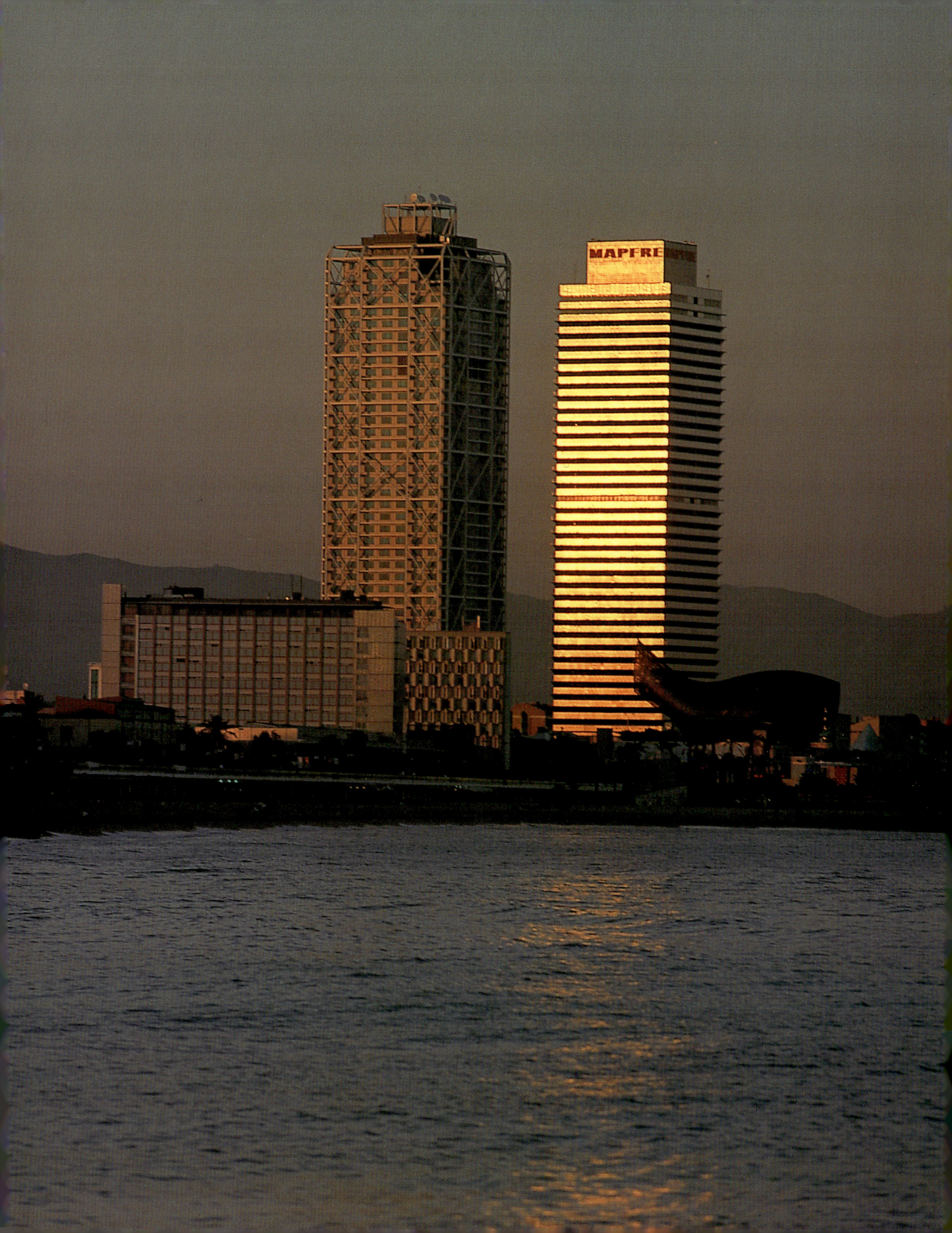
MAPFRE

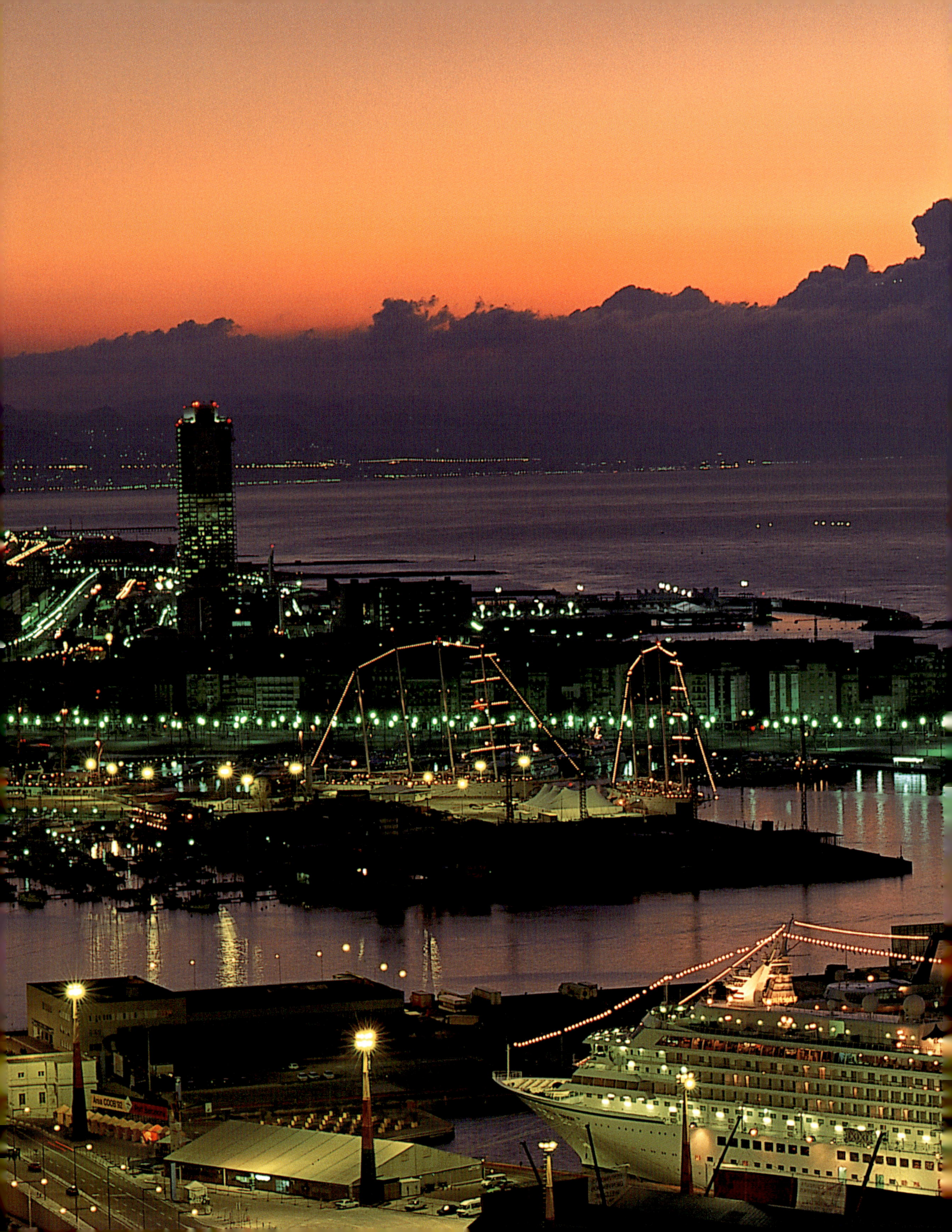

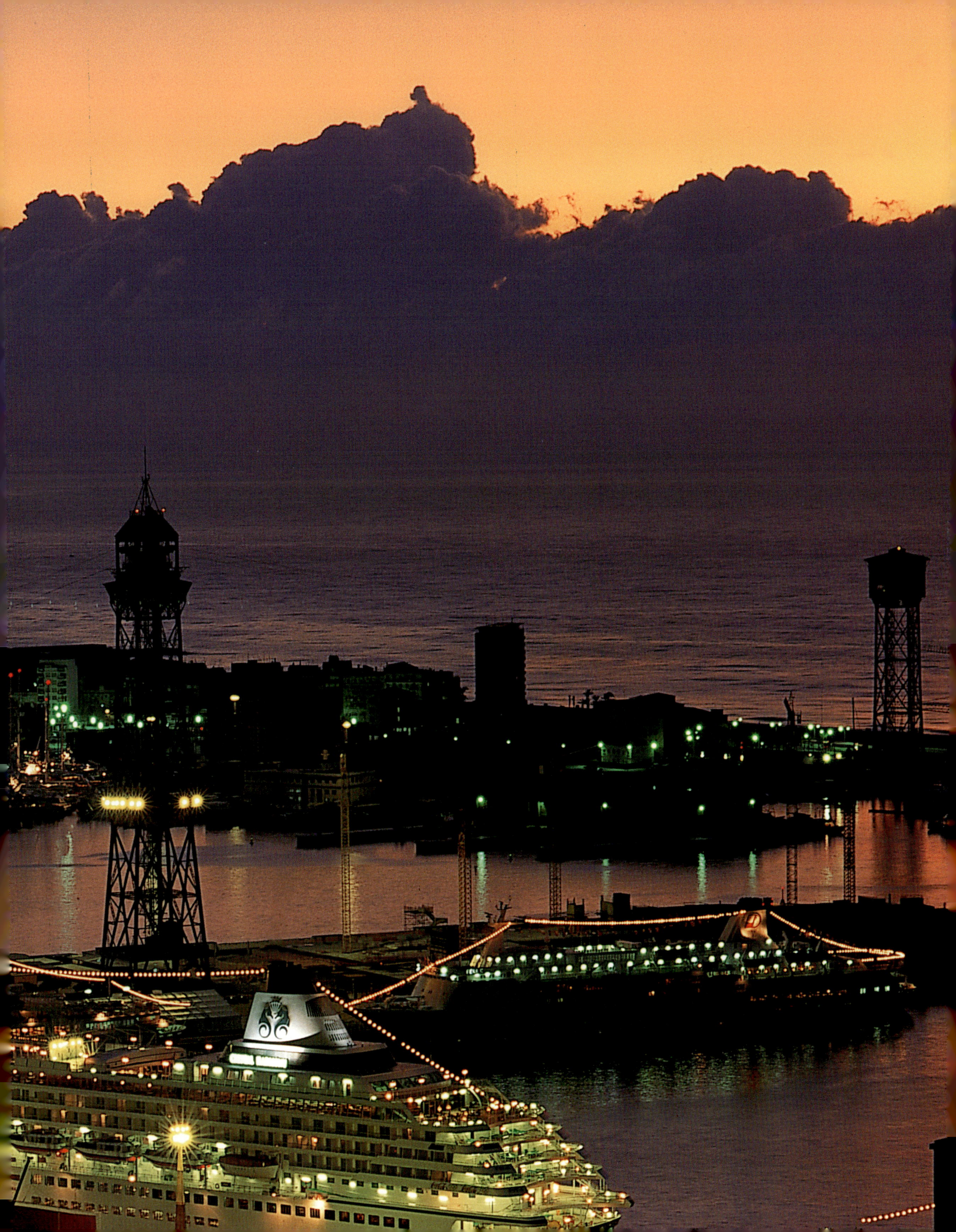

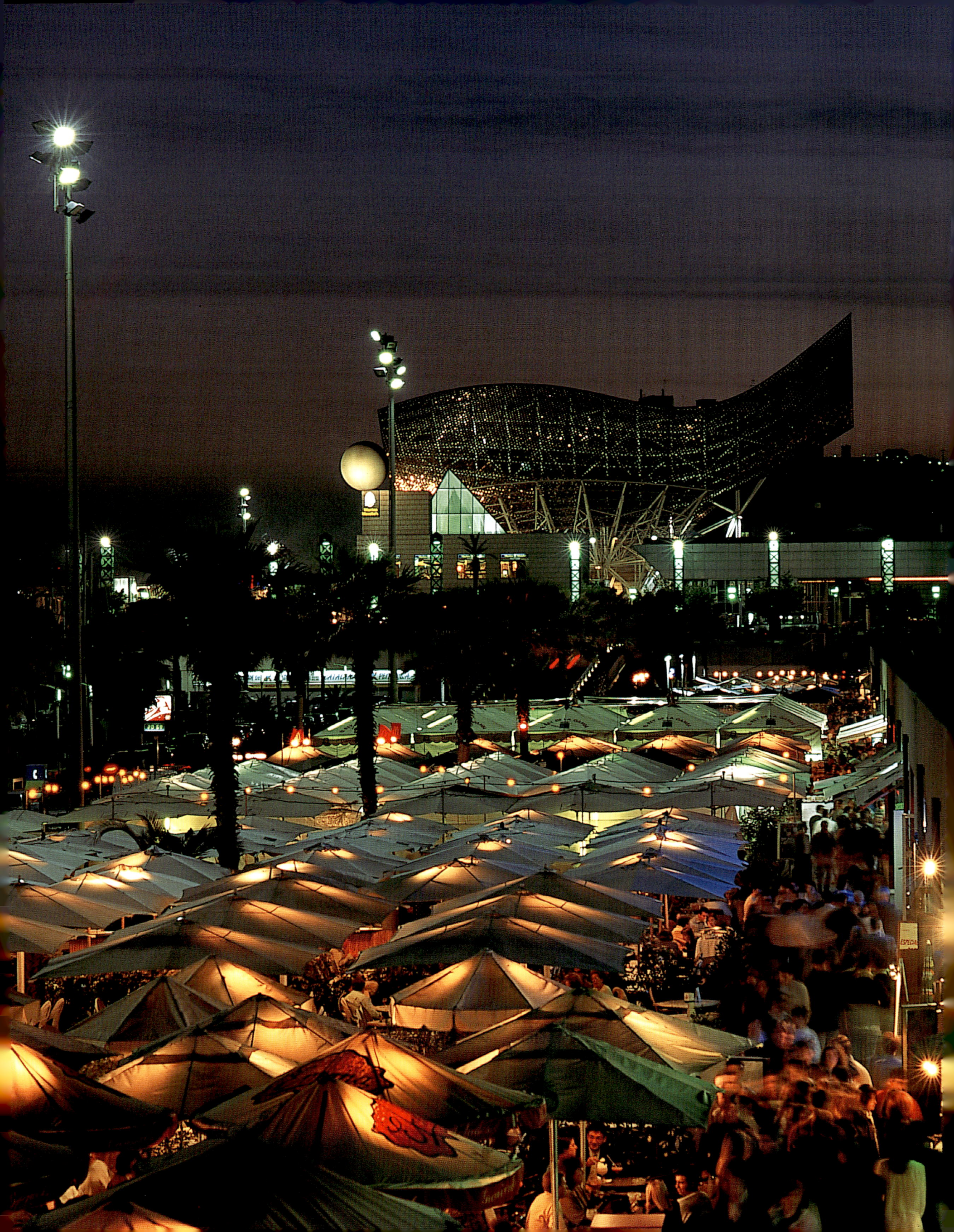

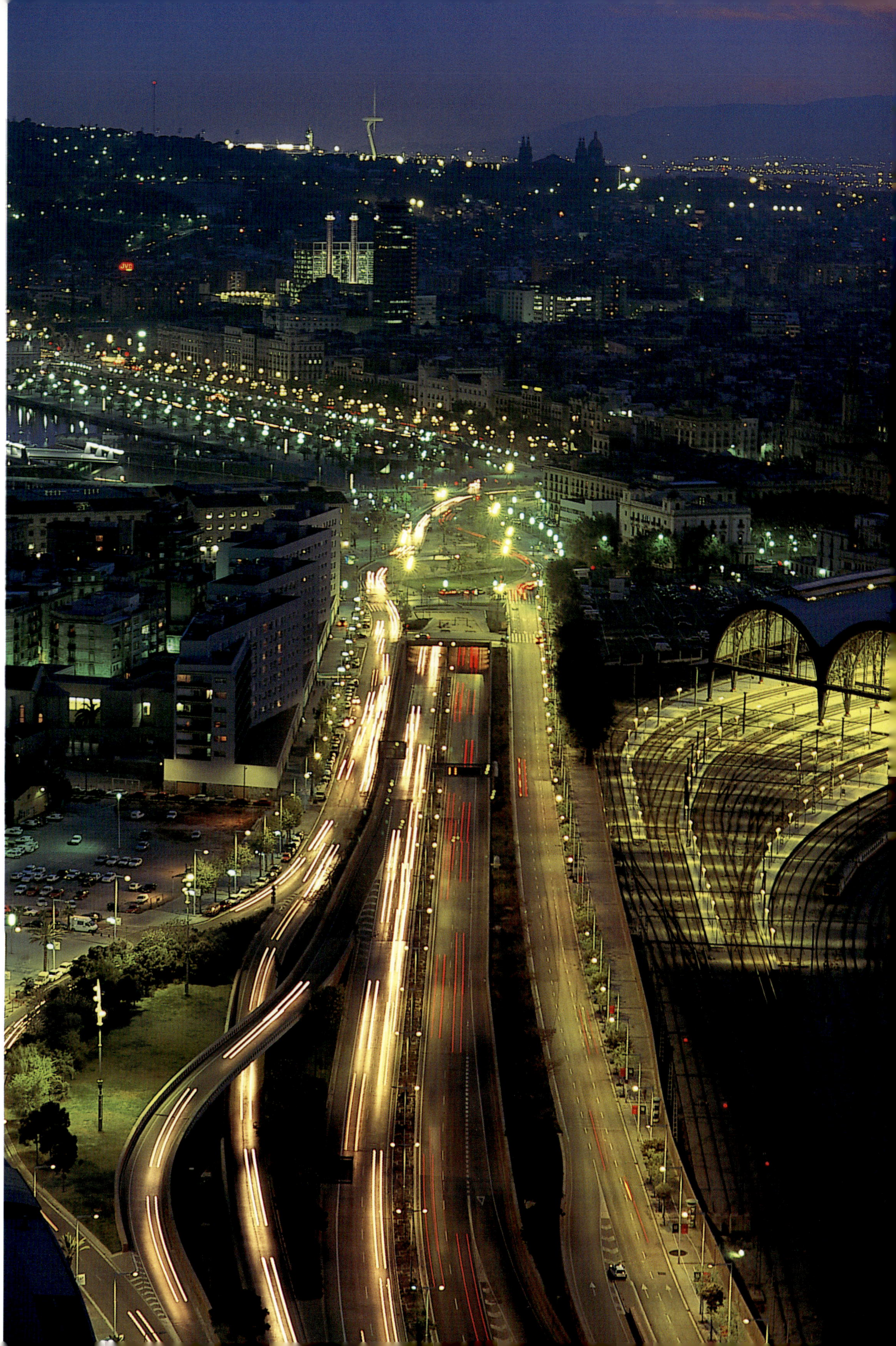

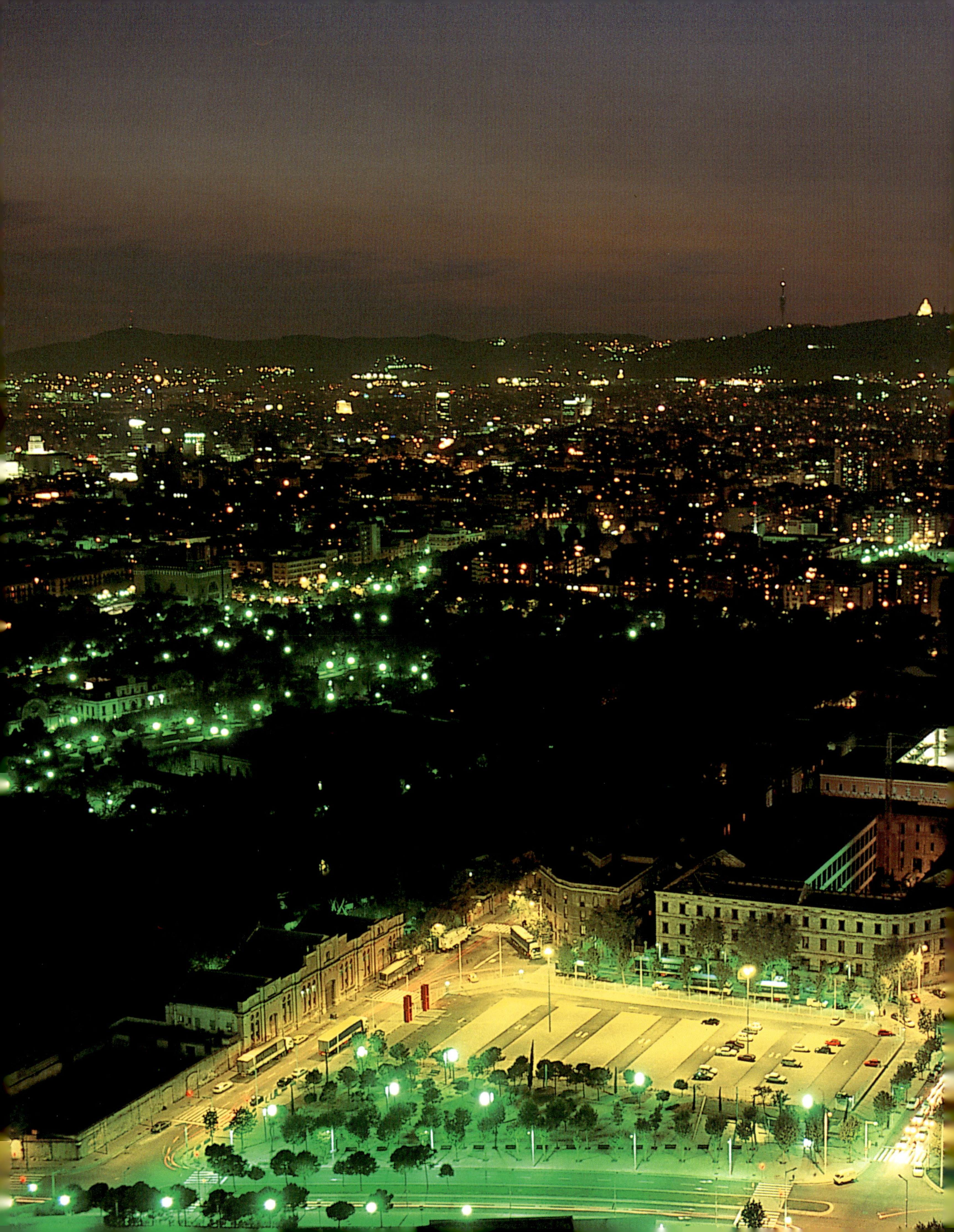

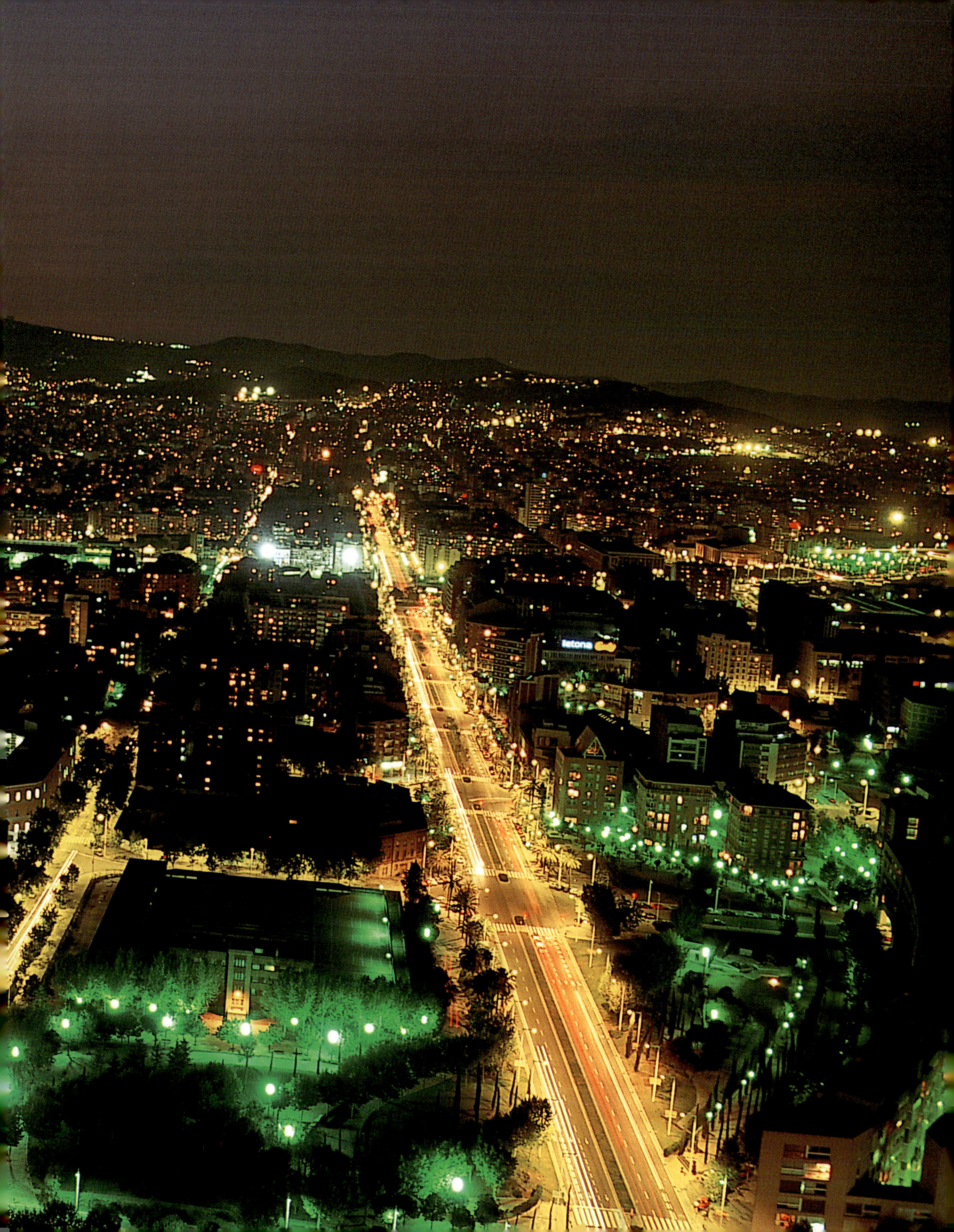
letona

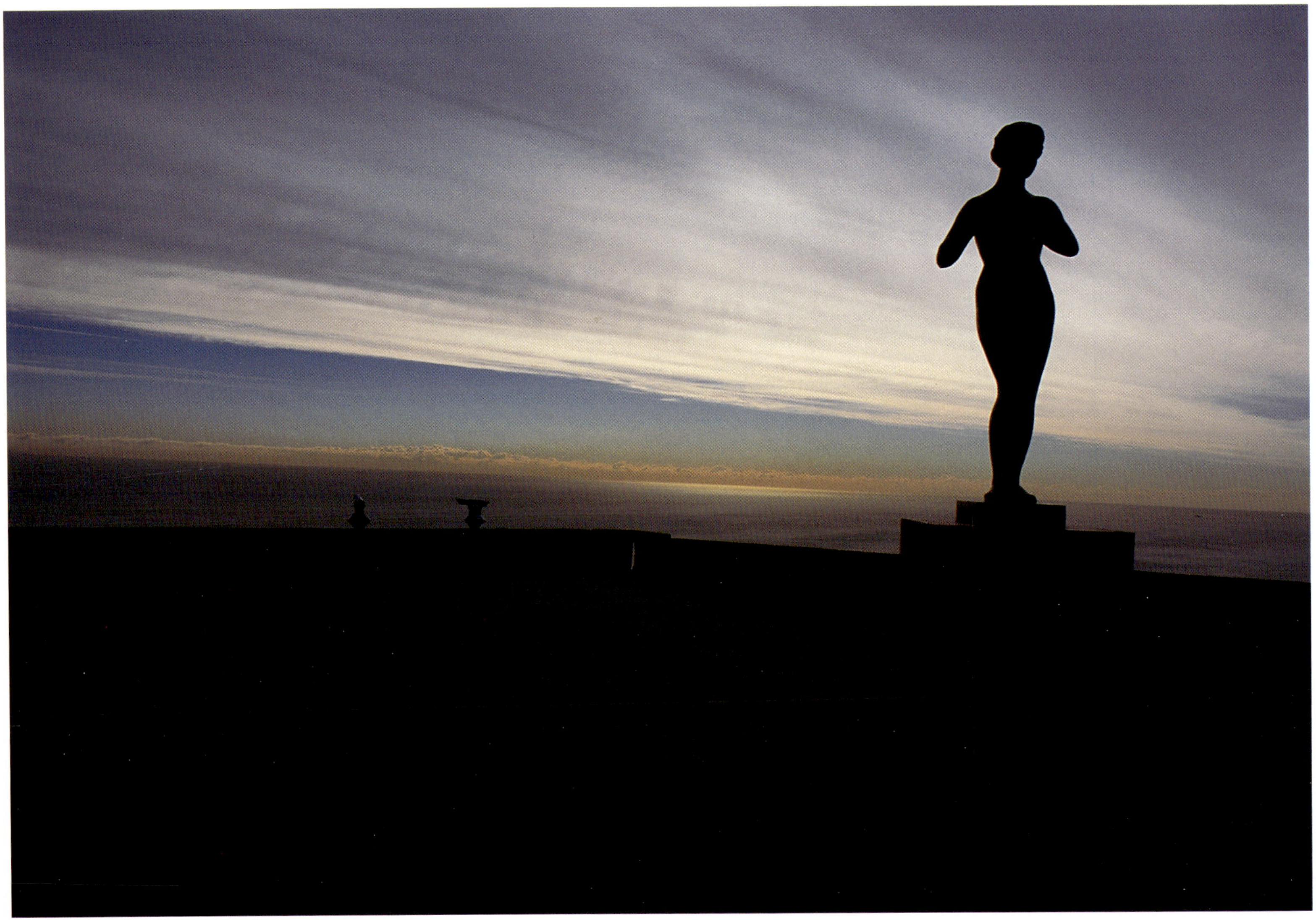

A los pies de los rascacielos, las noches de Barcelona las imaginamos acogedoras, cálidas, de luz y de terrazas.
Es el mito que hemos ido construyendo de nosotros mismos. Como todos los mitos, a partir de un mínimo de verdad mejorada.

In the shadow of the skyscrapers, we imagine Barcelona's nights to be welcoming and warm, with lights and street-cafes.
This is the myth that we have provided ourselves with. Just as with all myths, an improved version containing a small quota of truth.

ENGLISH TRANSLATIONS

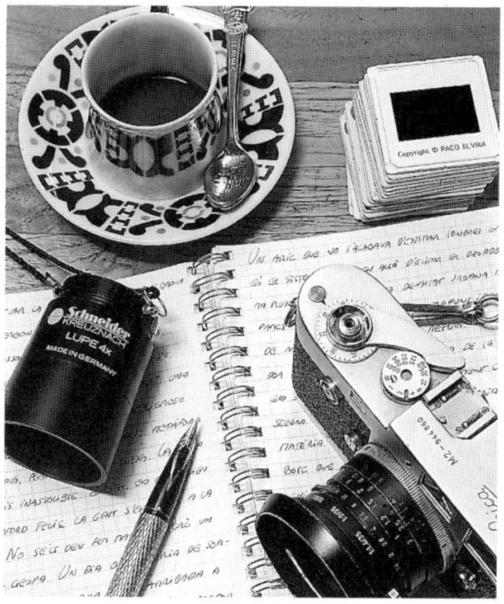

The open-air city belongs to everyone. Or to nobody. The walls do not really keep out the light or the rain – they are, in reality, property boundaries, just as walls in the countryside are, walls that hold up no roof but do separate. To have between walls. Outside of the walls, one stops having. And cities are a mixture of inside and out, of possession and concelebration, of private and shared ambients which come together in the windows of the facades. A Barcelona of facades exists because there are two other Barcelonas: one of furniture and geometric floors, and one of space for moving through and for meeting in. Open-air Barcelona represents what the Mediterranean is. Or better still, the north of the Mediterranean: down below, what does not belong to anyone tends to belong to nobody rather than to everyone. Down below, the first person plural is not terribly common in verbs of possession. In Barcelona – as in Italy, Provence and few other places – it is the boundary between the singular and the plural, where things that are not yours alone may actually be held in common. A Barcelona belonging to everyone exists, in the open air beyond the stone city walls that mark the limits of property. This open-air city is the one used by everyone and which can even belong to everyone. There is a risk: being partially the property of everyone and of no-one, this open-air city may end up belonging to the Prince. Well, to the powers that be.

A friend who never quite got to like London in spite of living there for a good deal of time told me: the parks are their system of avoiding depopulation. The climate is wet and hostile, the city is vast and thickly-populated, and so London's parks are the required reverse, an illusion of untouched nature, a refuge. If they did not have this visual overflow that the parks provide, these flat urban lawns that provide relaxation for the soul, nothing could hold them back: the Londoners could not be stopped from fleeing southwards. If this caricature is to be believed, London would cease to exist for want of raw human material. This may well be why the parks of the north are more wood than garden, ersatz preserved virgin nature that demands breadth and horizon. Not so Barcelona. In warm, Mediterranean Barcelona with its fine weather, the parks are squares or gardens rather than a fossilised earlier natural existence; they are the decisions that form a city, as artificial as the rest. The parks are brush-strokes, notes, they do not require space, pomposity – what they need is surprise, abundance, dotted around the city, overflowing, but shared out. And of course, its parks are not the sweetener required to be able to swallow an offensive city, the bonds that hold one back from taking refuge in the external, rural myth. Maybe not in London either. Certainly not in Barcelona.

The beauty proper to those cities that grew up on a plain between the mountains and the sea. The beauty of being able to climb a hill and survey this motley assortment of buildings that slopes down to the sea. From a height, the city is on offer: Look at all that I can give you... "Tibi dabo..." There is a feeling of ownership, of dominion, but one of distance too. In one of his most melancholic songs, Loquillo sketches a character, like the hero of some American song, a sort of a "Rebel without a Cause" halfway up Tibidabo, in a badly-parked Cadillac, drinking or half-drunk, smoking or stoned, sharing or after sharing the back seat with some blonde while desiring a different one. Before sunrise takes him by surprise, he depicts himself:

And here I am sitting
in an old Cadillac - second hand -
below the 'Merveyé'; at my feet, my city

Beauty at all times of day and of night due to having the city at his feet, beautiful and distant, possessed and aloof. A melancholic panorama? that depends on whose eyes are looking at it. To put it in the words of Vázquez Montalbán: From more or less the same place where Loquillo's James Dean parked his Cadillac, the ineffable Pich i Pon, an anthology of complete nonsense, said the one that went: "What an abundance of urban property!"

It was their first time flying. For generations of Barcelonans as well as its Sunday visitors, Tibidabo's airplane was as close as they came to flying in their whole life. The present writer has never boarded any plane other than the one on Tibidabo. Of course, when it did its first circuit in 1928, an airplane must have still been an exceptional, exotic contraption. Funfairs were not yet what they have since become: a violent fright, a plethora of strong feelings, a trip in the midst of the most realistic terror, horrifying dinosaurs, roller-coasters with slopes that would be difficult to find in the Alps. In those days, all that you needed to attract the public was a number of marvellous automated figures, the funfair attractions of a sunny Macondo in Barcelona. Further on, perhaps, a hall of mirrors such as the ones that provided Valle Inclán with his definition for the word *esperpento*: put on or lose weight – even simultaneously – in order to produce a caricature. Or letting off steam in the bumpers, declaring war with a sally. But there was always the hope that the airplane engendered, the hope that summed up Tibidabo, the illusion of flying because when all is said and done, from the peak of Tibidabo Barcelona seems a toy-town, a Lilliputian city, a distant presence down there. Just as from other airplanes. The real ones? Who would dare to state that the others are in any way more genuine than this one?

Barcelona has paid little attention to one of the prophesies contained in Verdaguer's Ode:

O giant spreading out your arms to the mountains,
when you arrive there tomorrow, just what will you do?
You will do as an immense ivy which, having covered
the ground,
rises to embrace one of the wood's trees with each arm.

It may be that we no longer see all of the mountains that Verdaguer saw, they have been covered, swallowed, by the city-ivy which makes the city seem flat and unvarying. But Barcelona seems to come to a halt when it reaches the slopes at the Font del Racó, Avinguda Tibidabo, and the Vallvidrera road. Confronted with the wood, at the limits of the mirage of primal nature – here, at any rate – it does not escape, it does not overwhelm – it just sends out its modern, *art nouveau* residential tendrils. Imposing, lordly houses and villas, a little eerie, enchanted houses with shining ceilings – Mediterranean balustrades above the city. Barcelona does not dare to push out the tendrils of its noble houses overlooking the city much further, towards Carretera de les Aigües. Barcelona does not dare, but its inhabitants do. They come as far as the viewing point by car, cyclists arrive in a useless but sporting effort, young men and women run up wearing t-shirts proclaiming their solidarity, with autistic walkmans and huge dogs. All that is to be found at the edge of the wood are enchanted houses from the turn of the century. The city stops here. Not the citizens, though, in their short trousers and with an earthy nostalgia for the woods. It is they who are Verdaguer's ivy.

The city avoids the wall of the Collserola, making for the valleys that the rivers run down, it stretches out towards the Besòs along the Meridiana and up the Diagonal towards the Llobregat. However, she does scale the Collserola, crossing the mountain range towards the Vallès by the age-old routes of the Arrabassada and Vallvidrera, reaching Sant Cugat and then continuing on to Terrassa and the roads leading to Manresa and the inland plains. These are two difficult mountain passes, two roads amid greenery with a profusion of curves, all of a sudden damp, with wild nooks at the very gates of the city. And of course, this is the real entrance to Barcelona, on either side of the hills, particularly when they descend to the Vallès by way of Les Planes and La Floresta. Above, astride Barcelona's skyline, you are surprised by the solitude and the size of those constructions that never leave your view when down below. The scale is a great surprise: the enormous size of the Collserola tower and of the cables that hold it up as though it were a hot-air balloon about to take off. And the scale of Tibidabo, too. This route along the mountain-crest discloses the recreational architecture of the end of the 19th century, of wealthy retreats to nature. Vallvidrera is the myth of the wood. Homely by proximity, rather than from domestication:

Oh woods of Vallvidrera,
what fine smells you have given me!

The emblem of new Barcelona – not of the newest one, but of the new one that grew in a surge at the turn of the century – must be the shard. This sort of art nouveau mosaic using broken fragments of glazed ceramics that covers benches in the streets, wavy lines and sculptures in Parc Güell, details of multicoloured facades. The shard has a Baroque southern joy to it, something Moorish, that demands a clear sky and a strong, noble light. Photographs of shard work always come out better against an intense blue background and with a spring sun shining on the white shards of tile. But the use of shards has something of the common man to it too, as though it were made of recycled materials, an aesthetic grown out of the savings made in the artisan's yard, appearing like the geraniums. The shard is ceramic, it shines, it is a bit childish, there is a direct, primary, sunny delight to it. It suits the sinuousness of benches designed for a round, plant-like, floral city. The shard enjoys a real ingenuity, there is nothing artificial nor pretend about it. The shard is the vital, earthy emblem of art nouveau Barcelona, an explosion of light against the traditional black austerity of the turn of the century. More to begin a century than to end one, the shard allowed Barcelona to proclaim itself a capital full of light. And therefore optimistic.

I would like to see old photos of it. In some places, the park, or garden, is a preserved paradise. In others, a constructed oasis. I would like to see photos of Creueta del Coll before the park was here. It is easy to imagine the desolation. You can surmise it from the abrupt walls of this artificial crater, this quarry hole, this half-emptied mountain. And in the imagination, a crater evokes a pond or an oasis. And this is what they have provided: a swimming-pool with palm-trees – in other words, an oasis. A capricious, playful swimming-pool, a natural amphitheatre where water forms the backdrop, and with benches for the old folk by way of terraces. Swimming courses are held here in summer. This is the formula: a touch of green, a corner of the city pilfered from uselessness, a feeling of service, a drop of water, a sculpture. Mix, fill with children and you have a park. The Creueta Park is special. There is lots of water here. The sculpture is an impressive, neolithic Chillida hidden in the most abrupt, inaccessible nook as though it were a natural phenomenon. There is some sort of a park on top of each of the hills that the city has gradually surrounded and half covered with steep streets of low buildings on all sides. Carmel, Guinardó, Turó de la Peira, Putget: these are green isles standing out above human habitation, as though besieged, like the remains of a submerged reef. But the Creueta, the most difficult, is an oasis.

All gardens are depictions of Paradise. Not paradise with a small p, but the original and ultimate Paradise, the Garden of Eden, the happy place of before and after sin, made to measure for man as he is, to human requirements. The Parc del Laberint is an encyclopedia of the garden, the perfect garden. As such, an idea of paradise. Or of paradises, because the Laberint in Horta is a mixture of two gardens which refer to two paradises. On the one hand, the neoclassical or the Renaissance, looking to Italy and then back to the classical world of Rome and Athens, perhaps too to the reflections of Babylonia rehashed by Alexander, and the whole influenced by the Biblical memory of Adam and Eve's Paradise. This garden has balustrades and follies, marble statues, mythological references. Then there is the other, the Islamic garden of fountains and jets of water, Moorish architecture, the image of the Alhambra, the garden of Allah, sensual with greenery. These two have one thing in common: a garden is ruled over by water, the murmur of water, the fountain, the stream, the pond. Yet another thing: a garden is a maze, even though it be as simple as this one is:

There is no need for the spool
that Ariadna gave to Theseus.

A maze when it comes down to it, is a plan, a path, order. A garden has more or less the same order as a maze. Beyond, past the last classical nymph and the oasis's last spring, beyond the redoubt of the garden, the disorder of the wood. And there alone do you find the romantic garden.

Many splashes of public greenery in the middle of densest Barcelona are the result of turning noble houses' gardens into communal spaces. An extreme example of this is the Labyrinth Park. But this is equally true of some smaller spaces such as Mandri, behind the Palau Robert and in other parts of the city. This could be well-illustrated by the Amèlia and Cecília villas on the edge of Sarrià, a noble old property that has become two thanks to a street and political requirements. These transformed private gardens are the reign of the baby-buggy, the highest concentration of young mothers per square metre after school hours. The wealthy districts also have maids attached to some of the prams in a scene straight out of a zarzuela – all that is missing is some gallant soldier. All over the place, running rings around the buggies are some of their recent inmates running after one another in continuous games of hide-and-seek. And dogs. And then there is the occasional happy loving couple. But these calm, slow-moving bourgeois spaces with their background music of bells tend to be over-occupied, overly-laid-out, with too many paths and avenues, thoroughfares and car-parks for perambulators, circuits with go-cars moving in all directions, but not at greatly differing speeds. Benches, slides, palm-trees and flowers – but more than anything, buggies. The Corporation has decorated the place with sculptures that are there only to be sketched.

Childhood is summed up by something specific for each of us, some colour or taste. I am from Pedralbes, and there I find childhood. Some welcoming carob-trees, the sweet smell of carobs lying on the earth. Of course, pines would be more normal, they are traditional, they have greater prestige. And a few solemn cypresses in a garden, pruned, lining the gravel path, of a fine gravel, grainy, black and white as though of soft old granite. For an instant, entering Oreneta Park, a carob-tree and a fountain, a gravel path leading to a yellowed house, bring my childhood back. That is to say, to the Misericòrdia Park in Canet, run like mad towards the cypresses, suck at the iron fountain where you have to blow to make it spout, find what Granda used to talk about: "After the war, we used to eat carob-pods like these, we made chocolate from them". And this is when you notice that when all is said and done, Barcelona is the Maresme, a city built around a gully running down from the mountains. Before it took over the whole plain, there must have been a landscape of "hills covered with pines and vines, dust from the gulches". For just a moment, right in Barcelona, I come face to face with a childhood from elsewhere. Just a moment later, all that are left are just some worn wooden benches, a road with cyclists, some barefoot boys chatting and playing football. A modern park. But for just one magic moment I dunked the cupcake in the linden-flower infusion. There must be a eucalyptus tree somewhere; although I can't see it just now.

These are the squares of an ordinary people's town. Amid the vitality of young, working-class Gràcia, but also having the intense calm of a provincial town on a Sunday afternoon, the squares are simple, strict squares – maybe too simple, too strict. This is a neighbourhood in the human sense of the word. But even more, it is a town. The streets are full of exceedingly rooted southern animation – we should not be surprised that Gràcia has its patriots. This effervescence takes a breather in the squares. These squares are for reading the newspaper and talking about one's life. Untidy, a mixum-gatherum, like the world. Ordinary people stroll by, work there, take a break, pause from the rush, let their hair down at the local festival that merits the traditional adjective of splendid –

partly ironic, partly endearing – or at night in youthful displays of fun and rebelliousness in the shadow of the old, republican, anarchic bell-tower. These ordinary people are so normal, so familiar that you imagine you could ask them for anything except epics and literature. But quite the opposite, one of the city's greatest concentrations of literature is to be found here, in the names of the streets and squares: Plaça del Sol, Carrer de la Perla, Plaça del Diamant and so on. The fine world of the best Rodoreda. The title of that extraordinary novel that could not be called "Colometa" because that would have been too soft, too falsely sugary, so that she called it *La Plaça del Diamant* which is harder and has more corners. That is how it is: the pleasant world of these squares may hide an epic behind their mask of normality. Even the ordinary people of Gràcia can star when great passions are in the air.

There is a certain Gothic mythology of fineness, of austerity which could be well-illustrated by the silence of Pedralbes convent square. It is not exactly the architecture. Perhaps the flagstones, the sign of olden times, with their exceptional air of the Middle Ages. Not the church, emphatic, square, somehow rustic. It is the atmosphere, all the trees and plants around the square, the willows, the bougainvillaea – there is even an orange tree here. It is the surprise of finding a silent Gothic island of nuns in the bourgeois cityscape of this part of Barcelona where everything was built in the same period. It is entering it and finding the cloister and seeing the nuns and inferring that this is a closed exception of cottage cheese and sweet liqueurs. It is an island, the beauty of islands, of closed worlds which are the whole world. Young people from good families meet in the square, with their dogs which could obviously be trained, speaking in Spanish of holidays in Ibiza and the qualities of various motorbikes, and you notice that something has gone: the silence, of course. The ambience. Because it may be that the Gothic mirage of the square and the convent were not made of stone alone. Nor was it made of silence alone. It was a mirage formed by words, but different words. It is a verbal mirage, like Màrius Torres' one, a mirage of names: Pedralbes itself, which rhymes with vidalbes. And the name of queen Elisenda de Montcada who has an avenue "from Sarrià to Pedralbes". An avenue, a convent and a square that seem to be made to repeat the poet's words "Elisenda is such an attractive name". A Gothic mirage.

A festive, futurist Alberti discovered the epic side to the prowess of Platko (the blond bear from Hungary) when he jumped for the ball from amid the jerseys – red and blue on the one hand and white and blue on the other (the latter belonging to Real Sociedad) in the Les Corts' stadium. In his welcome to the Camp Nou (the new field), Sagarra accepted this heroic image: "Today, blood red and sea blue, you put on your muscular arrogance to excite, intoxicate, inebriate and hug one another". All in all, it must have seemed risible to Pere Quart when he spoke of a "temple to the cult of muscle" or compared the men going out to the stadium on Sunday evenings to a Sporting Carrousel and the Dardo Simultaneous Scorer with a crusade, a military expedition moved by religious reasons, and so one combining epic and mysticism. But even that sarcasm involved a certain recognition: the terrain of heroic emotion is a rectangle of grass where two uniformed armies simulate a battle. And this city's greatest concentration of the heroic in the last fifty years has taken place here at Camp Nou filled with banners, specific banners, the visible signs of collective emotion. The poets were right – the ones who accepted the rules of the game, as well as those who parodied them: this is today's crusade, battle and temple. Here where the banners sway and the chants rhyme. In Barcelona's "open air", the emotional reservoir, the place where the statement is made is a Field that will always be New (its name says so) and it will always be a demand, because the anthem says so. Are there many other demands?

I really must admit that I have never quite got around to entering Trinitat Park. I have passed it by on all sides, looking for a secret turn-off, a hidden sign that would lead me there, but the very best that I have been able to achieve is to do the full circle, while at worst I found myself away off on a tangent on the way to Girona, Mataró or Santa Coloma. Of course, the fault is mine: I have always wanted to enter by car. The trick must be to leave the car and approach it by foot. But I wanted to use my car to resolve the conundrum of this strange space, this island of greenery and water surrounded by asphalt on all sides, so visible on maps and aerial photographs. It is a sort of impossible destination, unassailable, and therefore a paradise, a doorless fortress, nothing but walls. But the people in there, how did they manage it? The answer is obvious: either they were born in there, or they were trapped in there one day and have never been able to escape again, like the castaway in the joke. This is Trinitat Park, an impossible space, a black hole in the circumference, a huge space taken advantage of that has no other meaning than its perimeter. In the past, we used to call these hugely complicated junctions Scalextrix, and they only existed abroad. They were shown on the Pathe News, from the United States and Australia. Now, it is a fantastic aerial performance, or maybe the Great Wall that ensures the inaccessible island's peace and secrets.

Lines on the map. And they seem to be part of the map: a closed angle, a consummate geometrical figure. Be that as it may, a decision taken from a wise viewpoint, at a distance where we find aviators or gods. Of course, I am speaking of the ring-roads, the Rondes, cut into the city's skin and flesh with a razor-blade, the geometry of roads, planning done with the set square and carried out with the scalpel. The Rambla Prim is another of these, a line as straight as the frontiers drawn through desert and jungle by international treaties. The Rambla Prim is an invention, an extremely long line on the map, a geometrical, mathematical need. Because on the ground – unlike many lines drawn on the map – the Rambla Prim comes to life as a sort of linear park, a park stretched from both ends until it became a sort of green thread vibrant with activity, something more than an urban motorway, something more than an empty stage. With the sea acting as a sort of loom weight at one end, and also by the tragic memory of Camp de la Bota. The city and its streets are at the other end. Of course, the Rondes are made for a different purpose. The Rambla Prim, running perpendicular to the sea, crosses a city of its own age, and could have been a main street in the Brasilia experiment. And rather than a Rambla, it has ended up as a three-kilometre-long park.

The Rambla of Poble Nou runs down towards the sea as a Rambla should. It is a town Rambla, in the best sense of the word, like those of the Maresme: it stops for a pause outside the Aliança Casino and continues past shops, terraces and plane trees. But there is one difference. The Maresme's Ramblas become classier as they near the sea. They start as earthen stream-beds, later become tarmacadamed, and end up covered in flagstones and tiles amid benches and banks. Here things are different, the Rambla goes down in class, the earthen part is at the end. And the fact of the matter is that the Poble Nou Rambla runs down towards the sea – you can see this in its Sunday clientele – but it never reaches it. Or to be correct, it usedn't arrive there: it was stopped by a number of insurmountable obstacles, and the beach was not used as a beach. This has changed. And Poble Nou has changed, and the Rambla will finally change too. Now, the Rambla doesn't reach the sea, but it leads to a bridge, not to a barrier. It leads to a simple little seaside park with brooms and pine trees and cris-crossed by wooden paths connecting discreet, quiet little nooks that lead to the sea. A minimalist park of sandy hollows that would almost seem more marsh than park if the urban landscape did not make that impossible to imagine. And of course, because the wooden paths and the out-of-context marine hardware-turned-sculpture remind us of man's thought and handiwork. There is no doubt that this bridge connects the Rambla to the sea.

Building this new Barcelona has involved both large-scale and small-scale politics. There have been large strategic decisions – marrying the sea to the city, developing new centres, to give but two instances – and there have been brush-strokes in a triangle of lost land, sculptures in some district square, unusual choices that make a stretch of street unique. Then, there have been a couple like the one at Clot, in the maze of streets in this old working-class district, which have that variety grown out of a mix of macro and micro, of style and utility, of the enlightened gamble of those in charge and the practical requirements of those making the demands. Half of Clot park is Romantic in so far as the ruins are romantic. It seems an old, abandoned partly-fallen down Carthusian monastery, a legendary phantasmagorical landscape by Bécquer. But this is no medieval abbey: it is the workshops of an old railway-station, but what does that matter – the ruins of old factories, with their arches and chimneys, are romantic by this stage. We are duty-bound to pay our respects to this fragment of our Catalan Manchester. But the other half of the park is a huge open-air sports-centre, with an absolutely conventional layout of trees and benches. Half of the park is intended to win awards, and the other half is for playing in. In brief, variety. Design and utility. Macro and micro. And eighty per cent of people use the ordinary park that does not appear in the guidebooks.

You need a certain degree of arrogance to put yourself in the middle, right in the very centre, of the Plaça de les Glòries. This is a sort of a negation of Copernicus' theory: you feel yourself to be in the centre of some kind of a solar system there, with cars at all heights, in all directions, orbiting around you, your satellites and asteroids. Or if you feel that is going too far, you are at the centre of this burning, torrid sun formed by this system of circles and elevations that never stop in their circular motion, that never come to rest. The Plaça de les Glòries – I mean its centre – would be nothing, a cliche, if it were not for the cars' circular drone: mothers with half an eye on the swings, the squadron of pigeons, the benches that also form a circle, the barren holm-oaks. And the reason is so obviously astronomical, a solar system, something geometrical, circles and orbits, that they placed a conceptual, mineral monument right in the centre of this space, like the terrestrial meridian that ran through Dunkirk and Barcelona in the eighteenth century. Plaça de les Glòries is an astronomical plaza with the city distributed profanely around it. The universe simplified. A system. Almost a cosmogony, and moral, too: this space lies between Heaven – the voluntary, paying, car-park – and the shades of Hell – the municipal car pound where cars towed away lie waiting.

Looking up from the Vallès or from the streets of Barcelona that run up from the sea, you see Foster's communications tower on top of the Collserola, and you feel that this had to be, but that it must have been needed. I mean to say that there is nothing about the tower that makes you feel it is some kind of a whim, or a superfluous exhibition of art or technology. There is not even a hint of artificial simplicity, no attempt at converting it into a huge sculpture with clean lines, pure concept. Nor is there any useless, ridiculous, wish to hide it, to make it seem that it is not there, to pretend the impossible, that it is somehow natural. A tower was needed and a tower was built. Slim, pointed, because it had to be tall but there was no need for it to be bulky. So maybe it is this functional sincerity that makes Foster's tower seem normal, logical. It doesn't upset one. One could make a caricature of it as a syringe, but it was only right at the beginning that any criticism was made. Foster's tower has become part of the landscape, it improves the landscape, and from the Vallès, it has turned the Collserola into the central park or the main square of this huge city that surrounds it on all sides. Was this the intention? Whatever the answer, it has not become a monument, it is not a symbol, it is not the city's emblem. It's up there, amid the greenery of Collserola, because it was an absolute necessity, there because it had to be. And there it is.

Nowadays, the open air is sportsland. Today's park is the stadium rather than the garden or wood. Even more than the stadium, it is rows of tennis courts without terraces, the hired football pitch, the territory occupied by communal sport, given meaning as a place to exercise. On Montjuïc, on the way to La Fuixarda, the various levels of the quarries and the roads have been taken over by mountaineers practising climbing, taking you by surprise as you come out of a tunnel or round a bend. The Ciutadella is a jogging ground more than anything else. But it is in Vall d'Hebron – completely unlike the real Hebron – that the business comes into its own: here open space, the park, the garden is the space between the sports facilities. And sport even occupies this intervening space. The paved footpaths are skating rinks. The children's playgrounds are American tracks for adventure gymnastics. Vall d'Hebron – and Can Dragó too – is a modern park, organised and laid out for practising sport, a place dotted with tracks and sports monuments. Set among river reeds and tropical palms are lookouts that are really terraces, open spaces carpeted with the artificial grass used in stadiums. This is the land of what we could call fraternal, everyday, sports for everyone. The land of small-scale sports. You may well tell me that is how things are, that sport is what moves people, because on this occasion, Barcelona has moved to the sway of the Olympics rather than the Exposition. True. But sport is also today's idiom, what we organise our life and our times around, it is our synonym for the open air.

Saint John's Night bonfires used to be lit (in childhood and in the countryside) in dry river-beds, on forgotten earthen sites, and on the waste land at the edges of the cities. Where could you light your St. John's Night bonfire in densely urban Barcelona, so vulnerable to fire and fuel? Well, the empty esplanade of the Escorxador Park is one place, overlooked by Miró's supposed "Woman with bird" surrounded by water at a certain distance from the palms and other trees that inspired Josep Maria Huertas' acid irony: *"It seems more like a wholesale garden centre than a public park."* This may be because it's name has unpleasant connotations; perhaps because it has something of the feel of a precocious children's experiment – the ones that new recruits are the butt of; perhaps because Miró's twenty-metre high allegory is not easy to understand, lending itself to phallic comments; but the fact is that this open space is something of a failure. But not a complete failure. People use it. Miró's statue is difficult to interpret, but easy to recognise. And you can have your Saint John's Night bonfire here. They can't be made just anywhere. And this is a plus. And what is more, in the light of the summer solstice's bonfires, Miró's "Woman with bird" takes on the magic of a giant statue of a whistle or of a towering megalithic maritime goddess, bewildering and imposing.

Cities' wounds heal. Their edges also become rounded, the most jagged cuts become worn, they end up adapting to – or just putting up with – the violence of the blows. Everything seems equally old in ancient cities, even though they have been built over a period of centuries, even though the pieces of the jigsaw may be as distant in time from one another as we are from a Baroque cathedral. There is an effect of sedimentation, of mellowing. A sharp, violent cut was made in the Old City, a wound, by the shining white knife of Richard Meier's museum, a contemporary art box prior to being filled with contemporary art, and the wounds are still festering. A glacial steel cut in buttery antiquity, the edges are abrupt, bare, dry pavements for skating or playing football on, a desert separating one group of things from another that has still not mellowed, has still not blended in, a stone square to isolate the monolith of whiteness. You arrive through narrow streets with the washing hanging out, and all of a sudden, this Nordic overstatement of clarity, this floating iceberg, this white blow, and the multicoloured children from the neighbourhood kindergarten walking there alongside it with the subtitles of their exotic names. The question is, being so white, so clean, will it be able to age? That is to say, will it be able to blend in?

There just had to be a square at the very top of the Rambla. When a city bursts out of its straitjacket, when it leaps over the hoarding to take over the whole plain and cover it with a symmetrical grid, it needs a big nexus, something huge to join the medieval labyrinth of constrictions and nooks to the spacious, hygienic planned city. But Cerdà did not design this nexus. On paper, there is no square, no utopian nexus of the 19th century shown on the plans. But the city demanded a square, as though the square was a categorical requirement of urban geography. So, Plaça de Catalunya came into being as though surmised, guessed, rather than as a drawn, assimilated, decreed one. And in the intuition, a square is nothing, it is a negation, an empty space. Maybe that is why, because they kept leaving it till later, because it was only surmised, Plaça de Catalunya has ended up feeling barren, complementing the barrenness of the sea at the other end of the Rambla. This feeling of uninhabited wasteland, a square for outsiders, where tourists take a rest, a land of tired visitors who are recovering their strength before conquering the fortress of the old Roman city. A square with no natives, unoccupied, too much. A square that was not in the plans and which the plans that always seem to have been made afterwards don't quite seem to suit. A square born of a negation, of an emptiness. A square for outsiders.

The Terrassa train, the underground one, the Catalan Railways one, used to leave us at the entrance to the Zuric, at the threshold of the Rambla that runs down to the sea where the tourist boats are, at the entrance to a huge square. We even had our own radio program: "The county comes to visit". A trip to Barcelona on a sunny Sunday, from Terrassa, passing a rosary of stations on the way – Peu del Funicular, Sarrià, Tres Torres, Muntaner, and finally, Barcelona. Narcís Comadira wrote a poem about these wide-eyed childhood outings to the big city:

Seen from Girona, Barcelona
you were the city of dreams...

For many of us, the city is the photograph of a child among pigeons in the middle of Plaça de Catalunya, Barcelona's huge vestibule, the entrance to a city which made those from elsewhere say ironically – but not just ironically – what the grandparents said: "Oh, Barcelona is big ... and they are still building". When we used to leave the train at the Zuric, the world had changed scale, everything was big, just as Plaça de Catalunya and the banks and commercial buildings surrounding it were too. "Take a photo of the child with the pigeons". A little grain and the pigeons posed while the child had his picture taken, in an act of taking possession of this dream city from the centre of that huge square.

In a city whose interiors are more beautiful than its facades, and where ostentation is looked down upon as a vice, there have been times when the Passeig de Gràcia has suffered from a poor image – it has been considered as a pretentious, artificial appendix to the discreet mesocratic grid-pattern of a Barcelona that abhorred seeming nouveau riche. But now that time has given it a glamorous, cosmopolitan feel, now that a degree of exhibitionist sophistication enjoys greater prestige, the Passeig de Gràcia has gone up in the world as show-place of the city's visible wealth:

Now you can see whether it is courteous
to watch the ladies calmly strolling,
all dressed up and sporting rich jewels...

Of course, Carner was 19th-century, and the Passeig de Gràcia was in vogue then. As was art nouveau, which looked to Europe, and whose most splendid, ostentatious, even brilliant, facades are here: the "block of disharmony"; La Pedrera, caricatured in "El Be Negre" as being a hangar for zeppelins. Olympic Barcelona is in love with the Passeig de Gràcia, too, the shop-windows, the cafe terraces, the new cafes that have sprung up, terraces full of foreigners, where bejewelled ladies might not stroll, but where the city's most sightly, most aloof girls can be seen passing, nonchalantly got up for a stroll:

Now you will see whether this is fortune,
now you will see.

Even in the middle of the constricted grid of the Eixample, the city breathes and is thankful for the boulevard's splash of greenery. The footpaths are wide and the chopped-off corners are spacious. When the weather improves, tiny bars with their menus advertising paella on Thursdays take over their section of the street. These are not quite terraces, that would be too fine a word. They have a half-dozen silvery tables screened from the traffic and its noise by a barrier of parked cars. There, those who enjoy the short summer working day or the strange Mediterranean custom of the split day with its long midday break, finish their lunch with iced coffee and watch normal folk pass by on their way to ordinary places. Here on the wide footpaths of the Eixample – precisely geometric on the map alone, and rational only for the car-driver who does not appreciate the two-way street – Barcelona constructs ersatz boulevards from workaday, familiar streets of no special importance. A chamomile on the silvery plastic table-top, between shops and badly-parked scooters, with a backdrop of techno music coming from the sports-cars with their hoods down, you look up and see a stark blue sky beyond the six rows of wrought-iron balconies and geraniums. At street level, the locals pass by the expectant shopkeepers on their way to work. And they still greet each other.

Barcelona, obviously, is Mediterranean. But the question arises: which Mediterranean? Whenever an enlightened despotic cultural movement can be felt in the air, Barcelona (and Catalonia) believes itself to be Greek. A concocted, ideological Greece, all white and shining. This is how the 1900's were felt here, and the clear lines and simple program of Olympic Barcelona was also partly so. But when Barcelona lets her hair down, when it happens from the bottom up, it is less Greek, more Semitic, Baroque and less uprightly Mediterranean in nature. According to one legend, Barcelona was founded by Amilcar Barca, by the Carthaginians rather than by the Phocaeans. The Greeks stayed in Empúries. These legendary founders of Barcelona came from the south, with their charged, baroque, southern character. Something of this must have remained. This city is neither Atlantic nor northern, although some of its buildings may be so. Nor is she tinged with the uplands and the plateau – there is no room here for an Escorial. Barcelona's light and feel are Mediterranean, but her Mediterranean soul is more romantic than classical. Her princes fit her into Greek dress, with its austere lines. The shopkeepers (Carthage grew out of Phoenicia) abandoned themselves to curves and flourishes. Barcelona is more Art Nouveau than 1900's. And in so far as this is true, our beautiful new Barcelona is to some degree artificial plagiarism.

Those who lean out from wavy viewing point to find the towers and cranes of the Sagrada Família between themselves and the sea have hit the nail on the head. This gathering of exotic travellers did not go astray in coming here in search of our particular wonders, luminous and colourful, when they climbed up here and stopped in that large empty square which is just crying out for a market, or sit on those benches, curved as an animal-skin, and write of or portray our exoticisms. Gaudí – and Jujol too, but they do not know this – make us exotic because they make us unique. This is what we are exceptional for, this is our folly. Our art nouveau is not at all bad, within the conventions of art nouveau. We demolished everything Romanesque in our city centuries ago, and our Gothic is not worth writing home about. Our uniqueness, this strange, unfinished Parc Güell, this esplanade held up by off-centre columns, this alternative plant-life, these two fairy-tale houses with their shiny coats. Gaudí's world is so strange, you sense such great visionary strength in the amphibious shapes of its wavy lines that you are obliged to believe in an obscure, mysterious, preconceived plan, a secret code and an esoteric symbology. But maybe it is no more than the boundless depths of a strange genius which detests symmetry because it is the excuse to only think of one half. Or perhaps it is the barrier to being able to think double, to be able to do double, to double what you get out of a space. The visitors are not wrong. This is our exoticism. Maybe this is what sums us up, too.

Squares are also good places for getting a perspective on power. A square is an empty space in front of a facade. There are facades that demand a space in front of them, a space where you can stand back – maybe walking backwards, as at the Wailing Wall – to get a view, to notice its nobility or majesty. Squares tend to be in front of facades emanating power, such as cathedrals and palaces. Both at once, in a number of Italian cities, as though heaven and earth were competing for this common stage become a chessboard. In Barcelona, Plaça Sant Jaume is doubly a square. It is a space between two facades, where you can see both, or for them to look at one another. This space with its opposing facades stages a confrontation, whatever combination the varying political situation brings about. What is more, the other two sides, the ones that finish it off, are split by streets, and completely unremarkable. This chessboard with its two players – neither religious – this solemnity involving two powers together cannot be terribly old, it cannot be more than a century and a half old, although it coincides with ancient Roman centralism, and to find the space, had to do without religion. The square is empty, a no-man's-land, except when the populace takes it over for epic celebrations. This space loses its frontier quality then, and full, becomes a bridge.

This is not palm-tree country. The palm-tree by the back entrance to a house, by the well, and perhaps, but the pergola, by the arcaded facades and terraces was colonial. It was the sign of nostalgia for the tropics, for houses painted the colour of sweet fruits, white panama hats and a huge palm-tree, alone like a flag-staff, the green banner of a distant, imaginary island. "Divine pearl of the Antilles, while I live I shall never forget...". Sisa got it just right in his "Antaviana", better than the real *havaneres* – if such exist – because he sums them all up. But it seems that the palm-tree looks good in architects' models and drawings, they can't be dear, they must manage to survive well in the hostile city. And so Barcelona has become a palm-grove amid the asphalt, a palm-garden, the palm symbolises a new aesthetic, palm-trees have been planted absolutely everywhere. It may be that this twentieth-century, slightly cold city needed something of the tropics, even if only as camouflage. Maybe the south that we, too, belong to has demanded this as a mnemotechnique to remind us that it exists. Nowadays, palm-trees don't just recall the Caribbean siesta of hammocks and coffee, it also evokes the oasis, the green exception amid asphalt, growth between areas where nothing can grow. And even more so an oasis in the sands of Barceloneta where Barcelona has decided that it no longer wants to be Marseille, Pireus or Naples, substituting southern disorder with the order of a postcard oasis.

We are in Havana. Maybe not the real Havana, maybe the most genuine Havana of them all, the one of memory and myth, Havana retrieved and renewed in the memory, Cuba of the *havaneres* with its pastel-coloured facades and its palm-trees. If you look out of certain windows, and depending on the direction of the evening light, the Plaça Reial can have a colonial feel to it, as though ex-colonists reproduced it as a longed-for, easy world to live in. Maybe it isn't the whole of the Plaça Reial, but just some of its corners. There may well be other Barcelonas fleshed out of dreams and memories of the tropics: houses in Sarrià with their tropical palm-trees, the arcades of En Xifré, the whole area around the Born... But the Plaça Reial has gradually become the best illustration of this mythology, the buildings from the middle of the last century, the colours and plants and usages that have come to be added over the years, as well as the new ground-plans. Nothing that might remind one of a convent's austerity or of holy ground. Seen from some windows, this is Havana, a tropical city. At street level, from the arcades where the police are on the watch, as are the loafers and shoe-shines and wasters, it is just a southern city, and could even be further south than Naples or Palermo. These dislocated people who seem to be waiting for whatever have something from still further south. The buildings with their rhythmic, rational, frenchified architecture seem more northern. When you come down to it, Barcelona is equidistant. Halfway to everywhere. Even to what can be remembered but may never have existed.

Who could ever imagine becoming a statue? Who was the first person to think that dressed-up stillness could be an attraction, one that could earn money? And then one day, the Rambla became a gallery full of statues, an ironic return of History. First, many years ago, someone decided to use stone to imitate humans. Then, someone thought of imitating the imitation: a person imitating stone copies of people. All you have to do is choose the character, to become a new statue, because the real originality was the concept, the novel idea: being a statue. That's what was cool, and fundamental. Strolling down the Rambla, through its mixture of foreigners and locals, on business or wide-eyed end-of-term excursions by students' from foreign colleges, you pass by a variety of would-be classical human statues, proper statues, nothing strange or modern, epic marble-white or metallic-golden affairs. The college groups wearing uniforms of football jerseys and denim jeans – conventional adolescent dress – stop in front of them and look at the statues as they never would in a museum. A family passes by and gets their little girl to leave a coin in the hat, saying "Don't be afraid, it won't bite you". The little girl steps forward, fearful, across the empty circle of paving stones left by the onlookers. She puts the coin down, the statue makes a brusque movement in thanks, the little girl is startled, and in spite of all they know, the herd of teenagers – and we, too – are surprised that these statues can move.

They dance sardanas in the Cathedral Square on a fine Saturday evening with a diaphanous light: this is the image of a myth. Not of a lie – it exists, it is real – of a myth, of a selected, improved reality. What would not do, for instance, would be a human castle day – there is an element of the epic in the castle, they are baroque, untidy, too exaggeratedly dramatic for this myth, although not for some other myths. The camera-bearing Japanese must be present noting the perfectly-formed rings, you can see that there are competition groups here, as well as the happy improvisation of the more precarious rings. The people are young, beautiful. There is a touch of theatre, something of the stage to be contemplated and admired. The cathedral seems Gothic and the square is empty of cars, the music repetitive, flowing, and the rings copy the sun on earth, the magic circle. It seems so obvious, so clear, so primitive, this round dance, holding hands, getting the steps right, sun-rings, systole and diastole of the heart. Sardanas in the Cathedral square to feed the myth of civility, young people dancing old dances, tradition and life, landscape and action. Harmony without stillness. Well-being without tragedy. A happy world. Myth, not falsehood.

There is a whole world below the Plaça del Rei, a maze of Roman houses, of arcaded streets, of the foundations of walls and palaces, of the oil mills of a trading and agricultural town. An invisible city that the archaeologists have interpreted with a series of lights, below the plain flagstones and staircases of a pure, clean square. Cities built on top of cities, with bits of older cities hidden in their bellies. There are busts of marble statues, frightened or worried, from the flattened walls of the city of 300 AD. The foundations of the medieval walls made use of Roman gravestones. The ashlars of the medieval houses are Jewish funerary monuments. The city is knocked down on top of itself, is built of ruins, covers any remaining walls with ruins. A maze of razed buildings, as though nerves or entrails. And all of a sudden, on top of it all, a neatly-laid-out square, stretched like a skin hiding the confusion of viscera and flesh. The Plaça del Rei is a severe, minimalist square among royal Gothic and the early skyscraper of King Martí's lookout, which did not exist when King Martí was looking out. It would seem more of a courtyard than a square if it were not for the upside-down amphitheatre of the stairs leading to the Tinell, a place to sit, to listen to improvised serene music. A square from the past, from times past. Below, other times past, complex, razed, secret.

A city is a stage, too. In other words, a backdrop where events, action, takes place. History has made its appearance in big cities. Barcelona has been the backdrop for battles and reconciliations, of occupations and victories. It is not that terribly long since Plaça de Catalunya was a battle-ground – just over fifty years ago, but there is nothing to tell you that. Barcelona does not wear its history on its sleeve; its history as a city, yes – its growth and its transformation. But not the historical events that have taken place here, it is not full of commemorative plaques and monuments. This is why the Fossar de les Moreres in the chaotic old district of the Raval is surprising: it is one of the few spaces in the city that informs of what happened there. The events of 1714, the defeat, what appeared to be the end of the nation, have been securely bound to this piece of cityscape, and romantic pilgrimages of mythical rediscovery of the past have brought it back to life. Again, this sober, minimalist architecture forming the monument that highlights the exception and its link with our memory: when all is said and done, the Fossar de les Moreres is a co-production of the past and the present, a mixture of what happened and the likeness that we have constructed. Pitarra's two lines with their consonant rhyme, say as much:

Al Fossar de les Moreres
no s'hi enterra cap traïdor...

which means: "No traitor is buried in
the Fossar de les Moreres"

It may be that the dry, primitive, basic place-names of this part of the city may have helped: Carrer de les Dames (Ladies' Street), Plaça de les Olles (Saucepan Square), Fossar de les Moreres (Mulberry Cemetery). Here, there is something that is just asking to be remembered.

Barcelona is not a grandiose city. What I mean to say is that we are not surprised by the scale of things, by their size. Big capital cities of States (note the capital letter), cities designed by Princes have great spaces. And if they do not have them, they are made by order. Take Paris, for instance. Colonial cities, too, those that conquer new lands. But Barcelona has nothing very big. It is a city built from the bottom upwards, a city of private individuals, and what is more it is hemmed in between the hills and the sea, and every square yard has its price and is made use of. Rarely, from time to time, in some dreamer's brainstorm that makes the city grow in leaps and bounds, Barcelona increases in size and open spaces worthy of a powerful capital city come into being. Universal Expositions and Olympic Games have filled out this city of bourgeois and tradesmen with courtly brush strokes. But the city does not always take to these. For example, the Triumphal Arch at the top of Passeig Companys is worthy of a capital city. Born of the Exposition of 1888, the arch – leading to the Ciutadella, leading nowhere – tops off an important, solemn, wide, haughty space. But whatever the reason is, this space is somehow cold, a little out of place. And this is in spite of the fact that Vilaseca tempered the Triumphal Arch's imperial classicism in paying homage to the humility of the building process: he made it of brick. His way of making it fit into Barcelona. But maybe – whoever saw a Triumphal Arch made of brick rather than of noble stone – he didn't get it quite right for Barcelona.

Monseigneur Cinto must have had his optimistic moments. Looking at the dominating prepotent shape of Montjuïc overlooking the submissive plain where the city stands, monseigneur Cinto imagined a father-son relationship:

When I look at the squat shape of Montjuïc,
I seem to see you in the arms of gigantic Alcides
who to keep the daughter born out of her side
would have changed into a mountain to remain here.

From elsewhere, from the sea, from the whole length of the coast, Barcelona's profile is that of this hulking mountain overlooking the city. Father or daughter? That depends on what we mean by fatherhood. In the traditional way, maybe. Fatherhood as shock, brake, vigilance. "Guard your daughter" as a prison warder might. Montjuïc Castle limits Barcelona. Recalling Espartero's bombardment in 1842, Pere Calders, with his experience in the field, wrote: "I imagine that his artillery didn't need to be first-class shots, because the castle is better situated for shooting at Barcelona that for protecting it". This castle on Montjuïc a father? More likely a step-father, the friend and ally of that person "known to" Manuel Azaña who prescribed a dose of the rod every fifty years for this daughter-city, a rebel, anarchic, bad-living daughter who needed to be taken in hand by the malefic, military mountain on the skyline with its sinister profile.

Some time around the eighties, when the new Barcelona was begun, someone must have designated the whole area around Sants Station as a zone for town-planning experiments. The experiment involved making useful squares that did not seem to be squares. It involved taking over the land belonging to the old factories and turning them into the open spaces demanded by the locals while remembering that they used to be factories. It involved making sculptures for playing on that doubled as city monuments. It involved combining the old and the new. The Plaça dels Països Catalans, just iron and tarmac. The Parc de l'Espanya Industrial, greenery and water among the pink-painted remains of factories. Nagel's Dragon, both sculpture and slide. The whole is vibrant with innovation, with experiment. Of course, now we see them as being a little rhetoric, somewhat inflexible. The risk taken by pioneers. And maybe the square shouldn't have been so hard, with no amenities at all. And it may be that the towers around the park are too pompous – they are too watchful. There is too much of the concentration camp about them. And perhaps there is too little of the area's 125 years of industry. Maybe others would have done it better, would have found better solutions to the same problems, more varied, more paradoxical, rounder, better combined. But that is because someone had already begun the experiment here. And in spite of everything, kids play on the dragon, skaters use the square and there are model boats on the lake in the park.

"When the people of Barcelona spoke of the Park - *'el Parc'* - until very recently this referred to the Ciutadella park". This statement by Josep Maria Huertas contains a number of observations. In first place, that this city which was miserly with its land (Huertas even says as much) didn't have any other park for a long time. In fact, a great revolution was needed, and a degrading military fortress had to be demolished to make room for it. But there are other qualities than being the oldest and, for long, the only park that earned the Ciutadella the name of Park with a capital P. There are the variety of meanings attached to the word. The Zoo is the Zoological Park, so that the park where the zoo is is doubly a park. Furthermore, the Ciutadella is the epitome of a park, as though taken from a manual, with all the trappings of the 19th century: it is a botanical and a zoological garden, it has monumental lakes and fountains in the style of Versailles, a wee temple for Sunday-morning concerts, boats and statues... All of the cliches attached to the park, there is all this homely, slightly cloying poetry attached to the word, just as there is to the word "circus". And as this park was symbolically snatched from the militia, with the arsenals becoming museums devoted to beauty and a democratic parliament, the people use it as a park. They stroll there, they take photos there, they go there with their snack on excursions with from playgroups and schools. That is what a park is. So that now we do not know whether the Ciutadella is the model or just the best-studied, most disciplined embodiment.

A nineteenth-century Barcelona exists that seems to be out of an enlightened, Parisian dream. As a reader of Jaume Cabré's novels, I notice a certain blend of science and the masonry, with its musical, experimental, collectors, entomological background. The centre-point of this dream is the long facade of the Ciutadella facing onto Passeig Picasso, from the Zoological Museum to the Umbracle, the scientific, enlightened, ordered and ordering face of 19th-century Barcelona. The whole park is a little bit like this, from the geometry of the flowerbeds to the stone educational mammoth. But this retrieved set of contrasts between the glasshouse and the shade-house, these two fragile constructions, these two frontier lands between interior and exterior Barcelona. The light, Northern, fragility of the glasshouse, where light is increased, Viennese, Central European architecture, to make the most of every ray of northern sunlight. The magical tropical fragility of the shade-house, a land of sultry jungle, of superabundance of growth that has to be protected from a burning sun. And both of them have this cast iron, that idea of collection, an Exposition of the exotics of the Universe. The glasshouse and the shade-house show the 19th century to be an optimistic one. Fragile, but optimistic.

Marvel Mountain in the city of wonders. One just had to come to Montjuïc, wide-eyed children holding their parents' proud hands, to visit the Fairground: for years, Montjuïc seemed to me to be a nickname for the Fairground. We had to come to pick up prospectuses and samples at the Fair, and of course, this etymology stuck, there was this exhibition of wonders, a big fair, lots of samples, come in ladies and gentlemen and see all the latest developments in science and technology... I suppose that all the samples in the fair, with their exoticism and inventions were no more than dog-eared versions of the Universal Exposition, and each Fair the diminished, recurring heir to its prestige. And its collection of marvels along with it. What else is Poble Espanyol, if not a stone fair, samples on show? And Buigas' fountain, water and light, come and see the latest marvel of the universe? What else is the somewhat cloying magnificence of Palau Nacional? With the Exposition, Montjuïc became specialised in marvels, and every year, we made the pilgrimage to this marvel. And the Japanese stand – to take an example – became to some degree the successor and the heir to the illuminated fountain. Later, we found other marvels – Miró's childish magic, Mies van der Rohe's upright prodigies, when they were revived, Olympic fervour. But it all goes back to that wide-eyed excursion to collect leaflets and see the wonders of the Fair on Marvel Mountain.

There is something of a wink and a nod, an irony, a degree of collusion in the decision to retain the shell of the old Montjuïc stadium and rebuild it from the ground up inside. There is such a thing as the interesting answer that goes to demonstrate the existence of a previous interesting question. The old shell of Montjuïc stadium was not particularly beautiful, but neither was it ugly. There would have been nothing scandalous, nor impossible, nor even expensive, about demolishing it and building a brand-new one. But they decided to keep the shell, do it up, rebuild some parts of it, look at certain other bits in a new way, retain and mix. This means that someone, lots of people, had been asking themselves questions about the past and the future for a long time, questions about roots and branches, about tradition and innovation. I do not mean tortured, obsessive questions, but they were obviously made. What do we do with what we have? What should we do about what we are? How does this help us and how does this limit us in achieving what we want to do? You enter the stadium through a doorway from the twenties, under an old clock and a statue in the classical style, and inside is a typical modern interior. An old jacket enclosing new contents. And you know that someone has asked questions, and that someone answered that memory and the past are not entirely dead and useless, but that it would be ridiculous to live your life in them. And at that point, someone began to build.

But if Barcelona has been raped by Montjuïc's male, military violence every so many years, the city has equally frequently tried to seduce and temper the mountain, to enfeeble the castle, to make it its own, to remove its fortress quality and replace this with a familiar, friendly, park-like tenor. This was tried in the days of the Universal Exposition. It was repeated with the Olympic Games. Father and daughter, in Verdaguer's metaphor? Well, at least a transformation from a crab-faced, severe step-father to a friendly, involved father. Seduce it by laying it out, by building, by scaling the walls, by planting gardens where the trenches were.

Alone up the mountain, now close by the castle,
close by its trenches burnt by the shootings...

Thus wrote Gil de Biedma in his dream of a city redeemed by the Murcian proletariat, against himself, against his parents and also against the middle classes that lacked either heroism or elegance. This may have been the revolutionary option. But what the city decided to do was to strew the mountain with stadiums and pavilions and museums and roller-coasters, with leisure and sport and culture whenever the city rather than the castle has been in a position to choose, civic spirit rather than the gun. In 1929, when the end of the dictatorship was in the air. In 1992, when the democratic city was bubbling over. Periods of seduction. When physical force is in power, when guns rule, Montjuïc – our old Jewish cemetery – becomes a fortress and houses poor young men. Symbol of a hostile power, of coercion.

The Olympic Ring has not aged. Of course, it is very recent, but it is precisely the newest things that age fastest. That squalidness – it just takes a short time for the walls to begin to yellow, when everything begins to take on a patina of damp and dirt – of things that have no other merit than that of newness. The buildings of the Olympic Ring have not aged, but there is nothing odd about that. However, the esplanade, the pink stairs, the lampposts, the plays of water between the stones have not aged either. And that is more remarkable. The esplanade continues to be a splendid, magnificent space. The domesticated orange-trees, the iron trees, a clean, orderly, somewhat icy futuristic landscape. The fact that the Olympic Ring has not aged is due mainly to it not being abandoned. The speeded-up deterioration of man's work in the absence of men. But also because its various profiles have stood the test of time. Palau Sant Jordi cannot age because it is timeless, essential, it has an eternal simplicity, like the pyramides – yes, I know, I'm exaggerating. The stadium was old already, which was an insurance against its aging because it had already survived: the shapes that had already been accepted, assimilated, of the chariots above the entrance. But there are other views. The green of Montjuïc, the airplane that takes off beyond the walls that hide the cemetery. It is all timeless.

Amid the pines, there are what resemble a series of ships' prows made of aluminium pointing towards the evening sun, towards the empty asphalt of the Sot del Migdia, maybe awaiting some night-time flare. There is a couple in each of these viewing points, in silence, head on lap, in complete solitude. Lying on the path, there are two teenage girls shouting out love-songs as though that were normal, as though they were on the beach. This amphitheatre where the original quarry can still be made out might appear to be a primeval wood, worrying in its solitude, if it were not for its soundtrack of cars. Given complete silence, the calm of the pinewood would be marvellous, with just the right touch of fennel, cypresses and holm oaks. But the city is very close by and very difficult to forget. Below the wooden viewing points in ship shape is the hard location where concerts and festivals are held. There is no-one there, and we are too close to everywhere to find this solitude natural. The couples on the hidden benches return, and you look anxiously at the gentle slope that closes the Sot on the seaward-side, a wall of intense green that serves as a wall for this construction that is paving and nothing more. You are aware that behind the wall is the quarry cemetery, the knowing site that remembers both the anonymous and the named deaths of those who met their end there, the heroes and the martyrs. That is the reason for the solitude of the park, this peaceful refuge for couples. How close together they are, these two sites, of drama and of calm.

In spite of the myth of prudence, Barcelona has a surreal, extravagant soul. But this is extravagance grown out of prudence, the "hidden truth" of Calders, our Mediterranean Kafka, a surprise issuing from the workaday. This may be why our most daring metaphors come from a pastry-chef poet from Sarrià. Or the son of Pere Quart's widow, the epitome of bourgeois mediocrity, declared himself an admirer of surrealism's leading name: "... but I believe that Dalí/ is a genius and paints things/ and one understands what they mean." The same mechanism, moving from prudence to extravagance, such an ordinary place, such a dearly loved everyday location as Font del Gat has inspired such obviously visionary surrealist works. Of course, I am thinking of that marvellous song of Sisa's:

The children have fun at Font del Gat,
a bullfighter sleeps there, a golden bullfighter.

But there is also the bothersome, strange, baffling song about Marieta, although fitted into couplet form that provides it with a degree of narrative form. Surely this song is surrealist? But this can be seen better in translation. Vázquez Montalbán quotes a waggish version by Quim Vilar:

Descending by the fountain of the feline,
a damsel, a damsel;
Descending by the fountain of the feline,
a damsel and a serviceman;
Ask her what her name is,
Wee Maria, Wee Maria;
Ask her what her name is,
Wee Maria with the perspicacious retina.

Panoramic viewing points' prestige seems to depend on the mania of taking photographs. Coaches stop at these belvederes and tourists disgorge to take photographs with the city in the background, with the city as backdrop for their own photo. The reason must be this: panoramic photos in themselves do not have much to offer. The city is unreachable, confused, like the sea. A viewing point is to view from, of course, to you run your eyes over the view as though taking a travelling shot, but with halts. So what is the point of the photos? Well, they relate the individual to the city, maybe to possess it, maybe to make it one's own. The point is the relationship. It is easy to try to sum up the city from the viewing point, to get an overview, which is the generalisation of what attaches us to it. I look out over Barcelona from Montjuïc, with a pavement of mechanical scrap iron whose meaning is not evident. The city is a soup of reds and greys with the occasional upright standing out: three chimneys close by this side and three in the distance, the Sagrada Família, a series of bell-towers in the Gothic city, the skyscrapers down by the sea. All that can really be made out from my viewing point is where the Besòs river disappears inland, and the marinas inside the Port as though a set of Russian dolls. From around here, Carlos Barral must have made his exonerating resume:

A discreet, noble, hospitable city.
Straight lines, no squares. Interesting, perhaps.
A city, darling, where you and I
would not live happily. And still
one that I am happy to have visited.

When empty, Barcelona's beaches may not seem very urban. It may be that the fact of having beaches at all is the most important event to happen to Barcelona in the last fifty years. They were there, but they were not used as beaches. But this densely-inhabited, full, consummate city never profited from that old paradox that in spite of not embracing an iota of green, the beach is the best green zone. Now that they have been opened up and equipped for use, Barcelona's beaches do not enjoy the dubious benefit of a facade of meaningless, identical buildings such as have been the death of so many towns up and down the coast. The strip of sand may not be very wide, but it is backed by a depth of park and esplanade that distances it from the city. Laid out and therefore urban, because the beach is equipped with pathways and benches for cyclists and strollers too. Urban because it is used by city-dwelling gangs and families, as well as summer-camps who spend the morning on the beach. Urban because it is there and people stroll along it, and it is full of teenagers who go there to play football or to meet the opposite sex, and so from an objective point of view, it is used as a park, a green space, although formed of sand. But nevertheless, the city is not present, it does not have an urban backdrop. This may be why Barcelona's beaches seem emptier and cleaner than you would expect, because in any case the feeling of saturation and filth would come from behind you, from the landscape rather than from the water. And this is what makes the city's beaches what they are, this neutral, distant landscape that has been created behind them.

Barcelona's sky is well considered in poetry. For instance, after the slaughter of the Tragic Week, after the general overflowing of malice (coming up against the other more industrial, more uniformed malice of the lined-up firing squads) Maragall pardoned Barcelona because of her sky, with the same ingenuous naturalness, with the same excessive compassion as the air of an old song saved count Arnau, or a note of last-minute repentance – when it was almost too late – saved Zorrilla's Tenorio at the gates of hell. Tragic Barcelona was saved by her sky:

You are cruel and cowardly and vulgar,
Barcelona, but you are able to smile,
because you are covered by a great sky ...

Whatever could it be that Barcelona's sky might have that another lacks to make up for the inconstant debauch that "hunts down the nun and burns her convent... and you still come back stronger!" Barcelona is not a city of skies. It is not like those cities where the sun sets into the sea leaving golden evenings behind with memories of Súnions. It does not have the enormous sky of the great plains of Castile, and even less so an American sky. It does not have that clear air with neither humidity nor heat hazes. It is a sky like so many others, lovable and Mediterranean. But Maragall's eyes needed to find salvation somewhere, a clean place. Which, of course, says more about Maragall than about Barcelona.

At the end of Franco's regime, with its Obra Sindical del Hogar, its industrial estates and its high-aluminium cement, the city was full to bursting, compact. The demand for open spaces had been a way of rebelling, of sticking your tongue out at the Generalissimo. But it was also an awareness of over-crowding, in this massively, densely built-up area. When the city was being renewed, listening to those who had pushed for this renewal, one had to take advantage, reuse, what we would later call recycle. Mop up this mass of bricks and concrete. New Barcelona's squares and parks are no longer open spaces that have not been built on - they are unbuilt, demolished, reused, and later transformed into squares and parks. Quarries, blocks of houses, barracks, but mostly factories. Huge, useless, abandoned factories from days past when textiles required huge extensions, even whole districts, right in the middle of our cities. Like Terrassa, Sabadell, and Mataró, Barcelona found that it had these reserves of land. Conserve them? Demolish them? Other places have had the choice of putting the question and answering with a certain middle route. But crammed, massively built-up Barcelona was not in a position to let the opportunity go by. This was the answer to the hope for open spaces, which if not intact, virgin, could be filled with air and light. In Barcelona, the word "do" meant "redo".

A day came when we began to walk on the grass. I mean really walk on it, in daylight, without shame, rather than a sandy track through the lawn made by rushing feet in the dark of night. Did they think that we had no civic spirit, that we were a herd of swine who would tear it up? We grew up hearing "Forbidden to step on the grass", a maxim, an authoritarian message, like "It is dangerous to lean out of the window", wooden placards driving the jokes in deep, the metaphor for a world full of inadvisable, dangerous, forbidden things. The grass was to look nice. People who had been in the happy North told us that people made love on the grass. It must rain more there. The grass mustn't get damaged. But one day, we were able to walk on the grass. A day that should be marked in the Annals: like when the Berlin Wall fell, or when man first reached the moon. And Barcelona got its quota of youthful, University grass, the campus really became a campus, fields, like in films. Picnic-green, some people even play with oval American footballs on it. And groups of friends sit on it. And couples kiss and cuddle, euphorically, provocatively, in full view. The grass is liberally, civilly walked upon, used, alive. All of a sudden, we live in the North. The placards saying "Forbidden to step on the grass" are gone. Did they ever exist? Now, we enjoy our grass to the full.

Time makes things undergo one of two processes: either they go downhill to become squalid, or they become ennobled to the point of solemnity. They old Dipòsit de Comerç (a former trade depot) at the inner end of the Port Vell has become the Palau de Mar – Palace of the Sea. Of course, it takes more than time. This experiment has required a face-lift, a sponging-down, to make it unique. It has had to be left alone with space around it. Light has been allowed in, and solitude has made it radiant. The dusty, dirtying operations of trade have been taken elsewhere. A shining, modern museum has been added. And all of this has turned it from being a revolting old hulk into something resembling a palace overlooking the sea. It is sunny, and has a marina in front of it, full of yachts and luxury rather than factories. Its fresh, windy roof, provides a view of a port whose waters have been tamed, condensed, domesticated. Down below under the arcades, at sea-level, is a fine place for lovers to eat paella with a cold white wine and perhaps even for seduction. Having let the sea into its life, down by the sea, Barcelona has enlarged Barceloneta's happy, popular cuisine, and made it more sophisticated. From the beach restaurant to the Palau. If time does not demolish something, it makes it remarkably solemn.

Just think of it: the wharf's beams are used for spiral bridges over cars or over the waters. Or the upright palm-trees that accompany your stroll along this new space won from the sea. An invisible sea, covered over by platforms and grey, bared and covered over again. A closed, port sea with no horizon, but one that leads to what comes and goes, exotic old beams, a whole world. There you have it: old photographs show stores on this esplanade, both roofed and open, with the beams piled up, a place full of mystery, involving the epic of work, solitary nights of watchfulness with accordion music, under the rain:

But I have seen the rain,
buckets of it
on the barrels,
and under the roof-tiles huddled, the cost of anguish;
under the firs
and the pines,
under the sacred cedars...

The Moll de la Fusta – the wood wharf – is nothing anymore, an esplanade by the seaside, a fine, intelligent place to stroll, a sunny facade with a flavour of *aperitif* and Sundays. But it is memories that old photos recall, too, of work and the days, rain falling on firs and pines, of all the accumulated stories. And wood wharf is a suggestive name, but even more, it brings a poem back to mind, Salvat's Nocturn, the strength of memory:

There you have it: I have guarded wood on the wharf.
The rest of you know nothing of guarding wood on the wharf...

Nova Icària names a utopia. Icària already is one, and being new makes it even more so. Barcelona's Olympic Village was planned to exist after the 1992 Olympics, and rather than being a neighbourhood, it is a prototype. Barcelona can be rebuilt, but there is nowhere to build without knocking down first. The Games were the excuse for the old disused factories in aged (and although I am not in a position to say so, maybe pleasant) Icària to make way for an allegory to town-planning. It had to be so: it is by the sea and it is called Icària. And more than an experiment, Icària is a proposal. It is not a Catalan-style Défense. New Barcelona's town-planning utopia contains morsels of good old Barcelona. As its name indicates, new Icària is a middle-class, somewhat anarchistic utopia. It is not a State utopia, a solemn utopia, in the French style. Its monuments are not public buildings, cathedrals or museums, directly or indirectly, the symbols of power. Nova Icària is a Mediterranean utopia, and as a result it had to be by the sea, and as a result it is fronted by a quiet port used for leisure purposes, suitable for yachts and restaurants. Then, there is the horizontal utopia, acres of lawns and avenues with pergolas, although these daring metal pergolas do not hark at all back to the past. It is horizontal to such a degree that it needs two skyscrapers to gel – unique, isolated skyscrapers. Nova Icària is a utopia made up of houses and shops, reachable, cold – after so much time? – but in no way Northern. Nova Icària is what Barcelona wants to be when it grows up.